江西高校哲学社会科学重点招标课题（2013）
项目编号：ZD01

赣南等原中央苏区承接沿海产业转移研究

彭继增 著

A STUDY ON
THE INDUSTRY TRANSFER
FROM COASTAL AREAS TO
THE FORMER CENTRAL SOVIET AREA
IN SOUTHERN JIANGXI PROVINCE

社会科学文献出版社
SOCIAL SCIENCES ACADEMIC PRESS (CHINA)

摘　要

改革开放以来，地域位置、国家政策导向等因素使得江西省未能有效地发挥其自身拥有的区位优势、资源优势等，进而导致江西省经济发展与我国沿海地区存在较大的差距。原中央苏区特别是赣南地区，经济发展仍然滞后，民生问题仍然突出，贫困落后面貌仍然没有得到根本改变。基于这种判断，本书一方面在国际产业转移、国内产业转移大背景下，深入剖析赣南等原中央苏区以及江西省其他地区承接产业转移状况，并结合江西省总体省情得出基本结论。另一方面基于对近年来江西大力实施以工业化为核心、以大开放为主战略，坚持以开放促改革促发展，主动承接国际和国内其他地区，尤其是承接沿海产业转移的详细调研，以期分析在全球第四次产业转移方兴未艾的条件下，伴随我国承接产业与产业转移并存的产业变革，江西赣南等原中央苏区及江西省其他地区承接产业转移的现状以及在承接产业转移过程中地理位置与自然资源等方面存在的优势与不足。以上两方面的分析，可以为后续研究做基础性铺垫。

江西赣南等原中央苏区涉及江西省49个地区，包括赣州市、抚州市、吉安市各县城以及鹰潭市、上饶市、宜春市、新余市、萍乡市的少数县城。因此，本书重点将赣州市、抚州市、吉安市划为江西省赣南等原中央苏区进行研究。此外，为了从全省角度出发分析赣南等原中央苏区承接沿海产业转移空间布局安排，本书对江西赣南等原中央苏区以及江西省其他地市的工业行业的37个大类产业静态和动态集聚指数进行测算，得到江西省各地市总体工业发展概况和适合承接沿海产业转移的情况，通过分析江西省总体承接沿海产业选择和行业布局模式，结合赣南等原中央苏区自身切实发展产业特点做出承接沿海产业的选择。

本书基于承接产业转移有助于产业结构优化升级的研究视角，对赣南等原中央苏区承接产业转移现状进行了分析，运用产业静态和动态指数模型，对赣南等原中央苏区的工业行业的 37 个大类产业静态和动态集聚指数进行测算。前者用以测度该区域的优势产业，反映一个地区专业水平与全省平均水平的差异；后者反映各产业在一定时间段内向某地区的集聚速度。根据测算结果，对赣南等原中央苏区拟承接的产业进行归类选取重点承接产业，并区分绝对优势的产业选择和相对优势的产业选择。在此基础上，依据 Zhang（2005）的模型，从劳动、资源、资本、技术密集型等角度对重点承接的产业进行实证检验，为产业空间布局提供理论支持。

本书在分析赣南等原中央苏区产业空间布局历史演变与拟选择产业的基础上，采用 20 世纪 70 年代美国运筹学家 T. L. Saaty 教授提出的层次分析法（Analytic Hierarchy Process，简称 AHP），逻辑推演了赣南等原中央苏区未来的产业布局构想。本书根据所要解决的产业布局问题，将能够带动赣南等原中央苏区以及江西省其他地市承接东部沿海地区产业转移的优势主导产业确定为总体目标（模型最高层）；根据赣南等原中央苏区以及江西省其他地市产业基础及拟承接产业转移的状况，并在遵循承接产业转移原则的条件下，把产业增长潜力、产业技术进步、产业关联效应、产业的可持续发展能力、产业竞争力优势和产业吸纳劳动力能力等多项指标作为重点产业选取的原则，确定为模型的第一中间层；根据沿海地区产业转移的发展趋势，遴选若干产业为赣南等原中央苏区以及江西省其他地市重点产业的备选对象，确定为模型的第二中间层；根据总体目标要求，为探寻最适合上述重点产业发展的空间分布，将赣南等原中央苏区以及江西省其他地市即江西省 11 地市作为模型的最底层，由此建立层次结构模型。最后根据《江西统计年鉴》及各地区的相关数据，计算出模型结果，由此推演出赣南等原中央苏区承接沿海产业转移的总体空间布局战略构想。

通过理论分析和实证检验，本书基本勾画出赣南等原中央苏区承接沿海产业转移的空间布局与产业选择蓝图。在国内外产业转移的浪潮下，为发挥产业转移对各地区产业结构优化与经济增长的积极作用,赣南等原中央苏区应该紧抓历史机遇并结合自身优势,尽快制定包括制度环境、空间结构和产业对接等在内的政策措施,努力为承接产业转移与空间布局做好政策铺垫,促进承接产业与原有传统产业的快速融合。

本书研究报告共由四部分组成:第一部分是绪论,即第一章,主要研究文献综述、本书的理论依据以及本书研究的理论及实践意义;第二部分包括第二章至第六章,其主要是从理论和实证的角度研究产业转移与产业空间布局,并从定量和定性两方面对赣南等原中央苏区承接产业转移的现状进行了分析,最后在此基础上研究了产业集聚下赣南等原中央苏区和江西省总体拟承接产业和行业的选择;第三部分即第七章和第八章,其主要内容是本书的政策建议与结论总结,基于前文研究结论,提出赣南等原中央苏区承接沿海产业的布局与选择的政策建议,并做总结性评述。

目　录

第一章　绪　论 … 1
- 第一节　本书的研究背景及研究意义 … 1
- 第二节　相关文献述评 … 10
- 第三节　本书的研究方法、内容与创新 … 24

第二章　产业转移与产业空间布局的理论基础 … 30
- 第一节　产业转移理论概述 … 30
- 第二节　产业空间布局理论概述 … 38
- 第三节　新空间经济理论概述 … 44

第三章　赣南等原中央苏区承接沿海产业转移现状分析 … 52
- 第一节　赣南等原中央苏区产业转移基础现状 … 52
- 第二节　赣南等原中央苏区承接产业转移特点 … 69
- 第三节　赣南等原中央苏区承接沿海产业的基础条件 … 76

第四章　产业集聚下赣南等原中央苏区承接产业和行业选择 … 91
- 第一节　研究对象的界定和测量产业集聚的指标选取 … 91
- 第二节　赣南等原中央苏区拟承接行业实证分析 … 94
- 第三节　赣南等原中央苏区工业化发展阶段下的产业承接可行性分析 … 105

第五章　赣南等原中央苏区承接沿海产业的空间布局研究…………… 137
　　第一节　江西承接沿海产业空间布局各利益主体的博弈分析…… 137
　　第二节　赣南等原中央苏区承接沿海产业的空间布局战略构想…… 147
　　第三节　赣南等原中央苏区承接沿海产业的空间布局安排……… 156
　　第四节　本章小结…………………………………………………… 204

第六章　案例分析：赣南工业园承接沿海产业的布局与选择剖析……… 205
　　第一节　赣南工业园区概况………………………………………… 205
　　第二节　赣南工业园区承接沿海产业转移现状的SWOT分析　 206
　　第三节　赣南工业园区承接沿海产业行业选择及空间布局研究… 214

第七章　赣南等原中央苏区承接沿海产业的布局与选择政策研究……… 223
　　第一节　完善赣南等原中央苏区承接沿海产业布局与选择的制度
　　　　　　环境……………………………………………………… 223
　　第二节　优化赣南等原中央苏区承接沿海产业布局与选择的空间
　　　　　　结构……………………………………………………… 237
　　第三节　创新赣南等原中央苏区承接沿海产业布局与选择的产业
　　　　　　政策……………………………………………………… 248

第八章　结　论……………………………………………………………… 253

参考文献……………………………………………………………………… 260

第一章 绪 论

第一节 本书的研究背景及研究意义

一 研究背景

赣南等原中央苏区地跨赣闽粤，是土地革命战争时期中国共产党创建的最大最重要的革命根据地，是中华苏维埃共和国临时中央政府所在地，是中华人民共和国的摇篮和苏区精神的主要发源地。由于战争创伤的影响，以及自然地理等多种原因，迄今，原中央苏区特别是赣南地区，经济发展仍然滞后，民生问题仍然突出，贫困落后面貌仍然没有得到根本改变。还有不少群众住在危旧土坯房里，喝不上干净水，不能正常用电，一些红军和革命烈士后代生活依然困窘。此外，基础设施薄弱、产业结构单一、生态环境脆弱等制约当地经济社会发展的问题仍然比较突出。积极支持赣南等原中央苏区的发展，积极响应政府"精准扶贫"的政策，振兴发展赣南等原中央苏区，全面提高苏区群众生产生活水平，既是一项重大的经济任务，更是一项重大的政治任务，对于加快全国革命老区发展具有标志性意义和示范作用。支持赣南等原中央苏区振兴发展，是尽快改变其贫困落后面貌，确保与全国同步实现全面建成小康社会目标的迫切要求；是充分发挥其自身比较优势，逐步缩小区域发展差距的战略需要；是建设我国南方地区重要生态屏障，实现可持续发展的现实选择；是进一步保障和改善民生，促进和谐社会建设的重大举措。

2015年11月23日召开的中共江西省委十三届十二次全体会议指出：深入实施"发展升级、小康提速、绿色崛起、实干兴赣"十六字方针。经省委、省政府同意，省委办公厅、省政府办公厅又出台了《关于着力推动赣南等原中央苏区加快发展的意见》（以下简称《意见》），《意见》明确提出要打好民生改善攻坚战，全面提高苏区群众生产生活水平。加大精准扶贫力度，力争到2018年原中央苏区基本消除绝对贫困现象，到2019~2020年苏区贫困县全部摘帽，确保原中央苏区群众在全面建成小康社会进程中不掉队，全面解决突出的民生问题；打好产业发展攻坚战，切实增强原中央苏区振兴"造血"功能；打好基础设施攻坚战，进一步强化原中央苏区发展支撑能力。《江西省赣南等原中央苏区振兴发展2017年工作要点》中更是进一步从民生、产业、基建等方面提出改革振兴原中央苏区的工作要点，确保全年减少贫困人口45万人以上，争取6个贫困县摘帽。同时继续加大资金投入，集中力量解决房、水、电、路等突出民生问题，培育产业园区和搭建重点产业平台，建设现代化立体交通体系。

为此，省委提出：主动适应和把握经济发展新常态，努力开辟发展升级新境界，要适应新常态，把握新机遇，一手抓加快发展，一手抓转型升级，努力实现速度和质量相统一的发展；大力推进新型工业化，加快实施创新驱动发展战略，大力发展现代农业、现代服务业和推进区域升级，深入推进省委"1+N"改革体系[1]建设，坚持"走出去"与"引进来"双向发力，推动赣南等原中央苏区经济运行保持总体平稳、稳中有进的态势，助力江西"发展"，为实现"江西梦"[2] 奠定坚实的基础。

实现"江西梦"需要经济转型的强力支撑，而要打造江西经济"升级版"离不开承接产业转移。产业转移是区域间经济联系、相互协作的主要载体，是经济活动的主要内容。近年来，随着经济全球化的快速发展和国

---

[1] "1+N"改革体系：2015年9月13日，中共中央、国务院印发将《关于深化国有企业改革的指导意见》作为"1"，在国企改革中发挥引领作用；制定"N"个配套文件，强化各项改革之间的协同配合。

[2] "发展升级、小康提速、绿色崛起、实干兴赣"是"江西梦"的方针，建设和谐秀美江西是"江西梦"。

际竞争的日趋激烈，我国东部沿海地区的劳动力成本日趋抬升，土地资源日益紧张，环境容量接近饱和，这些都在一定程度上制约了东部沿海地区高新技术产业和高端制造业的发展。日益凸显的产业结构矛盾要求东部沿海地区加速产业结构的优化升级。产业转移不仅是优化生产力空间布局、逐步形成合理的产业分工体系的有效途径，而且是转移地区调整产业结构、承接地区产业结构升级和实现跨越式发展的重要动力。

2013年9月工信部颁布了《产业转移指导目录（2012年本）》，要求贯彻全国主体功能区规划，促进区域间生产要素合理流动、产业有序转移和生产力合理布局。随着国家政策的支持和所面临的产业转移机遇，江西省尤其是江西赣南等原中央苏区必须紧紧抓住东部沿海地区产业向中西部转移的难得机遇，坚持"对接长珠闽、融入全球化"的发展战略，积极承接东部沿海地区产业转移，推动园区承接水平不断提高，促进开放型经济发展取得明显成效。根据资料显示，2011年到2015年江西省招商引资实现平稳较快增长。2011年江西省利用省外5000万元以上项目资金中，来自"长珠闽"地区的项目1090个，占79.33%，实际进资1912.61亿元，占74.16%。2014年，"长珠闽"地区依然是江西省承接产业转移的重要来源地。全省引进利用省外5000万元以上项目2152个，实际进资4540.5亿元，其中来自"长珠闽"地区的项目1645个，实际进资3286.1亿元，分别占全省的76.4%和72.4%，其中从广东、浙江、福建三省引资分别占比28.1%、26.4%和8.4%。2015年1~10月，江西纳入统计5000万元以上项目实际进资4167.52亿元，同比增长12.91%。2016年9月，江西省在泉州举行的承接闽东南三角区加工贸易产业转移推介会，现场仅12个项目，投资总金额达40亿元。省内昌九、赣南等原中央苏区、赣东北、赣西、抚州等地区成为省内开放高地和投资热土。为贯彻落实《江西省人民政府关于深入实施工业强省战略加速推进新型工业化的意见》，抢抓沿海地区产业梯度转移机遇，加快推进产业转移示范区建设，2013年8月江西省制定了《推进承接产业转移示范区建设的工作方案》，要求3年内在全省范围内建设一批省级示范区。其具体目标为：吉安市建设"深圳产业园"、赣州建设"赣南承接产业转移示范区"、上饶市建设"赣浙产业园区"、南昌市建设"上海产业园"、九江市建设"九江承接产业转移示范基地"、抚州市建设"抚州海西产业园区"。其中,国家发改委批复同意设立赣南承接产业转移示范区。示范区的设立,将有利于探索中部地区承接产业转移的新模式,推进赣南产业结构优化升级,加快赣南等原中央苏区振兴发展,优化区域产业分工格局,走出一条欠发达地区实现跨越式发展的新路子,赣南等原中央苏区应紧跟江西省总体发展步伐,切实结合自身产业发展特点,进行承接沿海产业选择和行业布局。

当前我国沿海发达地区和发达国家正进行新一轮的产业结构调整,位于江西的赣南等原中央苏区在承接国际、国内产业转移方面面临着前所未有的机遇,表现为较好的软、硬件条件,加上政府的高度重视,优势明显。从地理区位上看,江西是唯一与全国经济最活跃的三个三角洲——长三角、珠三角、闽三角都相连的省份,离这三个三角洲的一大批中心城市的空中距离大约1小时,陆路距离在8小时以内,交通便利,四通八达;从承接条件上看,江西省基础设施建设不断完善,铁路、公路营运里程实现重大突破,在中西部地区率先实现与沿海发达地区交通对接,通信网络电力全省覆盖,是近年来全国唯一用电高峰期不拉闸限电的省份;在承接平台方面,江西拥有一大批经国家核准设立的工业园区和经省批准设立的特色产业基地,拥有九江、南昌、赣州三个国家级出口加工区,以及南昌光电一体化、新余光伏产业、赣州钨稀土新材料三个国家级出口创新基地,数量在中西部地区遥遥领先;在产业基础方面,经过近年来的发展,江西已形成了汽车航空、冶金、电子信息、生物医药、食品、化工六大支柱产业,同时,在铜、钨、稀土、有机硅等领域具有较强的竞争优势,贵溪冶炼厂还是全国最大的铜冶炼基地;从商务成本上看,江西劳动力资源丰富,受教育程度较高,但劳动力成本较低,江西人均工资低于中西部地区大部分省份,土地、水电等要素费用都较沿海地区低;从政府层面上看,近年来,江西开放型经济发展取得了突出的成效,开放意识在江西大地逐步形成,实际利用外资不断增加,在中西部地区名列前茅,省委、省政府出台了一系列政策优化外商投资和经营环境,积极承接新一轮加工贸易产业大转移。

在此背景下,江西省各地市为了能在"绿色崛起"中起到"龙头"作用，为了能在承接产业转移的过程中得到更多的优势资源，都争相出台了一系列的地方性优惠政策，这造成承接产业转移的竞争性大于互补性，进而产生内耗，影响承接产业的发展。另外，江西省各地市在区域资源禀赋、主导产业选择、经济发展水平等方面具有很强的相似性，这种状况导致各地市在承接沿海产业转移时只知道充分利用自身优势实现与沿海地区的产业对接，而忽视了与江西省其他地市的通力合作。更为严重的是，江西省各地市普遍只关注眼前的经济利益，而承接沿海地区低端产业，这些产业技术含量低、能源消耗大、环境污染重，结果导致全省各地产业结构的严重趋同和重复建设，直接造成产业承接地区资源配置的低效率。因此，本书以"江西赣南等原中央苏区承接沿海产业转移"为研究对象，并结合分析江西省其他各地区的产业发展情况，得出江西省总体承接沿海产业的布局和选择，为赣南等原中央苏区承接沿海产业的布局和选择提供具体方向和依据；研究赣南等原中央苏区在面对产业转移的浪潮中，如何把握机遇，科学选择主导产业的承接，优化产业空间布局。这对于全省实现资源合理配置，经济全面、迅速、协调发展具有重要的现实意义。

二 研究的理论意义

进入 21 世纪以来，江西经济社会取得了较大发展成果，在中部地区也保持了良好的发展势头。2016 年前三季度江西省 GDP 增速是中部六省中最快的省份，高达 9.1%，远高于全国平均水平 6.7%。但是，江西省经济总量在中部的排名还比较靠后，2016 年前三季度共创造 GDP 总额 12578.3 亿元，仅占中部六省 GDP 总额的 11.3%，排名第 5 位，略高于煤矿大省山西省。而按可比价格计算，中部地区 GDP 总值占全国的比重约为 21.3%，显而易见江西省的经济实力还处在全国中等偏下水平，相比较已经进入工业化后期的沿海发达地区，其还处于工业化中期的初级阶段（汪玉奇，2009）。但是现今沿海发达地区面临土地短缺、劳动力等要素成本上升的压力，为了迎合产业升级的需要，将部分劳动密集型产业向内地转移，把工业尤其是工业的加工环节向内地扩散，其本身则由工业生产中心转向工业调控中心。随着经济结构战略性调整的展开，我国工业化"区域落差"所蕴藏的能量加速释放，一股产业梯度转移浪潮正在形成。2001年，江西省委、省政府就提出了以工业化为核心、以大开放为主以及把江西建设成为"沿海发达地区的产业梯度转移基地、优质农产品供应基地、劳动力输出基地和旅游休闲的后花园"的战略定位，并提出了"实现江西在中部地区崛起"的奋斗目标。如今，江西更应该抓住我国东部沿海发达地区产业结构调整的机会，积极地、有选择地承接产业转移，以最低的成本缩小与发达地区的差距，以最快的速度赶上发达地区。

赣南等原中央苏区作为"五岭之要冲""粤闽之咽喉"，其独特的地理区位优势、丰富的资源和巨大的市场开发潜力，使其成为江西省承接东部沿海地区产业转移的前沿地带。虽然由于历史因素，该地区存在基础设施薄弱、产业结构单一、生态环境脆弱等问题，经济发展滞后、工业化程度较低，但与此同时，赣南等原中央苏区及江西省其他地市区位优势显著，资源禀赋优异，劳动力和土地资源丰富，成本优势显著（周国兰等，2012）。而承接产业转移是欠发达地区突破发展瓶颈、实现经济崛起的有效途径（赵文丁等，2015）。国家发改委在2013年批复，同意设立赣南承接产业转移示范区。示范区规划范围以赣州开发区、综合保税区（含出口加工区）、香港工业园、瑞兴于经济振兴试验区、"三南"加工贸易重点承接地、龙南国家级经济技术开发区，以及省级经济技术开发区、省级工业园、省级特色产业基地、产业集聚为主体，辐射赣州全境及周边地区。因此，当前如何进一步做好赣南等原中央苏区及江西省其他地市之间承接沿海产业的布局与选择，平台的建设显得尤为重要。首先，搭建园区承接平台，应当创新园区开发模式，加大园区建设投入，加快平台建设速度，改善园区环境，提升园区平台承载能力；其次，搭建政策优惠平台，要健全和完善现有招商引资政策，鼓励引入轻污染、高技术、高税收的项目，同时对引进这些项目的招商人员加大奖励力度；最后，搭建人才技术平台，坚持引智与引技相结合，建立人才孵化园，积极开展校企合作，建立技术研发机构，提高企业技术水平和产品竞争力。这样采用"筑巢引凤"的发展模式，帮助招商企业解决后顾之忧，使其安安心心来到赣南等原中央苏区投资设厂，既有利于帮助沿海发达地区缓解用地紧张、劳动力成本过高的压力，实现企业的转型升级，也有利于加快江西工业化进程，优化江西整体产业结构，提高经济运行的质量与效益。

历史经验显示，发达国家大多从本国视角出发制定和实施产业转移政策。随着经济全球化趋势的日益凸显和我国加入 WTO 后与国际市场逐步接轨，我国早已成为全球产业转移的主要承接区，所以也必须从自身利益和发展远景出发来制定承接产业转移政策。赣南等原中央苏区及江西省其他地市作为一个欠发达地区的产业转移承接区，既有承接产业转移的共性，也具有承接产业转移的特性。因此，对赣南等原中央苏区及江西其他地市承接沿海产业转移的产业布局和产业选择进行研究，必然具有一定的典型性。本书通过运用理论演绎和实证分析等方法解决江西 11 地市[①]承接沿海产业转移过程中的问题，尤其着重解决赣南等原中央苏区与其他地市产业结构趋同、产业选择及产业空间布局等难题，期望在理论上做出有益的探索，形成有学术价值的理论研究成果。预计该研究成果不仅可以丰富产业转移理论，促进产业经济学等学科体系建设，同时也可以为赣南苏区的振兴发展提供切实可行的战略路径选择，还可以为其他革命老区及欠发达地区出台承接产业转移政策提供理论支持，具有重要的学术价值。

三 研究的现实意义

在经济全球化的大趋势下，发达国家向发展中国家、发达地区向欠发达地区进行产业转移已成为经济发展的重要特征，由于各国、各地区的经济发展程度不同而产生的不平衡性，不可避免地会存在产业转移现象。发达地区有相当数量的产业在当地已失去了竞争优势面临被淘汰的危险，但对欠发达地区而言，这类产业仍是技术相对前沿、产品相对成熟的优势产业，愿意并且有能力承接这些从发达地区转移出来的"迁移产业"。20 世纪 80 年代，我国沿海地区曾作为欠发达地区承接中国港台地区和日、韩、新等发达国家和地区劳动密集型产业转移的基地。如今我国沿海地区已从一座座落后的沿海小城一跃成为全国的经济增长极，进入工业化后期，产业

---

① 江西 11 地市：南昌、九江、赣州、吉安、萍乡、鹰潭、新余、宜春、上饶、景德镇、抚州。

结构服务化趋势日益增强，而中西部地区仍处在工业化中期或初期。东部沿海地区主要集中发展技术含量较高的第二产业和以服务业为主的第三产业，但随着企业数量的急剧增加和劳动力成本的不断攀升，东部沿海地区正致力于把资源型产业和高人力消耗的产业向中西部转移，国内产业转移已成为不可逆转的趋势。江西省在全国的区域经济格局中具有独特的区位优势，东南部紧邻珠江三角洲，东北部紧邻长江三角洲，正好处在长珠闽的辐射交叉点上，自然成为东部地区产业转移的重要目标地区。赣南等原中央苏区作为连接东部沿海和中西部地区的交通要道，具有得天独厚的地理区位优势，同时赣南等原中央苏区凭借独特的自然资源优势，成为东部沿海地区采矿业、光伏电子产业、新能源等产业转移的首选之地。本书通过对赣南等原中央苏区进行实证研究，理论联系实际，突出其特色，抓住其主题优势，有助于确定赣南等原中央苏区未来发展方向以及明确该地承接产业的类型。

改革开放以来，我国经济快速发展、规模持续扩大、经济总量不断攀升，但区域间经济发展速度、发展水平差距渐成扩大趋势，区域间的不均衡问题日益突出，成为制约我国经济发展的主要因素。虽然地区间的发展存在差距，但这恰好构成了产业转移的两个基础：成长差和利益差（王先庆，1998）。地区间经济发展差距造成的成长差，会导致不同区域间进行无休止的产业升级运动；同时要素禀赋价格差异造成的利益差，导致产业向着获得最大利益的区域移动。在两股力量的作用下，产业转移将不可避免，并且自发地产生。产业转移使移出方自身的结构优化和内部联系有机化，促进产业集中和资源合理配置，还会优化移入方的产业结构，从而强化移出方与移入方之间的外部联系，是一种双赢合作。因此，产业转移无疑将成为今后相当长时期内缩小东、中、西部地区差距，促进区域间协调发展的必然选择和有效途径。目前，正处在国际第四次产业转移浪潮和东部地区调整产业结构的良好时机，因此，江西要把握承接产业转移的机遇，减少区域内部竞争，加强工业园区建设和专业市场布局，促进区域经济协调发展。在此环境下，江西省人民政府于2014年出台《关于积极承接产业转移促进加工贸易发展的意见》，要求各市县人民政府顺应经济全球化发展趋势，指出积极承接产业转移、发展加工贸易，是参与国际分工合作、调整优化产业结构、促进产业转型升级的重要方式，也是实现江西科学发展、进位赶超、绿色崛起的重要途径。赣南等原中央苏区作为国内的后发区域，加强对承接沿海产业转移的研究，不仅有助于更好地利用产业转移提升本地区产业结构从而促进经济发展，而且对于缩小区域间日益扩大的经济梯度差异，促使区域间协调发展具有重要的实践价值和应用价值。

作为苏维埃共和国的摇篮，赣南等原中央苏区在我国革命史上占据着相当特殊重要的位置。在改革开放春风的沐浴下，赣南等原中央苏区的面貌焕然一新，经济社会发展取得了一定的成就，但由于种种原因，经济社会发展仍比较滞后，没有跟上全国的步伐。为支持赣南等原中央苏区振兴发展，近年来，国家也相继出台了相关支持赣南等原中央苏区振兴发展的指导意见。江西省政府也提出了"对接长珠闽、融入全球化"的战略方针，指明了"发展升级、小康提速、绿色崛起、实干兴赣"的前进方向，要切实推进赣南等原中央苏区的发展，积极响应政府"精准扶贫"政策，全面提高苏区群众生产生活水平。基于当前产业转移的形势及赣南等原中央苏区经济发展的紧迫性，研究赣南等原中央苏区承接产业转移可以结合当地的实际情况，为赣南等原中央苏区承接产业转移和经济发展提出一些意见和建议，以充分利用赣南等原中央苏区的"红色资源"和"绿色资源"优势，以及钨、稀土等矿产资源优势，真正把资源优势转变成经济优势，使赣南等原中央苏区的发展融入全国乃至全球经济的发展大局中，并推动赣南等原中央苏区经济社会的快速发展。全国在除新疆、青海、西藏、香港、澳门、台湾以外的28个省、自治区、直辖市的1300多个县（市、区）分布着大大小小的革命老区2000多处，这些革命老区大都因为战火的洗礼而发展滞后，经济基础落后，人民生活水平低下。赣南等原中央苏区作为中部地区革命老区的典型代表之一，其发展模式也可以为全国各地革命老区的发展提供一定的借鉴经验，同时为东部地区产业升级提供一定的空间。通过对产业转移这一动态过程进行研究，有助于了解和把握江西省赣南等原中央苏区承接产业转移的现状以及存在的问题，有助于更加深入地理解和解决一些现实问题。探讨赣南等原中央苏区乃至江西全省应当如何把握东部沿海产业转移的机遇、改善区域发展模式，能为政府在开展招商引资工作中如何做好产业转移的布局和选择提供一定的理论依据。

综上所述，研究赣南等原中央苏区承接产业转移既是顺应国内外产业转移新趋势，探索中部地区承接产业转移新模式的客观要求，也是加快赣南等原中央苏区振兴发展，提升自我发展能力的重要途径。同时对于进一步密切珠三角、海西经济区和鄱阳湖生态经济区的经济联系，优化东中部产业分工，培育壮大特色优势产业，缩小区域发展差距，推进赣南等原中央苏区全面振兴和跨越式发展具有十分重要的现实意义。

第二节　相关文献述评

一　国内外产业转移研究现状

一个国家或地区的某些产业向其他国家或地区转移的现象或过程即是产业转移。现有国际产业转移的完成主要通过三个主要路径：外国直接投资（FDI）、国际贸易（外贸逆差效应）和合约性国际生产（OEM）[①]。产业转移不仅发生于国家之间，而且发生在国家内部的地区之间。国际产业转移不仅是世界范围内产业升级与开放经济的共同结果，而且是世界经济发展历程中一种长期的、动态的发展趋势。国外从20世纪30年代开始，就有学者对产业转移进行了深入研究，丰富的研究成果使其形成了比较权威的理论体系（William Arthur Lewis 的劳动力部门转移论，R. Prebisch 的"中心－外围"理论，Akamatus Kaname 的雁行模型，Kiyoshi Kojima 的边际产业转移论，R. Vernon 的产品生命周期论，以 Gunnar Myrdal 为代表的梯度转移理论，J. H. Dunning 的国际生产折衷理论等）。此后，众多学者对产业转移问题进行了研究。美国的经济史学家 Gerschenbon（1962）在研究了19世纪后发工业国的整体经济发展过程后，认为后发国家可以从先发国家接受资

[①] OEM（Original Equipment Manufacturer）：又称原厂委托制造，是受托厂商按来样厂商之需求与授权，按照厂家特定的条件而生产，所有的设计图等都完全依照来样厂商的设计来进行制造加工。

本及技术转移以加快自身工业化进程。Lewis（1954）从发展经济学的角度分析了二次世界大战后发达国家的非熟练劳动密集型产业向发展中国家转移的问题；Wheeler等（1992）研究发现美国的国际跨国公司依据产业的市场规模和集聚经济的不同，决定是否向发展中国家进行产业转移；Smith等（1994）发现日本的制造产业选择美国地区是因为产业的空间群集特征；Krugman等（1995）则引入空间因素，建立模型动态模拟产业从一国转移到另一国的产业扩散转移现象；Kuemmerle（1999）发现医药、电子行业的大型跨国公司国际转移呈现明显的区域化现象；Gourevitch等（2000）指出在经济全球化的背景下，同一产品的制作可由不同国家在工序间进行分工来完成；Fujita等（2001）提出了更具普遍性的多个国家和多种产业的产业扩散模式；Helpman等（2004）认为高效率的企业通常采用FDI的产业转移方式，而效率偏低的企业一般选择通过出口来达到转移的目的；Wissen等（2005）对一个地区的经济规模与产业转移变动之间的关系进行了动态模型分析，得出产业转移的效应会随着区域规模的变化而变化；Anselin（2005）用空间计量方法对空间外部性进行了研究，发现不同部门之间的集群效应具有明显不同。

国内学者对产业转移问题的研究仍处于起步阶段，卢根鑫（1997）最早对国际产业转移问题进行了研究，他以马克思主义经济学理论为切入点对此进行了详细探讨。总体而言，对产业转移的研究，从研究尺度来看，既有基于国家层面的宏观研究，也有基于企业视角的微观研究；从研究方法来看，有梯度系数模型、回归模型、引力模型、主成分分析等方法。国内学者对产业转移的研究主要集中在产业转移概念、转移动因、转移模式、转移效应以及承接产业转移研究这几个方面，并且形成了比较完整的理论研究成果。

（一）产业转移的概念和基础研究

卢根鑫（1994）认为，产业转移是一种经济运动的过程，它有着自身的特点和性质。陈计旺（1999）认为，随着经济的发展，区域之间的比较优势会有变化，发达地区不断地将自己失去比较优势的产业向落后地区转移的过程就是产业转移。李新春等（2000）认为，产业转移其实就是整个产业在地理位置上的变化过程。陈建军（2002）认为，由于资源或者产品的供求关系发生变化以后，需要将整个产业"搬迁"到更有区位优势的国家或地区，这种经济选择的过程就是产业转移。魏后凯（2003）认为，产业转移虽然表现为地理空间上的转移，但其实质是企业重新选择优势区位的过程。羊绍武（2008）认为，产业转移有两层含义，一是生产要素在不同产业之间的转移，二是同一产业在不同区域之间的转移。张骏等（2008）从经济学、地理学和力学三方面进行综合分析，认为转出地有将某一产业向其他地区转移的"推动力"，而承接地对某一产业拥有"拉动力"，这两种力共同作用的结果就是产业转移。董小君（2013）从产能国际转移的角度指出，产业国际转移的实质是生产要素在全球范围内的重新组合，通过产业国际转移消化过剩产能，是经济全球化进程的一个重要组成部分。王冰等（2013）认为，区域产业转移是指在一个国家内某些产业由一个地区转移到另一个地区，表现为产业在空间上的移动，是一个具有时间和空间维度的动态过程。薛天菲（2013）认为，产业转移是指在市场经济条件下，发达区域的部分企业顺应区域比较优势的变化，通过跨区域直接投资，把部分产业的生产转移到发展中区域，从而在产业的空间分布上表现出该产业有发达区域向发展中区域转移的现象，是国家或地区产业结构调整和升级的有效途径。许树辉（2015）认为，产业转移是以跨国公司为核心的企业将生产、采购、销售等链条环节向外延伸、落脚目标市场的过程，也是转移产业迁出地空间剥离、区位调整并嵌入迁入地的过程。

  国内也有少数学者对产业转移的基础进行了研究。卢根鑫（1994）认为国际产业贸易与国际产业投资所形成的重合产业是国际产业转移的基础条件。张可云（1997）认为区际产业转移的基础建立在两个重要推论之上：一是经济与技术发展的区域梯度差异是客观存在的，二是产业与技术存在由高梯度地区向低梯度地区扩散和转移的趋势。胡耀群等（2015）认为，在产业对外转移过程中，转移能力是基础，转移意愿是动力，两者缺一不可。王娟娟（2014）从产业转移的本质出发，指出东、中、西部地区之间环境标准执行的差异是产业转移的依据；中西部欠发达地区执行比东部发达地区较低的环境标准是资源密集型产业转移的动力和能够有效进行转移的条件。

（二）产业转移动因研究

卢根鑫（1997）认为，国与国之间存在重合产业，经过产业之间比较优势的抉择后就产生了国际产业转移。汪斌（1998）认为世界范围的产业结构调整是战后四次国际产业转移的主要动力。苏华（2001）认为，产业转移是一个国家经济发展到一定阶段后必然产生的一种现象。除了各种生产要素的转移，同时也会对区域内资源、技术、产业结构、要素配置等产生一系列的积极效应，从而使国家的经济发展水平不断提高。李小建等（2002）认为，由于区域基础、国家政策、发展战略等因素，我国经济发展水平存在梯度差异，东部地区一些劳动密集型产业逐步向中、西部地区转移。谢晓华（2010）认为，产业政策是推动产业转移的重要因素。董小君（2013）认为较大的区域经济发展差距及工业化水平差距为我国的区际产业转移提供了发展空间，而且产业结构与产业结构调整存在明显的互动关系，各国或地区的产业结构调整和升级也会推动产业的跨国或跨地区转移。唐云舒等（2014）则将产业转移的动因归纳为三类，分别是成本推动型产业转移、资源推动型产业转移以及市场推动型产业转移。

（三）产业转移模式研究

夏禹龙等（1983）认为，不同区域的经济发展水平与潜力是按照梯度从高到低排列的，所以应当优先发展那些有潜力、有一定经济基础的区域，再考虑欠发达地区。郭凡生（1986）提出了"反梯度理论"。他认为，地区之间的经济发展水平存在梯度顺序，但是按照经济发展水平梯度顺序进行产业转移并不是唯一的方式。贝毅等（1998）认为，随着知识、技术日益成为核心竞争力，目前已经形成了"大脑－手脚"的梯度转移模式。张洪增（1999）提出了"移植型产业成长模式"的概念，认为移植型模式下产业成长的步伐大大加快，一些产业可以一步跨越幼稚阶段而进入成熟阶段，尤其是一些产业由于受到政府和超级财团实施的优惠保护和培植政策的倾斜，得到了迅速的发展。但同时这一模式也存在四大缺陷：产业成长基本依赖于国际产业转移、外部政策力量功过各半、缺乏生产要素的全面发展、具有产业同构性①。刘辉煌等（1999）认为，目前国际产业转移的方式逐渐多样化，证券投资方式越来越受用，国际间接投资迅速增长，合资、兼并、非股权安排等多元化综合性的产业转移方式是未来的发展方向。马海霞（2001）认为当前中国适宜的区域传递空间模式是多元中心辐射模式。陈凤英（2001）认为产业转移有两种模式：产业整体转移和同一产业的上中下游分离转移。郑胜利等（2002）认为在产业转移过程中，台商对大陆的投资出现了一种产业"集群式"转移现象，尽管在短期内促进了产业转入地区的经济发展，但由于投资方对当地相关产业前向、后向关联效应差，与当地企业的交流较少，对当地企业的技术溢出效应和学习效应不明显，一旦当地的区位条件发生变化，这些企业又会整体性迁移，可能会造成当地产业的空心化。曹荣庆（2002）把区域产业转移和结构优化模式分为商品输出型、资本输出型、产业关联型、人才联合型、整体迁移型、市场拓展型。赵张耀（2005）认为目前国际产业转移的模式是网络型的，转移方式可以细分为垂直顺梯度工序型、水平工序型和"逆"梯度工序型。郭爱君（2013）基于全球价值链视角，从全球价值链与产业集群耦合出发，通过对产业集群式转移的特点与机理分析，提出全球价值链背景下的产业集群式转移是一种链式转移，通过这种链式转移最终实现发达地区全球价值链的高端嵌入升级与落后地区产业转移顺利承接，缩小区域发展差距，促进区域经济协调发展。桑瑞聪（2014）通过研究指出在行业分布上，产业转移大致按照"劳动密集型→资本和资源密集型→技术密集型"的方向进行；在地区分布上，产业转移沿着"东部沿海地区→中西部地区→海外地区"顺序梯度进行；要素成本、区位环境和制度因素是产业转移的重要影响因素。

（四）产业转移效应研究

卢根鑫（1997）认为国际产业转移是一把双刃剑：发达国家通过产

---

① 产业同构性：指在一地区产业结构变动过程中不断出现和增强的区域间结构的高度相似趋势，短期内能使地区快速发展，但这种产业结构相似性的增强使得资源配置效率低，区域内竞争激烈，影响合作，严重阻碍着经济发展。

转移进行产业结构优化升级，但同时会降低就业率、造成技术流失等；而发展中国家承接产业转移同样有利于产业结构优化升级，同时还能缓解就业压力、提高 GDP 的增长速度等，但会不断加深发达国家和欠发达国家之间的生产技术差距和产业级差，加大收入分配差距，同时还可能导致污染转移，严重威胁环境。聂华林等（2000）认为我国东部沿海地区向中西部地区进行产业转移能够产生技术溢出效应，有利于形成规模经济。陈刚等（2001）认为产业转移可以给欠发达地区带来经济发展的机会。陈刚等（2001）通过建立产业转移效应模型，运用计量经济学方法进行分析，得出产业转移效应主要来源于"优化效应"、"扩大效应"和"发展效应"。罗建华等（2005）认为国际产业转移对区域产业结构的调整和发展有着直接和间接的推动作用。尚永胜（2006）认为国际产业转移促进了我国经济的发展，但同时也对我国产业体系的发展、产业结构的优化升级、市场竞争力的提高和产业技术的进步产生了消极影响。刘庆林等（2007）利用修正的柯布－道格拉斯生产函数对服务业国际转移的产业效应、扩大效应、资本效应和技术效应进行了分析。褚志远（2007）认为产业转移具有城市化关联效应、经济非农化发展效应、对农村剩余劳动力转移的推拉效应。王飞（2008）运用多元线性回归分析法研究国际产业转移对我国产业结构的影响，认为国际产业转移能够促进我国产业结构优化升级。王建峰等（2012）认为产业转移既具有正效应，又具有负效应，其正效应是促使区域产业结构优化、产业空间合理布局、提高区域产业竞争力，促进区域经济增长；其负效应则带来了发展依赖、环境恶化、产业空心化和过度竞争等问题。谢呈阳等（2014）将研究要素资源错配领域的测度方法引入产业转移研究领域，加入空间维度，认为产业发展、转移的速度和要素资源的积累、迁移速度的不一致，会带来不同形态和程度的要素空间的错配，从而导致经济效率损失。马永红等（2015）从产业转移视角出发，建立了"产业转移效应→知识管理→企业技术创新能力"研究框架，分别以产业转移效应为起点，通过关联嵌入路径、适应性竞争路径、员工流动路径及示范学习路径提升企业知识管理能力，从而达到提升企业技术创新能力的目的。

(五) 承接产业转移研究

张毅（2001）认为必须要有选择地承接产业转移，并综合运用象限结构分析模型来选择产业。戴宏伟（2003）认为我国承接产业转移的主体是城市，同时内陆城市与沿海城市的地域差别非常明显。王珺（2003）认为中国在承接国际产业转移时必须要有创新意识，简单地承接和单纯地模仿并不能实现真正的产业转移。张莉琴（2007）认为，西北地区必须要培育具有当地特色的产业集群，单纯依靠承接东部沿海的产业转移很难使西北地区走上健康持续快速发展的道路。王亚妮（2009）认为河南省在承接东部沿海产业转移的过程中必须加大软环境建设力度，注重培养和引进高层次人才。刘方原（2010）认为加速城市化建设，加强中心城市的辐射作用有利于该地区承接产业转移。许树辉（2015）认为要立足地方优势和特色产业，识别区域性乃至全球价值链体系中有价值的产业链环节，并实现在此产业链环节上的区域内外对接融入，借以在欠发达地区推进产业转移实现产业结构升级。

近年来，沿海地区由于要素成本的不断上升和产业结构调整的需要，大批产业要实施产业转出策略，针对珠三角、长三角地区的产业转移研究比较多，同时中西部地区由于要素成本存在明显优势以及发展经济的需要，成为转出产业的主要承接区。之后，以中西部地区为视角进行产业转移的研究明显增多。何龙斌（2009）认为我国区际产业转移进程开始加快并出现一些新的特点，主要表现为：向着具有一定产业配套能力的地区转移，以劳动密集型产业为主，受制于资源与环境约束的被动转移较多。中西部地区产业配套能力差、物流成本高、沿海省内产业转移政策的存在及环境因素制约了产业转移的推进。陈文华等（2010）认为工业园区建设既要借助行政力量进行规划和整合，又要体现产业经济集群发展的内在特性。魏后凯（2003）从企业区位论的角度来理解产业转移，认为产业转移的实质是企业空间扩张过程，也是企业的再区位和区位调整过程。当企业区位决策成为现实后，引起既定空间内一系列变化。企业区位决策包含了两个步骤：一是企业选择适宜的国家或城市，二是在城市内部选择适宜区位。这对承接地如何从区位理论出发，选择产业集中区，打造产业园区有较高的借鉴价值。陈宝明（2011）认为金融危机导致国际产业转移规模大幅度下降，并呈现更加注重东道国消费市场，研发中心与生产转移结合紧密，新兴产业成为新热点以及围绕能源、原材料、技术和科研成果激烈争夺的态势。中西部地区在承接国际产业转移中的重要性更加明显，应积极实施区域发展战略，充分利用市场战略资源，促进技术转移与生产转移相结合。杨永红（2015）认为中西部地区发挥资源丰富、要素成本低、市场潜力大的优势，积极承接国内外产业转移，不仅有利于加速中西部地区新型工业化和城镇化进程，促进区域协调发展，而且有利于推动东部沿海地区经济转型升级，在全国范围内优化产业分工格局。

近年来，不少学者开始对江西承接产业转移进行研究，主要在产业转移理论、成功案例和经验分析的基础上，结合江西的区位优势和要素禀赋比较优势，对江西省应如何承接产业转移提出了政策建议，研究主要集中在系统的理论分析方面。张孝锋等（2003）分析了江西承接产业转移的优势和劣势，指出在承接产业转移的过程中应首先把外资企业作为产业转移的主力，其次是民营企业和国有企业，承接产业梯度转移的突破点主要应该分布在南昌、九江、上饶、鹰潭和赣州，同时应进一步完善投资环境，降低企业综合成本。肖润华等（2010）分析了江西承接产业转移的优势，从定性和定量两方面分析了江西应选择有色金属冶炼及压延加工业和纺织服装业作为重点承接产业。谢海东等（2010）认为金融危机背景下江西承接产业转移必须优化政策环境，创新招商机制，完善配套体系。罗瑞荣（2010）认为江西在承接沿海产业转移过程中应当改善投资环境，完善基础设施，正确处理承接产业转移与江西自身产业体系的关系，建立承接产业转移的选择标准，合理制定承接产业转移的优惠政策，保证企业承接产业转移的主体地位。宋煜（2012）分析了金融危机背景下江西承接产业转移的基本特征，总结了江西在承接产业转移过程中遇到的问题，指出江西既需要着力培育内生经济增长机制，也需要中央加大对江西政策资金等方面的支持力度。在实证分析方面也出现了不少最新研究成果，如张孝锋等（2006）从产业分布、企业所有制分布和企业规模分布等方面对转移到江西的33家大型企业进行了统计分析，发现转移到江西的企业以制造业的劳动密集型产业和非国有企业为主。经济景气度和人气指数的提升、正在营造的一流投资创业环境、明显的比较优势等是企业转移到江西的主要原因。王满四等（2012）利用结构方程模型分析产业承接地市场规模及潜力、基础设施条件、产业配套能力、人力资本情况、经济发展水平等因素对欠发达地区吸引外商直接投资及对实际利用省外资金的影响，得出结论：对赣州市承接产业转移影响的因素首先是经济发展水平，其次是人力资源状况中的普通高等教育状况，再次是市场规模及潜力，最后是产业配套能力。洪饶云等（2012）运用主成分分析方法测算得到江西省承接产业转移的现状，采用梯度转移系数分析得出未来江西具有优势竞争的产业，认为江西省应集中力量，重点支持有色冶金、汽车和石化等支柱产业的发展，同时也应以培育新兴产业、先导产业为目标。魏博通等（2012）利用构建的投资转移指数、企业转移指数、就业转移指数对2004～2009年江西承接沿海产业转移的状况做了分析，结果发现，沿海向江西的产业转移不明显，很大程度上仅是部分企业的对外投资行为，但是江西承接沿海的产业转移很显著，这和江西自身的产业基础较为薄弱和产业承接条件较为优越有关。而后，刘文辉（2013）认为产业转移是中西部欠发达地区经济增长和承接东部发达地区经济辐射的重要方式。江西作为我国中部的重要省份，在承接区际产业转移过程中有其独特的优势，既能带动东部地区产业延伸，又能作为西部地区经济发展的媒介，其优势主要表现为区位优势、市场优势、低成本优势。江西承接的产业转移来源地较为集中，行业分布较为广泛，民营资本和外商投资是沿海向江西产业转移的主要驱动力。总体而言，学术界应用计量模型研究产业转移和产业结构之间的互动影响关系，以及从产业集聚的视角研究江西省承接产业的选择有了系统的研究成果。

二　国内外产业转移与产业布局研究现状

美国著名经济学家Marshall等（1890）从需求和供给两个方面分析了专门工业集中与特定地方的原因。不同地方的需求扩大是产业集中的主要原因，从供给角度出发，空间聚集会引起外部规模经济，进而促进地方经济的发展。Brezis等（1991）、Krugman（1991）等指出，马歇尔关于产业区位如何导致产业发展的描述是迄今为止所有描述中最好的一个。Thompson（1966）从"人性化"方面出发，认为一个工业区从开始建立就将经历一个有规律的发展历程，就好像一个生命周期，需要经历具备不同特征的阶段，即"区域生命周期论"。日本一桥大学 Kojima（1978）将"雁行产业发展理论"与"产品生命周期理论"结合，提出的"边际产业扩张理论"阐述了发达国家对发展中国家的产业转移是移出国将已经处于或即将处于比较劣势的边际产业依次进行转移，虽然这些产业在移出国处于不利地位，但在承接国可以再次拥有比较优势，帮助承接国利用相对要素优势发展出口导向型经济，同时促进移出国产业结构优化升级。英国经济学家 Dunning（1988）从企业的微观层面上对产业跨国转移进行了研究，用 O－L－I 模型来说明企业的对外投资和扩张行为。该理论认为企业要进行对外直接投资和跨国经营，必须同时具备三个特定优势，即产业组织决定的所有权优势、要素禀赋结构决定的区位特定优势、交易成本决定的内部化特定优势，而每个特定优势由众多优势组成，并且认为企业跨国直接投资或产业转移，三种特定优势缺一不可。劳尔·普雷维什（1990）从发展中国家的视角来研究产业转移现象。他从依附角度分析了中心－发达资本主义国家和外围－发展中国家之间的经济关系，提出了"中心－外围"理论。他认为，发展中国家出于发展的压力而被迫实行的用国内工业化替代大量进口工业品的进口替代战略，是产业转移发生的根源。

产业布局理论的基础是西方区位理论，创立于 19 世纪初，是由德国经济学家杜能根据区域地租差异引起土地利用"杜能圈"结构而提出的农业区位论。后来韦伯通过对工业区位进行分析研究，提出的工业区位论解释了产业集群现象的产生原因在于企业自身扩张和有效引发同类企业的集聚。20 世纪 90 年代，Krugman 等利用地理学的知识对区域产业布局理论进行了研究，并提出了"新经济地理学"理论。他们指出，产业聚集的主要动力是劳动力市场共享、中间产品的供求关系和技术外溢三个外在因素，运输成本和劳动力的可移动性是影响产业空间聚集和转移的决定性因素，较低的运输成本能够产生较强的空间聚集力量，较差的劳动力可移动性能够积攒较强的产业转移力量。Shetty（1985）对美国承接其他国家的产业转移的区位选择因素进行实证研究发现，工资水平、制造业密度和当地政府政策是重要的决定因素。Head 等（1996）则将集聚效应与产业转移结合，得出了有效的集聚效应是决定产业转移区位分布的重要因素的结论。Kravis 等（1982）的研究表明，劳动力成本对于美国跨国公司的海外子公司出口程度有着负面的影响，因而也在一定程度上影响其空间布局。

中国强劲的发展势头也引起了一股研究热潮，国外学者们纷纷对中国承接产业转移的状况进行了不同程度的探索。Yingqi（1993）通过计量分析的方法得出贸易水平、工资水平、R&D 人员数目、GDP 增长率、政策因素、基础设施改进速度和集聚经济效应是影响产业转移区位选择的因素。Belderbos 等（2002）对 1990 年至 1995 年日本电子制造产业向中国的产业转移区位分布进行了分析，认为集聚经济效应是影响区位分布的重要因素，同时通过实证分析，他们还发现不同规模的电子制造业企业的分布影响因素存在差异。Zhang（2005）对中国港台地区产业转移区位分布进行了较为系统性的分析，认为政策的倾斜、廉价劳动力的丰富储备、外向型经济是吸引港台投资的重要因素。Cassidy 等（2006）认为良好的教育水平、良好的内陆水运交通和沿海分布的省份更能够吸引到产业转移。Badri（2007）有针对性地选择了分布在 23 个国家的 2125 家企业，收集了一些有价值的数据和资料，佐证了产业转移理论中产业区位选择理论的可靠性。其后，他通过实证分析认为，无论国际产业转移还是国内产业转移，产业区位选择理论的可靠性系数高达 0.7758～0.9618。

国内学者对产业转移与产业布局的研究虽然时间较短，但也取得了丰硕的研究成果。卢根鑫（1997）最早对国际产业转移问题进行了研究，他以马克思主义经济学理论为切入点，认为产业转移是经济活动的一种过程，由于比较优势的存在，就会发生产业转移。李小建（1997）通过对香港在内地的 54 家公司进行调查，认为外商直接投资最重要的区位因素是廉价劳动力、基础设施、优惠政策以及文化上的一致性。鲁明泓（1997）运用计量经济模型知识筛选出了对外资区位分布有较大影响的因素，他的研究发现：GDP、第三产业发展水平、城镇化水平以及优惠政策与 FDI 呈正相关关系，市场发育程度、劳动力成本与 FDI 成负相关关系，进口、出口与 FDI 的关系比较复杂。魏后凯等（2001）利用因子分析法，对秦皇岛市投资所考虑的区位因素进行了实证分析，分析结果表明影响外商在秦皇岛市投资的主要区位因素是城市经济文化环境因素、交易成本因素、生产投入供应因素、市场因素以及投入成本因素。李立新等（2002）通过对FDI来源国进行分类，得出了不同来源国在FDI区位选择上的不同动机。黄肖琦等（2006）在新经济地理学知识的框架下重新审视了外商直接投资的区位决策行为，他们把影响FDI在中国的区位选择因素划分为3个方面：新经济地理因素、地区性制度因素和传统比较优势。张彦博等（2010）认为FDI的区位选择不仅受聚集经济的影响，而且受成本因素的影响，成本优势越显著的地区，FDI大规模聚集的可能性也越大。随着FDI的过度聚集，聚集外在性的降低和拥挤外在性不经济性的提高促使FDI企业发生区际转移的可能性随之增加；外部环境变化造成的区位成本的提高也将减少对FDI的吸引力，促使对成本变化敏感的FDI从其聚集地撤资。李存芳等（2010）运用系统工程思想和方法，从我国2000~2009年可耗竭资源型企业跨区转移的112个项目中提炼并描述了企业转移区位选择过程中的特征行为，进一步从理论上探讨分析了可耗竭资源型企业转移区位选择行为的过程激励模型，总结出了可耗竭资源型企业转移区位选择行为的驱动因素。刘友金等（2011）从资源优势、市场优势、区位优势、技术优势等因素分析空间进入优势，从心理距离、承接区政策、承接产业转移环境、物流竞争力等因素分析空间进入壁垒，构建新Hayter模型发现，中部地区应根据实地情况有差别地承接劳动密集型、资源密集型和技术密集型产业。张辽（2013）认为在产业转移的过程中，企业区位的空间再造会引起不同地区劳动力的释放与吸收，然而劳动力市场的体制性分割限制了劳动力要素的流动，从而阻碍了企业（产业）的空间转移，因而需要政府的参与，消除各类客观存在的要素、产品和产业空间流动障碍。王保忠等（2013）认为当前中国区域产业布局存在点状线性特征明显、集约化程度低、开发区布局及发展水平不平衡、产业发展与资源禀赋存在双重错位性等问题，应当通过推进基础设施建设、发展低碳产业、构建区域合作制度安排等措施实现区域经济健康发展及产业布局优化。吴福象等（2014）基于差异化劳动力区际流动视角，对中国产业空间布局不平衡的原因进行推演发现，长期状态下产业空间布局对差异化劳动力的组合比例具有一定的阈值限制，中国产业空间布局的困境源自市场最优的集聚与社会最优的集聚发生了偏离，这源自东部地区在全球价值链与国内价值链之间二传手功能的缺失。陈莎莉（2015）认为在产业梯度转移背景下，在进行产业布局区位选择时会受到生产要素的流动性的差异、产业区位黏性以及行政区经济等因素的影响，因此成功实施产业梯度转移要承接适宜产业，打破"飞地经济"①的局限性，与本地供应链无缝对接，实现资源共享、优势互补，从而推动产业结构优化升级。邬娜等（2015）认为产业布局除了受到传统区位理论、行为区位理论和产业结构与规模的限制影响之外，还会受到生态承载力的约束，而产业布局的演变同时也影响着生态的承载力，通过调整生态环境可以促进产业布局的优化。束慧等（2015）建立了区域产业空间布局调整优化模型，利用离散随机变量仿真方法预测区域产业迁移项目的空间分布，研究结果表明，在区域产业空间布局优化调整时，产业的规模化建设、进一步提升低能耗产业的技术水平是平衡区域整体经济发展和环境保护间矛盾的有力手段，且从得到的结果来看，产业的规模化建设在短期内的成效更加显著。周圳祥（2016）从产业结构、产业集聚和产业关联三个角度分析京津冀批发零售业转移与布局时发现，产业承接地应具备移入产业整体较高的产业聚集度，优化布局的关键在于交通便利、环境先行以及政策到位，同时避免两地恶性竞争。李然等（2016）认为产业转移的同时产业布局也在发生变化，在产业转移过程中中心城市功能向外扩散，能够培育更多的二级城市和三级城市。统筹考虑区域资源分布和发展基础，根据辐射互联、优势互补的原则，通过产业转移可以构建区域产业发展总格局。

三 国内外研究现状评述

积极支持赣南等原中央苏区的发展，积极响应政府"精准扶贫"政策，

---

① 飞地经济：指两个相互独立、经济发展存在落差的行政地区打破原有行政区划限制，通过跨空间的行政管理和经济开发，实现两地资源互补、经济协调发展的一种区域经济合作模式。

为振兴发展赣南等原中央苏区提供理论支撑。通过以上国内外相关文献的回顾，可以得出一个基本判断：产业转移是一个涉及企业、产业和政府等多主体，涉及劳动力、资本、技术等多要素，涉及经济、地理、管理等多领域的极为广泛且复杂的经济现象。国外学者通过对相关古典理论进行延伸，或结合产业转移模式，或结合产业转移载体，或结合不同视角产业转移所具有的形式特征等做了一定的相关研究，其相关研究特别是其理论研究取得了较多研究成果并具有一定的借鉴意义，但这些针对具体国家的研究成果缺乏普遍适用性。国内绝大多数学者通过借鉴或延伸相关理论，基于区域非均衡理论得出相关的研究成果，缺少与区域内产业转移衔接起来的研究。已有研究成果只研究了单一低梯度地区的承接，而忽视了多个低梯度地区承接中的竞争态势，没有合理的产业布局，使得梯度转移效率损失，缺乏产业选择后的动态布局研究。国内学者对江西省赣南等原中央苏区承接产业转移的研究，大多数止步于针对特定时期的现象或特定的产业做理论或少量特定产业的实证研究，针对赣南等原中央苏区承接沿海产业的布局研究还不多见。

已有国内外文献对FDI与产业转移、产业集聚与产业布局、对外直接投资与区位选择、产业结构与产业布局、企业迁移与区位选择等这种双边关系进行了较为系统的理论分析与实证研究，对本书研究具有借鉴意义。而对于区域产业转移与区域产业布局及这二者的关系尚未形成系统、完整的分析框架。在当前政府出台"精准扶贫"政策，积极推进振兴发展赣南等原中央苏区，以及中西部地区承接沿海产业转移势在必行和区域协调发展的大背景下，赣南等原中央苏区如何科学、合理地选择产业的承接，优化产业空间布局，对于地区实现资源合理配置，经济全面、协调发展，全面贯彻落实江西省委提出的"发展升级、小康提速、绿色崛起、实干兴赣"十六字方针，切实增强苏区振兴"造血"功能，打好基础设施攻坚战，进一步强化苏区发展支撑具有重要的现实意义。

基于此，本书将重点考察赣南等原中央苏区以及江西省其他地区承接沿海产业转移的现状和产业布局状况，以及产业转出地政府、企业和产业转入地政府之间的博弈政策，为赣南等原中央苏区承接沿海产业的布局与选择提出合理的顶层设计方案。在此基础上,形成比较科学合理的政策建议,为相关政府部门科学决策提供参考,为支持赣南等原中央苏区尽快改变其贫困落后面貌,确保与全国同步实现全面建成小康社会目标,逐步缩小区域发展差距,实现可持续发展,进一步保障和改善民生提供理论支撑。

第三节 本书的研究方法、内容与创新

一 本书的技术路线及研究方法

本书研究技术路线如图1-1所示。

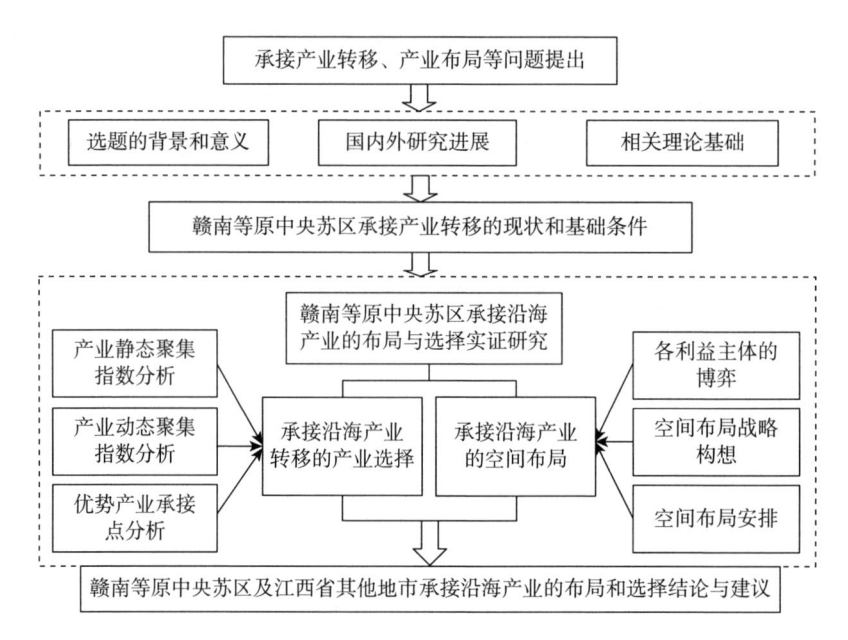

图1-1 技术路线

（1）文献研究法。根据所选定的研究领域、研究地区收集和整理相关资料,包括各类专业书籍和网络的相关资料,尤其是搜集整理本书所需要的核心文献与数据,并进行整理与模拟分析,为本书的实证研究遴选出有价值的数据信息。

（2）理论与实践相结合的方法。对国内外有关产业转移的理论和研究

进展进行总结归纳，在此基础上，实证分析江西省承接产业转移对省域层面产业结构的影响，对江西各地市拟承接的重点产业进行区际选择，强调理论与实际的紧密结合。

（3）定性分析和定量分析相结合的方法。在对产业转移效应进行定性分析的基础上，着力进行必要的量化研究，运用 Eviews 6.0 软件对遴选的样本数据进行协整检验和 Granger 检验，对江西省承接产业转移对产业结构演进的影响进行定量分析，并对其分析结果予以实证检验，以测度江西承接产业转移对经济发展的贡献率。

（4）规范分析与实证分析相结合的方法。首先，基于目前江西产业布局的现状，从定量角度揭示江西产业布局存在的问题；其次，采用层次分析法，分析江西承接沿海产业转移的行业选择和空间布局状况；最后，利用博弈模型，分析江西实现共赢的纳什均衡，并在此基础上提出江西承接沿海产业转移的政策建议。

（5）纵向比较和横向比较相结合的方法。按照地理学的观点，区域之间的差异性正是产业转移现象发生和产业集聚水平不一的根本原因。本书在分析江西省产业转移现状和各地市拟承接产业的空间格局方面运用比较分析法对全省各地市的情况进行比较分析，力求使理论与实证研究的科学性得到进一步增强。

二 本书的研究内容

研究内容主要从赣南等原中央苏区承接沿海产业转移的现状分析、产业选择、空间布局和空间布局与选择政策建议四个方面展开，由表及里，层次由浅入深，由现状分析而"知己"，然后"由己及他"，真正做到承接沿海产业转移与实际地情相结合，做到产业精确对接，最后"因情施策"，落实推广相关政策，完成理论到实践的完美转换，真正从理论意义上的可行性转化到实际政策实践上的可操作性。

（一）赣南等原中央苏区承接沿海产业转移的现状分析

改革开放以来，因地域位置、国家政策导向等因素，江西省未能有效地发挥其拥有的区位优势、资源优势等，进而导致江西省经济发展与我国沿海地区存在较大的差距。但近年来江西省各地市经济总体稳步向前发展，赣南等原中央苏区经济平稳增长，发展势头良好。2015年各市生产总值增长率均突破9%，2016年江西的GDP增速全国排名第4。另外，江西省工业发展迅速，对外贸易往来频繁，外来投资增加，进出口总额不断增长。

基于这种判断，一方面，本书拟从产业转入地的角度考虑承接产业转移问题，在国际、国内产业转移大背景下，深入剖析赣南等原中央苏区承接产业转移状况及各地实情并得出赣南等原中央苏区承接产业转移特点，包括外资来源及投资地区不均衡、产业转移投资行业不均衡、存量与增量状态失衡。另一方面，本书拟从产业转出地的角度，选择沿海投资数据对江西省赣南等原中央苏区产业转移现状进行研究，以期窥探在全球第四次产业转移方兴未艾的条件下，伴随我国承接产业与产业转移并存的产业变革，赣南等原中央苏区承接产业转移的现状以及在承接产业转移过程中地理位置与自然资源等方面存在的优势与不足。以上两方面的分析为后续研究做铺垫。

（二）赣南等原中央苏区承接沿海产业转移的产业选择

本书依据承接产业转移有助于产业结构优化升级的研究视角，结合对赣南等原中央苏区承接产业转移现状的分析，拟运用产业静态和动态指数模型，对赣南等原中央苏区以及江西省11地级市工业行业的37个大类产业的静态和动态集聚指数进行测算。

首先，这部分对所研究对象在范围上进行了界定，进而对测量产业集聚的指标进行了选取。其中，静态集聚指数用以测度该区域的优势产业，反映一个地区专业水平与全省平均水平的差异；动态集聚指数反映各产业在一定时间段内向某地区的集聚速度，是反映一段时间内的该区域该指标的动态变化。其次，本书对赣南等原中央苏区行业集聚指数进行测算，并对江西省11地市拟承接行业选择及空间格局进行了分析。再次，对赣南等原中央苏区工业化发展阶段下的产业承接进行了可行性分析。这部分包括对赣南等原中央苏区工业化发展阶段及工业化进程的时序判断，利用产业生命周期与工业化阶段理论的耦合性分析和基于增长极理论和产业集群理论得出的江西省总体拟承接产业的结果分析。最后，根据测算结果，以赣州市为代表，本书对赣南等原中央苏区拟承接的产业进行归类并选取相关重点承接产业，并区分绝对优势的产业选择和相对优势的产业选择。这为本书下一步产业空间布局提供了理论基础。

（三）赣南等原中央苏区承接沿海产业的空间布局

本书在分析承接沿海产业过程中各利益主体的博弈基础上，初步提出了赣南等原中央苏区未来的产业布局构想。产业空间布局的总体目标是基本建立赣南等原中央苏区及江西省其他地市分工合作发展的格局，调整原本过度单一的产业结构，推进产业之间的协作发展，进而优化产业结构，推进区域之间的协调发展。本书采用 20 世纪 70 年代美国运筹学家 T. L. Saaty 教授提出的层次分析法（Analytic Hierarchy Process，简称 AHP），逻辑推演江西未来的产业布局构想。本书将赣南等原中央苏区及江西省其他地市承接东部沿海地区产业转移的优势主导产业作为总体目标（模型最高层）。根据赣南等原中央苏区及江西省其他地市产业基础及承接产业转移的状况，在遵循承接产业转移原则的条件下，把产业增长潜力、产业技术进步、产业关联效应、产业可持续发展能力、产业竞争力优势和产业吸纳劳动力能力 6 项指标作为赣南等原中央苏区及江西省其他地市主导产业的选取原则，确定为模型的第一中间层。根据上面得出的赣南等原中央苏区及江西省其他地市承接沿海产业转移的趋势，遴选若干产业为主导产业的备选对象，确定为模型的第二中间层。根据总体目标要求，为探寻最适合上述优势行业发展的空间分布，将赣南等原中央苏区及江西省其他地市即江西 11 地市作为模型的最底层，由此建立层次结构模型。最后根据《江西统计年鉴》相关数据，计算出模型结果，由此推演出江西承接沿海产业转移的总体空间布局战略构想。

这一部分分为两大章节来阐述，第一章节是赣南等原中央苏区承接沿海产业的空间布局研究。这一部分首先从理论上对江西承接沿海产业空间布局各利益主体进行了博弈分析，包括江西 11 地市政府博弈的行为特征，江西 11 地市地方政府、沿海地方政府与转移企业的博弈分析以及江西省 11 地市实现共赢的纳什均衡理论分析。其次提出赣南等原中央苏区承接沿海产业的空间布局战略构想，从赣南等原中央苏区承接沿海产业的空间布局总体目标到空间布局总体思路，再深化到空间布局战略规划。最后得出赣南等原中央苏区承接沿海产业的空间布局安排的结论，包括赣南等原中央苏区承接沿海传统产业的空间布局、东部地区产业转移趋势分析和战略性新兴产业空间布局研究。

第二章节是案例分析，本书对赣南工业园承接沿海产业的布局与选择进行了深入剖析。首先是对赣南工业园区基本概况做了简要描述；其次运用SWOT分析法对赣南工业园区承接沿海产业转移现状进行了系统分析，包含赣南工业园区承接沿海产业转移的优势、劣势、机遇和威胁四个点；最后从赣南工业园区承接沿海产业转移现状分析、赣南工业园区承接沿海产业转移特点、赣南工业园区承接沿海产业的基础条件、赣南工业园区拟承接沿海产业行业选择和赣南工业园区承接沿海产业的空间布局研究五个方面对赣南工业园区承接沿海产业行业选择及空间布局研究进行了分析和研究。

（四）赣南等原中央苏区承接沿海产业的布局与选择政策建议

通过以上的理论分析和实证检验，基本勾画出赣南等原中央苏区承接沿海产业转移的空间布局与产业选择蓝图，面对第四次国际产业转移的浪潮和东部沿海地区正在进行的产业结构调整和优化升级，赣南等原中央苏区应该紧抓住历史机遇并结合自身优势，尽快制定包括制度环境、空间结构和产业对接等在内的政策措施，努力为承接产业转移与空间布局做好政策铺垫，促进承接产业与原有传统产业的尽快融合，促进赣南等原中央苏区及江西省其他地市协作发展，为实现"江西梦"打下良好的经济基础。

这一部分分为三个小节来阐述，分别是完善赣南等原中央苏区承接沿海产业布局与选择的制度环境、优化赣南等原中央苏区承接沿海产业布局与选择的空间结构和创新赣南等原中央苏区承接沿海产业布局与选择的产业政策。其中，第一个小节从制度角度提出了相关政策建议。如构建赣南等原中央苏区与江西省其他地市实现共赢联动的协调机制，产业转出地与产业转入地博弈均衡——完善与沿海地区政府合作机制，创新制约赣南等原中央苏区经济发展的制度体系。第二小节在分机制建议的基础上，进一步从理论到实践，提出诸如推进与周边区域协同发展，以"专业市场"优化赣南等原中央苏区承接沿海产业布局，以"工业园区"集中承接沿海产业转移的相关政策建议。第三小节进一步具体到产业，通过之前篇幅的数据说明了应大力发展的支柱产业和必须调整改造的传统优势产业，从而提出要打造新的经济增长点，努力建设高新技术产业，提高产业链价值的水平。

三 本书研究的创新之处

（1）研究视角的创新。本书拟在赣南等原中央苏区承接沿海产业转移的基础上，对拟承接产业空间布局进行研究，尝试把产业转移对江西省经济增长的拉动、产业结构的优化以及拟承接产业的选择纳入一个统一的研究视野中，用产业集聚和区域协调理论得出区域经济发展空间的反梯度理论解释，这在以往产业转移研究中并不多见，是本书结合江西省实际得到的理论研究创新。

（2）研究方法的创新。本书采用理论建模、实证检验相结合的方法，充分运用现代数理经济学和计量经济学的基本方法和最新成果，多方位、多角度对研究内容进行论证，以确保结论的科学性和严谨性。由于国际国内的相关数据既是建立模型的基础，也是验证模型的依托，为此必须广泛深入地收集相关数据，为本书研究提供数据支持。在此基础上，运用相关资料、数据以及图表来描述有关经济变量及其之间的关系，并运用层次分析模型、动态博弈模型等现代计量经济学方法，进一步阐释赣南等原中央苏区承接沿海产业的空间布局与选择问题。

（3）研究内容的创新。现有文献对于区域产业转移与区域产业布局这二者的关系尚未构建一个系统、完整的分析框架，对一个区域承接产业转移布局的实证分析研究甚少。本书从赣南等原中央苏区产业布局的现状出发，从定量角度揭示当前赣南等原中央苏区承接沿海产业转移与产业布局存在的问题，然后采用层次分析法，分析赣南等原中央苏区承接沿海产业转移的行业选择和空间布局状况，并利用博弈模型，分析江西11地市实现共赢的纳什均衡，并在此基础上提出赣南等原中央苏区承接沿海产业的布局与选择的政策建议。

第二章 产业转移与产业空间布局的理论基础

第一节 产业转移理论概述

关于产业转移理论，国外学者从宏观和微观两个层面，对产业转移机制进行了分析。其中宏观层面是从产业层面进行的研究，可分为两大类：第一类是关于产业转移纵向状态的研究，主要研究产业转移的发生、发展及其变化趋势，包括刘易斯的"劳动密集型产业转移理论"、赤松要的"雁行模式"、弗农的"产品生命周期理论"以及在此基础上发展而来的"产业梯度转移理论"等；第二类是关于产业转移横向状态的研究，主要研究产业区域转移过程中的具体形态，包括对外直接投资、对外贸易和技术转移，劳尔·普雷维什的"中心－外围"理论和小岛清的"边际产业扩张理论"等。产业转移微观层面的研究主要是从企业角度展开，包括邓宁的"国际生产折衷理论"和企业跨区域发展理论等。

本书主要介绍区域产业转移宏观层面一些比较经典的理论研究，包括刘易斯的"劳动密集型产业转移理论"、赤松要的"雁行模式"、弗农的"产品生命周期理论"、"产业梯度转移理论"、劳尔·普雷维什的"中心－外围"理论及小岛清的"边际产业扩张论"；微观层面主要介绍邓宁的"国际生产折衷理论"。

一 劳动密集型产业转移理论

美国经济学家刘易斯最早探讨了区域间产业转移的动因问题。他在

《国际经济秩序的演变》一书中,从发展经济学的角度分析了第二次世界大战后劳动密集型产业的国际转移问题。刘易斯认为,发达国家在20世纪60年代由于人口自然增长率的下降,非熟练劳动力不足,劳动力成本上升,劳动密集型产品的比较优势和国际竞争力下降,于是不得不将一些劳动密集型产业转移到发展中国家。他还认为,发达国家从发展中国家进口劳动密集型产品不仅有助于促进发展中国家的工业发展,而且有利于发达国家国内产业结构的调整和升级,这在一定程度上调整了"二战"后的国际经济秩序。

刘易斯的观点是建立在赫克歇尔-俄林的要素禀赋基础之上的,他把劳动密集型产业作为产业转移的主体并且把产业转移与比较优势的变化相联系,揭示了发达地区转移产业、欠发达地区承接产业的历史必然性。劳动密集型产业转移理论表明,由于欠发达地区拥有大量成本低廉的劳动力要素,发达地区向欠发达地区转移的主要是劳动密集型产业。这对承接地如何结合当地要素禀赋优势,因地制宜发挥本地经济特色,在产业转移和吸收的过程中明确方向,避免"跟风"、盲目引进外部产业等大有裨益。由于历史局限性,刘易斯只是针对劳动密集型产业的转移原因进行了探讨,没有触及资本密集型和技术密集型产业的转移问题,从而没有建立起关于国际产业转移的完整理论,但他把产业转移与比较优势的变化相联系的思想有助于经济学家更深入地分析探讨国际产业转移问题。

二 "雁行模式"理论

现代产业转移理论的渊源可以追溯到日本经济学家赤松要(Akamatsu Kaname)的"雁行模式"(Flying Geese Model)理论,该理论主要用于描述后起国家某一特定产业(如19世纪日本棉纺工业)的产生和发展过程。该学说认为,在工业化初期阶段,一些发展中国家由于经济和技术落后,不得不向发达国家开放某些工业产品的市场。当这种工业产品的国内需求达到一定数量时,就为本国生产该种产品准备了基本的市场条件和技术条件,国内逐步掌握了该行业的生产技术,并以资源和劳动力成本优势占领市场,最终实现该产品的出口,达到经济发展和产业结构升级的目的。由于这一行业产品的成长经历了进口→国内生产→出口三个阶段,如果以横轴为年代、纵轴为市场,在坐标图上把这一过程用曲线绘成图形,形状恰如三只大雁在飞翔,故命名为"雁行模式"。该理论较为系统地分析了战后东亚地区产业转移的现象,解释了发展中国家产业结构的变换发展和产业在国家之间转移的过程。

"雁行模式"成为20世纪70年代日本向ANIES(亚洲新兴工业国和地区)和ASEAN(东盟国家和地区)进行产业转移、推动本国经济发展的重要理论根据。20世纪90年代以来,有关产业转移的理论有了新的进展,主要表现为产业转移理论与国际经济学及国际经营学理论的联系日趋紧密。

赤松要的"雁行模式"理论表明,产业具有从发达国家转移到发展中国家、从发展水平较高的地区迁往较低的地区的特征,其转移方式都是把整个产业移出;在新型国家分工格局下,价值链环节的转移在国家产业转移中逐渐扮演起重要的角色,落后的低梯度地区也可以直接引进世界最新技术,发展自己的高技术,实行超越发展进行反推移。这种理论对承接产业转移具有重要参考价值:既要有选择地承接若干产业的整体转移,又要有选择地承接价值链环节转移,并以此嵌入全球价值链体系;既要承接制造业转移,又要承接现代服务业转移;既要注重吸纳传统制造业领域的转移,又要利用后发优势积极吸引高新技术产业的转移。

三 产品生命周期理论

美国经济学家弗农(R. Vernon)于1966年首次提出了"产品生命周期理论"(Product Life Cycle)。该理论认为,第一,一切技术和产品皆有一个从创新、成长、成熟到衰亡的生命周期,对于产品则是从新产品阶段、成熟产品阶段到标准化阶段的过程。第二,产品的生命周期在不同技术水平的国家里,发生的时间和过程不一样,表现为不同国家在产品技术上的差距和同一产品在不同国家市场中竞争地位的差异。第三,产品生产的不同阶段对生产要素存在不同的要求,因而会在不同阶段采取相应的措施。在新技术和新产品刚出现的创新阶段,对创新的需求比较高,且新技术和新产品拥有垄断优势,此时不会出现产业和技术的转移;当技术与产品进入成熟期后，生产技术和产品实现完全的标准化，产品对于创新和人力资本的需求降低，对技术工人的需求增加，且此时国内市场基本饱和，出于对产品新市场的拓展和对劳动力成本优势的追逐，技术发明国将进行大规模的产业转移。

产品生命周期理论从产品（技术）生命周期角度解释地区贸易分工的形成及某产业如何由发达国家逐渐向发展中国家转移的过程。弗农的理论从技术方面解释了产业转移发生的原因，即由于区域间存在技术差异，处于生命周期不同阶段的产品会在不同的区域进行分工和贸易，不同的地区就形成不同的专业化生产基地，由于产品生命周期（技术差距）不同，技术从高梯度地区向低梯度地区扩散转移，产业在技术不同的地区间进行转移。

从产品生命周期理论中我们必须认识到：发展中国家或地区在产业承接过程中，要分析判断所承接重点支柱产业在国际、国内的生命周期，尤其是要认真分析研究后金融危机时代新兴战略性产业的生命周期。这对承接地如何重点承接在国内市场正处于成长期以满足国内需求为主的产业，同时加大力度吸纳新兴战略性产业等具有重要的启示。

四　产业梯度转移理论

产业梯度转移理论是基于弗农的产品生命周期理论发展而来的，区域经济学家将产品生命周期理论引入区域经济学中，区域产业梯度转移理论便由此产生。产业结构的状况决定了区域经济的发展水平，尤其是主导产业在产品生命周期中所处的阶段。当一个国家或地区处于创新阶段的企业构成了这一地区的主导产业，则该地区在今后一段时期内具有发展潜力，称为产业发展的高梯度区域；相反，当一个国家或地区处于衰退阶段的企业构成了这一地区的主导产业，那么这个地区就被称为产业发展的低梯度区域。决定区域产业发展梯度的关键是创新，创新活动包括新技术、新工艺、新产品以及生产管理和营销策略等，并且随着产品生命周期的演进，区域的创新活动会从高梯度向低梯度转移。

产业的梯度转移主要是通过多层次的城市体系扩展来的。创新在空间上的扩张主要有局部范围的扩散和大范围的扩散两种形式。局部范围的扩散是指创新活动由发源地大致按照距离远近、向经济联系比较密切的邻近城市转移。大范围的扩散则是指创新活动由发源地按照全国或区域城市系统的等级顺序，蛙跳式地向其他地区扩展。前者决定转移去向的是距离，而后者则是接受新事物能力的差距，而梯度划分正是这种能力差距的体现。只有第二阶段的城市才有能力接受和消化来自第一阶段城市的创新，并且有能力把这些创新更广泛、更深入地传播到它们所控制的区域中。同理，随着产品生命周期的发展演化，这些创新又会从第二阶段向第三、第四阶段的城市转移，甚至向城镇、乡村转移。

这种有序的梯度转移是由种种影响区域经济发展与生产布局的内在因素决定的。对于处于发展阶段的工业部门而言，转移之所以是必要的，是因为随着技术的转让和同种工厂的数量增加，市场竞争也越来越激烈，这时工厂已经不能主要靠垄断价格来获利而不计成本，所以在决定新工厂的布局时，就不得不考虑与原材料或市场的距离、地租和其他生产费用。转移之所以是有序的，即产品必须从第一阶段城市转移到第二阶段城市，而不是转移到其他阶段的地区，这是由低梯度地区产业转移承接能力的差异所决定的。在第一阶段地区生产的产品，一般都需要较高的技术和大量的资金等生产要素的投入。对于处于产业梯度第二阶梯的地区，优越的地理位置、雄厚的产业基础、现代化的信息技术、强大的金融后盾，这些比较优势使其能够优先承接来自第一阶段城市的创新产品。而处于产业梯度第三阶段和第四阶段的地区一般不具备这样的产业转移承接能力。

区域经济学家将产品生命周期理论和区域经济学发展梯度论结合起来，说明世界和国家范围内工业布局与经济发展水平的变化和推移样式。根据产业梯度转移理论，国家或地区由于经济和产业发展水平不同，存在产业梯度上的差异，使得产业从高梯度向低梯度转移成为可能。当新技术、新产品或者新行业出现时，随着经济和产业的发展，新技术、新产品或者新行业会逐渐衰退，便会从高梯度区域向低梯度区域转移。但一个区域究竟是处于阶梯的顶端、中层还是底层，并不是由地理位置决定的，而是由经济发展水平，特别是创新能力决定的。产业转移的实质是高新技术扩散和产业结构升级的过程。该理论的局限性主要是难以科学地划分梯度，人为地限定产业的梯度转移，有可能进一步扩大地区间的发展差距。

五 "中心－外围"理论

"中心－外围"理论是由阿根廷经济学家劳尔·普雷维什提出的一种理论模式，在传统的国际劳动分工下，世界经济被分成了两个部分：一个部分是"大的工业中心"，另一个部分则是"为大的工业中心生产粮食和原材料"的"外围"。在这种"中心－外围"的关系中，"工业品"与"初级产品"之间的分工并不像古典或新古典主义经济学家所说的那样是互利的，恰恰相反，由于技术进步及其传播机制在"中心"和"外围"之间的不同表现和不同影响，这两个体系之间的关系是不对称的。对此，普雷维什进一步指出：从历史上说，技术进步的传播一直是不平等的，这有助于使世界经济因为收入增长的不同而划分成从事工业品生产的中心和从事初级产品生产的外围。普雷维什的"中心－外围"理论得以成立的基本条件实际上就是"中心－外围"体系的3个基本特征：整体性、差异性和不平等性。"中心－外围"体系是一个统一的、动态的体系，具有整体性；"中心－外围"之间在生产结构上存在很大的差异性；"中心－外围"之间的关系是不平等的。

对于所谓的整体性，普雷维什强调的是，无论是"中心"还是"外围"，它们都是整个资本主义世界经济体系的一部分，而不是两个不同的经济体系。普雷维什认为，现存的世界经济体系是资产阶级工业革命以后，伴随着资本主义生产技术和生产关系在整个世界的传播而形成的，维系这一体系运转的是在19世纪获得极大认可的国际分工。根据这种国际分工，首先技术进步的国家就成了世界经济体系的"中心"，而处于落后地位的国家则沦落为这一体系的"外围"。"中心"和"外围"的形成具有一定的历史必然性，是技术进步及其成果在资本主义世界经济体系中发生和传播的不平衡性所导致的必然结果。

对于"中心－外围"体系的差异性，普雷维什的侧重点在于强调二者在经济结构上的巨大差异。他认为，技术进步首先发生在"中心"，并且迅速而均衡地传播到它的整个经济体系，因而"中心"的经济结构具有同质性和多样性。所谓的"同质性"，是指现代化的生产技术贯穿于"中心"国家的整个经济；而其经济结构的"多样性"表明，"中心"国家的生产覆盖了资本品、中间产品和最终消费品在内的、相对广泛的领域。"外围"部分的经济结构则完全不同。一方面，"外围"国家和地区的经济结构是专业化的，绝大部分的生产资源被用来不断地扩大初级产品的生产，而对工业制成品和服务的需求大多依靠进口来满足；另一方面，"外围"部分的经济结构还是异质性的，即生产技术落后、劳动生产率极低的经济部门（如生计型农业）与使用现代化生产技术、具有较高劳动生产率的部门同时存在。

"中心－外围"体系的不平等性，是普雷维什这一理论的第三个主要方面，也是该理论的关键和最终落脚点。普雷维什认为，从资本主义"中心－外围"体系的起源、运转和发展趋势上看，"中心"与"外围"之间的关系是不对称和不平等的。资本主义世界经济的"中心－外围"体系，从一开始就决定"中心"和"外围"分别处在发展进程的不同起点上，"外围"地区从一开始就落后了；初级产品贸易条件的长期恶化趋势加剧了"中心"与"外围"之间的不平等；资本主义世界经济体系的"动力中心"从英国向美国的转移，进一步加剧了"中心"与"外围"之间的不平等。

六　边际产业扩张论

边际产业扩张论是日本经济学家小岛清（Kojima）1978年在分析了日本对外直接投资的有关资料后提出的。小岛清认为，按照比较成本论，一国应生产并出口具有比较优势的产品，并从比较劣势的产业开始对外直接投资，吸引外资国则通过引进先进的生产技术，发挥或增强其比较优势。相对于技术和资本密集型产业，劳动密集型产业首先进入边际产业的行列。他提出了"产业移植的比较优势"这一重要概念，建议在投资国与接受国之间从"技术差距最小的产业依次进行移植"，同时"由技术差距较小的投资国的中小企业作为这种移植的担当者"。小岛清所说的"产业移植"实际上就是产业转移，其提出的产业转移应按技术差距"依次进行移植"，真正触及了产业梯度转移的实质。

边际产业扩张的产业转移理论表明，如果技术差异过大，承接地技术水平跟不上，当地缺乏配套产品和服务，则难以有效承接。但其也存在明显的缺陷，从承接地角度讲，如果技术差异过小，承接地就无法从中获益，则难以在承接中实现产业升级。因此，在承接产业转移过程中，具有适度技术差异的产业是承接地选择产业的基本要求，对于技术工艺落后、产品缺乏市场、环境污染严重的产业项目，不能因为片面追求产值规模和就业岗位，而不惜成本和代价无选择地进行承接。

七　国际生产折衷理论

20世纪80年代，英国经济学家邓宁（J. H. Dunning）从企业的微观层面对产业跨国转移进行了研究。邓宁用O-L-I（所有权-区位-内部化）模型来说明企业的对外投资和扩张行为。他认为一国企业要进行对外直接投资，必须同时具备三种特定优势，即所有权优势、区位优势、内部化优势。所谓所有权优势就是企业由于掌握某种专有技术、专利、管理技能或拥有规模经济、价格垄断、各种有形或无形资产等所具有的优势；区位优势指跨国公司在投资的区位选择方面所具有的优势，包括市场、贸易壁垒、生产成本、投资气候、总体条件等因素；内部化优势是指企业将所有权优势保留在企业内部，通过自己使用而不是出让给其他企业来获取收益的能力。邓宁认为三种特定优势在企业跨国直接投资或进行产业转移中是缺一不可的。如果缺少区位特定优势，一国企业就会选择货物出口的国际经营方式；如果缺少内部化特定优势与区位特定优势，一国企业就会选择无形资产转让即技术出口的国际经营方式。因此，O-L-I模型实际上是一个综合性理论，它解释了一国企业产品出口、技术出口和对外直接投资的原因。

国际生产折衷理论对企业跨国投资的研究揭示出，在经济发展初期，一国基本上处于国际产业单向移入阶段；随着经济发展水平、产业结构层次和企业国际竞争力的提高，该国逐渐走上国际化道路，通过对外直接投资，改变原先产业的单向移入，真正加入国际产业转移的行列中。这对承接地如何引进跨国公司或大企业、大集团价值链高端产业具有重要的参考价值。

第二节 产业空间布局理论概述

产业布局是指产业在一国或一地区范围内的空间分布和组合的经济现象。产业布局在静态上看是指形成产业的各部门、各要素、各链环在空间上的分布态势和地域上的组合。在动态上,产业布局则表现为各种资源、各生产要素甚至各产业和各企业为选择最佳区位而形成的在空间地域上的流动、转移或重新组合的配置与再配置过程。

产业空间布局相关研究最早源于区位论,区位论主要研究产业布局的区位因子即产业布局的影响因素。区位论最早出现在德国,古典经济学从微观经济学出发,主要关注农业和工业的区位选择因素,形成了以杜能的"农业圈"为代表的农业区位论和以韦伯为代表的工业区位论。其后形成了成本学派,主要从企业的成本因素考虑企业的布局,代表人物是赖利等。到了20世纪初时,新古典主义的市场-价格分析逐渐取代了古典学派成本-效益分析,使区位论研究从微观分析走向宏观分析,形成了市场区位学派,该学派认为获取最大利润是企业区位选择的出发点,代表理论是德国经济学家克里斯塔勒的中心地理论和廖什的市场区位论。

一 杜能的农业区位论

农业区位理论的创始人是德国农业经济学家冯·杜能(J. H. von Thünen),他于1826年完成了农业区位论专著——《孤立国对农业和国民经济之关系》(简称《孤立国》),是世界上第一部关于区位理论的古典名著,首次系统地阐述了农业区位理论的思想,奠定了农业区位理论的基础。作为农业区位理论的开山之作,杜能的农业区位理论同时也是影响最大、最主要的农业区位论。杜能认为当时德国流行的泰尔轮作式农业生产方式并非合理经营农业的一般地域配置原则,为了寻求企业型农业时代的合理农业生产方式,探索这种方式的地域配置原则,提高农业生产效率,于是产生了杜能农业区位论。

杜能在《孤立国》中提出了著名的"孤立国"理论,该理论存在以下几个假设条件："孤立国"是一天然均质的大平原，各地土质条件一样，任何地点都可以耕作（其他自然条件也是均质的）；没有河川可通舟楫，马车是唯一交通工具；"孤立国"中只有一个城市，其他都是农村和农业土地，城市所需农产品由农村供给，城市提供农村地区全部加工品；矿山和食盐坑都在城市附近，距城市50英里（约80467米）之外是荒野，与其他地区隔绝；农产品的运费和重量与产地到消费市场的距离成正比关系。

在这种假设下杜能提出了一种全新的农业生产配置模式，基本配置原理是在城市近处种植相对于其价格而言笨重而体积大的作物，或生产易于腐烂或必须保持新鲜的产品。而随着距城市距离的增加，则种植相对于农产品的价格而言运费少的作物。以城市为中心，由里向外依次为自由式农业、林业、轮作式农业、谷草式农业、三圃式农业、畜牧业的同心圆分布结构，这就是著名的"杜能圈"。第一圈为自由式农业圈，是距市场最近的一圈，主要生产易腐难运的农产品；第二圈为林业圈，主要生产木材，以解决城市居民所需木材以及提供建筑和家具所需的木材；第三圈是轮作式农业圈，主要生产粮食，六年一轮回，没有休闲地；第四圈是谷草式农业圈，为谷物（麦类）、牧草、休耕轮作地带，七年一轮回，有休闲地，生产较粗放；第五圈为三圃式农业圈，圈内1/3土地用来种黑麦，1/3种燕麦，其余1/3休闲，是距城市最远的谷作农业圈，也是最粗放的谷作农业圈，三年一轮回，休闲地增加；第六圈为畜牧业圈，是杜能圈的最外圈，生产谷麦作物仅用于自给，而生产牧草用于养畜，以畜产品如黄油、奶酪等供应城市市场，此圈之外为无人荒地。随着离市场距离增加，土地利用由耕作地向畜牧地、荒地过渡；集约程度逐步降低；谷物比重逐步减少，休闲地随之增加。

杜能根据假设前提，得出的农业空间地域模型过于理论化，存在以下缺陷：地租取决于运费，掩盖了资本主义的剥削关系；没有考虑自给性农业经营的空间问题；追求最大地租收入的行为动机与现实不完全符合；技术与交通的发展使得杜能理论中的距离因素决定性作用制约变小；没有考虑到城郊的城乡土地利用矛盾；假设条件过多，没有考虑土质、生产者行为决策差异，这些因素可能使杜能环增大或减小。为了使其区位模式更加符合实际条件,他在《孤立国》第一卷第二部分中将他的假设前提加以修正,指出现实存在的国家与"孤立国"有以下区别:在现实存在的国家中,找不到与孤立国中所设想的自然条件、土壤肥力和土壤的物理性状都完全相同的土地;在现实国家中,不可能有那种唯一的大城市,它既不靠河流边,也不在通航的运河边;在具有一定国土面积的国家中,除了它的首都,还有许多小城市分散在全国各地。

杜能农业区位理论揭示了农业生产方式(农业类型)的相对优越性以及农业生产的集约程度、空间布局与市场的关系,创立了孤立化的研究思维方法;该区位理论首次从理论上系统地阐明了空间摩擦对人类经济活动的影响,成为土地利用一般理论的基础。修正后的杜能模式考察了河流、其他小城市、谷物价格和土质对"孤立国"土地利用的影响。

二 韦伯的工业区位论

德国经济学家阿尔申尔德·韦伯(Alfred Weber)于1909年出版了《工业区位论》一书,创立了工业区位论。韦伯认为,任何一个理想的工业区位,都应选择在生产和运输成本最小点上。从这一思想出发,他运用数学方法和因子分析法,对当时的德国鲁尔区做了全面系统的研究,得出了工业区位理论的核心内容——区位因子决定生产区位。

为了理论演绎的需要,与杜能一样,韦伯首先做了下列若干基本假设:所分析的对象是一个孤立的国家或地区,内部的自然条件、技术条件和工人技艺都相同,影响工业布局的因素只有经济因素;工业原料、燃料产地为已知点,一般性原料普遍分布;产品销售地为已知点,销售量固定不变;劳动力供给地及供应量预先确定,劳动力不流动,工资固定;生产和交易就同一产品进行讨论;运输费与货运量、距离成正比;运输方式为火车。

经过分析、筛选,韦伯确定运费、劳动力费和集聚因子为三大主导因子,并分三个阶段建立其工业区位论。

第一阶段:假定不存在运费以外成本区域差异,影响工业区位的因子只有运费一个,根据运费指向来确定运费最低点,形成工业布局的初优区位。

第二阶段:以前一程序为前提,加入劳动力费用因子的影响,即考察运费和劳动费合计为最小时的区位。这可以使运费指向的初优区位格局发生第一次偏移，形成工业布局的较优区位。

第三阶段：再将集聚因子加入，考察对劳动费指向所决定的较优区位影响，区位模式发生第二次偏移，形成工业布局的最优区位。

时至今日，韦伯的理论仍是西方区域科学、工业布局的基本理论，为近代工业区位理论奠定了基础，其第一次将工业区位系统化、理论化，该理论最先将抽象的演绎方法用于工业区位研究中，运用"区位因子"[①]进行工业区位分析，并把研究重点放在运费、劳动力和集聚三大主导因子上，建立了完善的工业区位理论体系，对今天的工业布局仍有积极合理的意义。韦伯工业区位论的最大特点或贡献之一是最小费用区位原则，即费用最小点就是最佳区位点。韦伯的理论不仅限于工业，对其他产业布局也具有指导意义。

但是韦伯的理论也具有一定的局限性：过高估计三大因子的作用，忽视了经济、社会、文化、技术、历史等的作用（如决策者的行为，获得信息、处理信息的能力）；假定的条件是非现实的，现实中的运费制度是区段增加（不是成比例增加），并且是远距离递减，运费率因原料、产品不同而不同（不是统一的运价体系），交通网、地形条件都影响运费，运输方式不同，运价体系也不同；只追求最小成本，没考虑产品价格与销售量的关系对区位的影响，实际上企业关注最大利润胜过关注最小成本；地域政策因素直接影响到工业区位的选择，如西部开发、旅游区的环境保护；技术进步使原材料消耗下降，及替代材料的使用使运费对于工厂区位的影响越来越小；主要考虑局部和单项因素的影响，得出区位对某一特定企业可能是最佳的，但从地区整体看不一定是最佳的。

三 克里斯塔勒的中心地理论

中心地理论产生于 20 世纪 30 年代初西欧工业化和城市化迅速发展时

---

① 区位因子：又称区位因素，是指影响区位主体分布的原因。最早提出区位因子（Standort Factor）的韦伯，将其定义为经济活动发生在某特定地点而不是发生在其他地点所获得的优势，即特定产品在某处生产比在其他场所产生的费用降低的可能性。

41

期，是德国经济地理学家克里斯塔勒（Walter Christaller）1933年在其著作《南德的中心地》或《德国南部的中心地原理》中首先提出。克里斯塔勒通过对德国南部城市和中心聚落的大量调查研究后发现，一定区域内的中心地在职能、规模和空间形态分布上具有一定规律性，中心地空间分布会受市场、交通和行政三个原则的影响而形成不同的系统。他探讨了一定区域内城镇等级、规模、数量、职能间关系及其空间结构的规律性，并采用六边形图式对城镇等级与规模关系加以概括。

为了方便理论演绎，克里斯塔勒提出了如下假设条件：研究的区域是一块均质的平原，其人口均匀分布，居民的收入水平和消费方式完全一致；有一个统一的交通系统，对同一等级规模城市的便捷性相同，交通费用和距离成正比；厂商和消费者都是"经济人"；平原上货物可以完全自由地向各方向流动，不受任何关税或非关税壁垒的限制。

在一个均质平原上，让所有的人都由一个中心地提供商品和服务显然是不可能的。超额利润的存在，必然吸引其他中心地的厂商加入。为了避免相互竞争所引起的销售额下降，任意两个中心地必须相隔一定距离。由于新的中心地厂商的不断自由进入，竞争结果使各厂商经营某类商品的最大销售范围逐渐缩小，以致各中心的销售范围都有一部分相互重叠。重叠区内位于平分线上的居民到两个相邻的中心地的距离是相等的，圆形的市场区即被六边形的市场区所替代，从而推导出正六边形市场区这一最有效的全覆盖的理论图式。

在市场原则基础上形成的中心地的空间均衡是中心地系统的基础。中心地具有等级性，一般三个中心地构成的三角形的重心是低一级中心地的布局区位点，各等级间的中心地数量、距离和市场区域面积呈几何数变化。各个中心地布局在两个比自己高一级的中心地的交通线的中点。在行政原则基础上形成的中心地系统中，低级中心地从属于一个高级中心地。

市场原则适用于由市场及其市场区域构成的中世纪的中心地的商品供给。交通原则适用于如19世纪交通大发展时期，以及新开拓的殖民地国家、新开发区交通过境地带或聚落呈线状分布区域，在文化水平高、工业人口多（人口密度高）的区域，交通原则比市场原则的作用大。行政原则比较适用于具有强大统治机构的绝对主义时代，或者像社会主义国家以行政组织为基础的社会生活。

克里斯塔勒的中心地理论引入演绎的思维方法，研究空间法则和原理，带来地理研究思维方法大革命。中心地理论是城市地理学和商业地理学的理论基础，同时也是区域经济学研究的理论基础之一。但该理论也存在一些问题：只重视商品供给范围的上限分析，缺乏对供给下限的详细分析；把消费者看作"经济人"，认为其首先是利用离自己最近的中心地，忽视了集聚利益；没有研究需求增加、交通发展和人口移动带来的中心地系统的变化。

四　廖什的市场区位论

德国经济学家奥古斯特·廖什（August Losch）在 1940 出版了《经济空间秩序》一书，提出了市场区位理论。该理论把市场需求作为空间变量来研究区位理论，进而探讨了市场区位体系和工业企业最大利润的区位，认为工业企业最佳区位不是费用最小点，也不是收入最大点，而是收入和费用之差的最大点即利润最大点。

廖什的市场区位论也有一些假设前提：研究的区域为平原地区，区域内资源和自然条件均质分布，进行生产必要的原料充足，且均等分布；区域内农业人口也均匀分布，最初他们的生产是自给自足，且具有共同的消费行为；所有的工业生产方法都是公开的，技术知识可以到处传播；区域内各个方向上具有相同的运输条件；区域内所有的人都可以获得进行生产的机会。

廖什认为，每一单个企业的产品销售范围，最初是以产地为圆心，最大销售距离为半径的圆形，而产品价格又是需求量的递减函数，所以单个企业的产品总销售额是需求曲线在销售圆区旋转形成的圆锥体。随着更多工厂的介入，每个企业都有自己的销售范围，由此形成了圆外空当，即圆外有很多潜在的消费者不能得到市场的供给。但这种圆形市场仅仅是短期的，因为通过自由竞争，每个企业都想扩大自己的市场范围，因此圆与圆之间的空当被新的竞争者所占领，圆形市场被挤压，最后形成了六边形的市场网络。这种理论与瓦尔特·克里斯塔勒（Walter Christaller）的中心地理论很相似。但廖什的市场区位论具有自身的一些特点：企业最佳区位是利润（收入-费用）最大化点；需求随着价格变化与市场区大小不同而变化；单个企业的市场区域围绕市场中心呈圆形区域，需求曲线围绕价格变化轴旋转而成的需求圆锥体为需求总量；多个企业市场区域的均衡空间呈蜂窝状的六边形市场结构。

廖什的市场区位论将空间经济思想带入区位理论并在方法上有所创新，最鲜明的特征在于确定理论上能够获取最大收益的地域。该理论也存在许多缺陷和局限性，但他的经济景观符合资本主义地域结构的现实情况，如工商业聚集形成大城市；距离城市越远，经济活动越分散，受中心城市的影响越小，符合距离衰减法则。因此，他的理论受到了以后许多经济学者的高度评价。

第三节　新空间经济理论概述

近年来，经济全球化进程加快，国际贸易新理论和国际新增长理论得到发展，在此基础上一些西方主流经济学家提出"新经济地理学"理论。自 1991 年克鲁格曼（Krugman）的《收益递增和经济地理》一文发表开始，新经济地理学（Spatial Economics）的文献便迅速地不断涌现。自 20 世纪 90 年代中期开始，世界经济所面临的新问题，尤其欧洲统一市场形成以后，学者们通过欧盟内部国家间经济和美国国内经济的比较研究来把握统一市场功能的种种努力，把新经济地理学推到了主流前沿。空间经济最重要的理论基础之一是规模收益递增，不管是城市还是区域经济发展，都存在这种收益递增现象。如果把由家庭和小型企业集团生产的所有社会财富看成"零细资本主义"，显然不恰当。大量的情况是一些大型企业和诸多中小型企业并存。如果按照新古典的假设，我们生活在规模收益不变的世界中，那么我们无法解释现实中大量存在大型企业的现象。规模收益递增假设的提出很好地解决了这一问题，但它与完全竞争理论存在冲突（安虎森，2005）。然而经济学研究无法绕开规模收益递增与完全竞争问题，因为均衡以及一致性存在问题是建立在规模报酬的基础之上的。这一问题直到20世纪70年代中后期,尤其在产业组织领域掀起收益递增革命以后才得到解决。Dixit 和 Stiglitz 在 1977 年发表的《垄断竞争和最优产品多样化》中进一步发展了张伯伦的垄断竞争理论,并以更加明确的形式表示了垄断竞争理论,这为诸多研究领域建立收益递增模型奠定了理论基础。新经济地理学领域也在这一基础上迅速发展起来。经过一系列学者的共同努力,相继出版了《新经济地理学:城市、区域、国际贸易》、《经济地理和公共政策》、《聚集与经济地理学》和《空间经济学原理》等著作,这一系列著作初步为新经济地理学建立了完整的理论研究框架。

一 要素空间流动下的动态区位理论

(一)劳动空间流动下的"核心-边缘"理论

在 Dixit 等(1977)等研究的基础上,Krugman 构建了一个包含"交通成本"(用冰山运输成本①表示)和"规模经济"(用产品数目表示)的两地区"核心-边缘"模型。为了实现规模经济、节省交通费用,制造业厂商倾向于向市场需求较高的地区集聚,但市场需求的形成本身也取决于制造业的分布,Baldwin 等先后把上述过程更具体地确定为以下三个效应起作用的过程。一是"本地市场效应"(Market Access Effect),是指垄断型企业选择市场规模较大的区位进行生产并向规模较小的市场区位出售其产品的倾向。二是"生活成本效应"(Cost of Living Effect),也称为"价格指数效应",是指企业的区位选择对当地消费者生活成本的影响。在企业比较集中的区域,由于本地生产的产品种类和数量比较多,从外地输入的产品种类和数量就比较少,因而在运输成本方面的花费也就比较少,这使得该区域商品价格较低,从而消费者的生活成本较低。三是"市场拥挤效应"(Market Crowding Effect),也叫"本地竞争效应",是指企业因过于集中会导致彼此不利,不完全竞争性企业倾向于选择竞争者较少的区位。前两种效应

---

① 冰山运输成本:指一单位运往外地的产品中只有一部分能够到达目的地,其余部分都消耗了,消耗掉的就是冰山运输成本。

促进企业的空间集聚，而后一种效应促进企业的分散。前两种效应是集聚力的来源，而后一种效应则是分散力的来源。

Krugman 运用衡量产品空间优化程度的贸易自由度来分析问题。贸易自由度的相反方向表示交通成本，贸易成本从近似禁止（Near Prohibitive）的高水平下降，对应贸易自由度从零开始增加，此时，原来的对称分布是稳定的。贸易自由度的提高（交通成本的下降）会同时削弱集聚力和分散力，但对分散力的作用更强。当贸易自由度不断扩大时，集聚力将超过分散力，原来均衡的稳定性就被打破。这时，偶然的冲击或历史的因素将诱发"循环累积"效应：产业将在实际工资差异与劳动力流动的累积循环机制作用下向一个地区集聚，从而在两地区的经济空间中形成"核心－边缘"结构，这样的模型就称为"核心－边缘"模型（Core-Periphery，CP 模型）。

CP 模型具有七个主要特征（Baldwin 等，2003）。一是"本地市场放大效应"（Home Market Magnification），即需求分布的外生变化将导致产业以一个更大比例向需求扩大的地区重新分布。二是"累积因果效应"（Circular Causality），即集聚力能自我累积增强（Self-reinforcing）。三是"内生非对称性"（Endogenous Asymmetry），即贸易成本的持续降低最终将改变两个地区初始的对称性。四是"突发性聚集"（Catastrophic Agglomeration），即使微小的冲击，也会引发突然聚集，以至于产业完全集中到某一个区域。此时改变贸易自由度的区域经济政策在关键"时刻"具有"四两拨千斤"的理论可行性，同时也敲响了可能因为政策没有达到足够的力度而无济于事、功亏一篑的警钟。五是"区位黏性"（Locational Hysteresis），也称"路径依赖"，即历史分布是重要的，产业分布具有路径依赖（Path Dependency）特征。六是"驼峰状聚集租金"（Hump-shaped Agglomeration Rents），即集聚租金是指在"核心－边缘"结构形成之后，流动要素一旦离开中心地区所要遭受的损失，并且随着贸易越来越自由，集聚租金要经历一个先上升后下降的过程。七是"叠加区和预期的自我实现"（The Overlap and Self-fulfilling Expectations），即贸易自由度的一段区域对应着三个局部长期均衡，两个 CP 均衡和一个对称均衡，经济个体预期的冲击将使均衡结果跃变。

《收益递增和经济地理》（Krugman，1991）对后续区域经济的研究产生了极大的推动作用，并成为新经济地理学的奠基之作。虽然 CP 模型揭示的"累积因果"关系经济思想早已在前人文献中讨论过，但是 Krugman 对运输成本、规模经济和经济演进过程的处理方法使得新经济地理学的研究范式从此被纳入主流经济学。此外，早期的经济地理模型尽管对区域发展演进的规律给出了完美的解释，但由于方程多是非线性的，这类模型的求解往往不得不借助计算机数值模拟的方法。许多结果多在一定的参数范围内成立。这增加了处理的难度，也不利于进一步拓展。

（二）资本空间流动下的"战斧"理论（FC 模型）

"核心－边缘"模型能够清晰地揭示贸易成本、要素流动和聚集三者之间表示为经济活动空间分布的显函数形式，降低了模型的可处理性。为此，Martin 等（1995）改变了"核心－边缘"模型的假设，从资本空间流动角度分析经济变量的受冲击情况，建立了自由资本模型（Footloose Capital, FC）。

资本收益率的区际差异是资本区际流动的驱动力。如果工业品的区际贸易无成本，则资本收益率的区际差异始终为零，资本没有跨区流动的动因，经济处于稳定的长期均衡状态，企业在哪里生产都一样，区位毫不重要；当贸易有成本时，资本收益率的区际差异的符号取决于市场接近效应和市场拥挤效应这两种反向力量相互作用的合力，此时企业将倾向于选择市场相对份额大的地区，并促使市场相对份额大的地区的资本收益率逐步升高，从而吸引资本集聚，这就是市场接近效应，此时市场接近效应是促进集聚的唯一效应。对于企业份额（也就是实际使用的资本份额）大的地区而言，其存在市场拥挤效应，此效应倾向于降低资本收益率，不利于吸引资本的集聚，是抵消集聚的唯一效应。资本最终的流动方向取决于这两种效应的大小对决。随着贸易自由度的提高，虽然集聚力和分散力都在减弱，但是分散力减弱得更快，因此，将促进工业的集聚，这与"核心－边缘模型"的结论是一致的。

在自由资本模型中，市场规模完全由初始禀赋决定，无论资本如何流动，都不会改变市场规模，因为资本收益都归资本所有者所有并在所有者所在区域被消费。这样在初始禀赋对称分布的情况下，两区域的市场规模就会始终相同,而这时,上面提到的市场接近效应(也就是聚集力)并不存在,于是,资本流动就只取决于市场拥挤效应(也就是分散力),但分散力的存在也是有条件的,即工业分布不对称。如果工业分布是对称的,分散力也不复存在。当经济系统受到扰动而出现工业分布不对称时,分散力就会出现,它会促使资本回流直到工业分布恢复到对称状态。因此,就对称自由资本模型而言,由于初始禀赋对称分布,不仅市场规模,而且工业(也就是资本),都是对称分布的,经济系统就会始终停留在对称结构状态,保持长期稳定均衡,即使对资本流动进行扰动,系统也会产生负反馈作用使之恢复到对称状态,这正是自由资本模型的核心所在。

自由资本模型与"核心-边缘"模型相比存在如下特征:①跟 CP 模型一样具有本地市场放大效应;②无循环累积因果关系;③具有内生非对称性;④不具突发性聚集特征;⑤不存在区位黏性;⑥存在类似于 CP 模型那样的驼峰状聚集租金;⑦不存在叠加区和预期的自我实现机制。

由于 FC 模型假定了资本报酬全部会回到资本所有者所在的区域,这就切断了需求关联和成本关联的循环累积因果关系。

(三)企业家空间迁移下的拟"核心-边缘"理论(FE 模型)

在 Krugman 与 Baldwin 等的劳动空间流动 CP 模型以及 Martin 等(1995)的资本空间流动 FC 模型的启发下,Forslid 等针对产业(企业)的空间迁移情形,建立了企业家迁移模型,又叫自由企业家模型。

自由企业家模型与"核心-边缘"模型存在很多相似之处。两者的经济活动空间集中都是流动要素迁移的结果。"核心-边缘"模型中的流动要素是工业劳动力,自由企业家模型中的流动要素是人力资本或企业家,这种要素不能脱离其所有者而单独流动,并且流动的驱动力也有实际工资率差异,两者模型都存在循环累积因果关系,因此自由企业家模型具有"核心-边缘"模型的主要特征。

不难看出,无论是劳动迁移的 CP 模型、资本流动的 FC 模型还是企业家迁移的 FE 模型,它们都具有可以跨区流动的生产要素,三者之间具有很深的内在关联。其中,CP 模型是多数新经济地理学模型的基础,但其模型均衡解是隐性的,因此很多结论都是依靠数值模拟得到;FC 模型对 CP 模型的假设进行了修改，使得显性模型具有均衡解，结论一目了然，但模型特征和内涵的丰富性也大打折扣；FE 模型在某种程度上是前两个模型的综合，虽然解析仍然需要数值模拟，但难度有所降低，在特征和内涵的丰富性方面又几乎是 CP 模型的翻版，因此 FE 模型和 CP 模型本质相同。

二 空间理论的新发展

CP 模型以及在这个基础上衍生的其他模型能够很好地解释运输成本下降和产业集中之间的关系，但其缺点也是很多的。首先，由于方程的非线性性质，分析过程不得不借助大量的计算机数值模拟结果，这牺牲了其中许多直观的经济含义。与主要考察劳动力流动的 CP 模型不同，Martin 等（1995）提出的 FC 模型虽然能够得出显性解，并能方便地应用于研究许多非对称问题，但其必须借助许多较强的假设条件（比如假设资本所有者不迁移从而其收益必须返回原地消费），这使很多集聚特性无法得到。在此基础上放宽了资本家不能流动的假设的 FE 模型克服以往新经济模型无法把人力资本内生化的弊端。该模型保留了经典的 CP 模型许多优良的特征，但缺点是也必须借助数值模拟求解。

Baldwin 提出的资本不可以跨区域流动而是通过积累和折旧变化的 CC 模型可以得到显性解的同时又保留了许多经典模型的优良特性。此外，由于考虑了资本积累和预期，该模型将空间经济理论和内生增长理论做了有效结合。正是有了这种基础，Martin 等（1999，2001）和 Baldwin 等（2001）正式地把空间因素纳入内生增长模型，建立了全局溢出模型（GS）和局域溢出模型（LS）。前者假设知识溢出不受空间距离阻隔，而后者则假定知识的空间传播有阻隔成本。Fujita 等（2003）将 Romer（1990）的内生技术进步模型和 Krugman（1991）的 CP 模型有机地结合起来：由于研发部门的外部性，地理集中比分散时增长速度更快；只要集聚导致的增长速度足够高，边缘地区的福利水平也会有所提高。

在经典的 CP 模型中，成本加成比是一个固定常数（独立于厂商和消费者的空间分布），而冰山型运输费用的假设使得运费将随着商品价格的变化而变化。Ottaviano 等的模型假设了一个"二次效用的拟线性效用函数"

(Quasi-linear Utility with Quadratic Sub-Utility)和线性可加的运输费用,有效地克服了上述弊端,如他们的模型中存在"促进竞争效应"(Pro-Competitive Effect),即产品均衡定价随着厂商数目的增多而降低。此外,他们的模型还能得出解析。

三 中国空间理论的经验研究

中国学者关于空间经济学的研究主要集中在区域专业化与产业集聚的实证研究方面,而且对中国产业集聚的基本发展趋势仍然存在争议。一种较流行的观点是地方保护主义阻碍了区域专业化的发展,使得各区域产业结构雷同。Bai等(2004)的研究发现,虽然区域保护对产业集聚有负面影响,但20世纪90年代中国产业集聚的总体程度在不断增加。Young(2000)研究了中国各省产出结构并提出中国改革进程导致区域市场的分割与区域产业结构重复。而Fujita等(2003)则发现中国沿海地区与内陆地区的生产结构差异在不断扩大。Batisse等(2003)的实证研究结果支持Young(2000)的发现。胡向婷等(2005)的研究表明,政府采取不同的地方保护措施——设置贸易壁垒还是投资补贴,对区域产业结构的影响是不同的。

Zhu等(2003)利用Crozet的方法研究了贸易和中国的省内以及跨省(29个省份)劳动力迁移之间的关系。中国的劳动力迁移确实受到向心力的牵引。他们还预测,如果中央政府采取措施减少市场分割程度和省际贸易壁垒,则这种产业集聚过程会得到进一步加强。Gao(2004)用1985~1993年的跨省CIC两分位数据检验了几个理论在中国产业发展中的解释力。他发现,由于受知识外溢产生的动态外部性、自然条件和本地市场条件的影响,竞争程度高、国有比重低、交通状况好的地区,其产业增长也较快。贸易对产业增长的作用是正向的。此外,张超(2012)以地理区位差异性分析为起点,梳理出了一个分析大都市圈空间结构和成长动力的逻辑思路及特定地理区位与相关行业按"最高利润原则"分布的动态空间结构,使独特的区位功能和区位优势得以显现,进而形成大都市圈内的空间互补关系,而市场潜力扩大和区域交通格局优化进一步促进空间集聚和强化城市功能。郑德高等（2015）结合长江经济带产业区域化与空间韦伯结构的认识，提出长江经济带整体构建"一带两廊、三区四群"的城镇空间格局，一带为长江经济带，两廊为沪汉蓉、沪昆两条发展走廊，三区为长江上游、中游、下游三个地区，四群为上海全城区域、宁合芜城镇群、中三角城镇群和成渝城镇群。

第三章　赣南等原中央苏区承接沿海产业转移现状分析

第一节　赣南等原中央苏区产业转移基础现状

一　赣南等原中央苏区研究区域概况

江西省赣南等原中央苏区涉及江西省49个地区，包括赣州市、抚州市、吉安市各县城以及鹰潭市、上饶市、宜春市、新余市、萍乡市的少数县城，因此，本书重点将赣州市、抚州市、吉安市划为江西省赣南等原中央苏区。此外，为了从全省角度出发分析赣南等原中央苏区承接沿海产业转移空间布局安排，本书对江西省赣南等原中央苏区以及江西省其他地市都进行了承接沿海产业转移的概况分析。

江西省，简称赣，总面积16.69万平方公里，2015年常住人口4565.63万人，地区生产总值16723.8亿元。江西省由南昌市、九江市、景德镇市、萍乡市、新余市、鹰潭市、赣州市、宜春市、上饶市、吉安市、抚州市11个地级市组成，其中，赣南等原中央苏区主要包括赣州市、抚州市和吉安市。省会城市为南昌市，如图3-1所示。

赣州市作为赣南等原中央苏区重点发展和扶持的地区，与广东省相邻，具有承接广东等沿海地区产业转移的天然区位优势。赣州，简称"虔"，别称"虔城"，位于江西省南部，是江西省的南大门，是江西省面积最大、人口最多的地级市。赣州处于中国东南沿海地区向中部内地延伸的过渡地带，

图 3-1 江西省 11 个地级市区位

是中国内地通向东南沿海的重要通道之一，是珠江三角洲、闽南三角区的最大最近的共同腹地，也是连接长江经济区与华南经济区的纽带，具有明显的东进西出、南接北承的区位优势，是中部地区承东南沿海产业转移的第一城，在承接沿海城市产业转移方面起着很大的作用。赣州是江西省三座国家历史文化名城之一、中国魅力城市之一，有千里赣江第一城、江南宋城、客家摇篮、红色故都、世界橙乡、世界钨都、稀土王国、堪舆文化发源地等美誉。

赣州市正在加快构建综合交通运输体系，加强与周边城市和沿海港口城市的高效连接，把赣州建成我国重要的区域性综合交通枢纽。赣州市加快了赣龙铁路扩能改造的步伐，建设了昌吉赣铁路客运专线，规划研究了赣州至深圳铁路客运专线和赣州至韶关铁路复线，打通了赣州至珠三角、粤东沿海、厦漳泉地区的快速铁路通道，加快了赣州至湖南、广东、福建等周边省份铁路运输通道的规划研究，提升了赣州在全国铁路网中的地位和作用，已相继建成京九铁路复线、赣龙铁路、赣韶铁路等，逐渐完善了铁路网络。赣州站现已开通至广州、苏州、泉州、南昌、北京、井冈山等地的始发列车，通达全国各大中城市。公路运输已基本形成以市区为中心，105国道、323国道、319国道、206国道为骨架通达四面八方的公路网络，初步建成了快速交通骨架网：赣粤高速、蓉厦高速、赣韶高速、鹰瑞高速、瑞赣高速、赣大高速、石吉高速等。另外，赣州市改造扩建了赣州黄金机场，研究建设航空口岸，适时将赣州黄金机场列为两岸空中直航航点；加快赣江航道建设，结合梯级开发实现赣州-吉安-峡江三级通航，加快建设赣州港。

赣州市经济发展迅速。2015年赣州市实现地区生产总值1973.87亿元，比2014年增长9.6%，占江西省地区生产总值的11.80%。其中，第一产业增加值295.56亿元，比2014年增长4.1%；第二产业增加值870.46亿元，比2014年增长9.8%；第三产业增加值807.85亿元，比2014年增长11.4%。全市财政总收入达到353.32亿元，同比增长7.5%。其中，一般公共预算收入245.51亿元，同比增长9.0%。全年规模以上工业增加值753.26亿元，同比增长9.2%。全年固定资产投资1892.21亿元，增长17.6%。其中，第一产业完成投资47.3亿元，同比增长54.1%；第二产业完成投资582.47亿元，同比下降6.2%；第三产业完成投资1262.44亿元，同比增长31.9%。社会全年消费品零售总额705.21亿元，增长8.6%。实现进出口总额41.55亿美元，增长6.5%，其中出口总额33.92亿美元，增长6%。全市实际利用外资13.7亿美元，增长12.1%。2016年，全市民间投资1077.82亿元，增长6.5%，增速比上半年提高5.4个百分点，占全部投资的比重为48.9%，占比比上半年提高0.4个百分点。全市民间投资主要集中在工业和房地产开发业。2016年，全市上下深入贯彻"降低企业成本、优化发展环境"专项行动，规模以上工业效益稳中有升、稳中提质，实现主营业务收入3577.33亿元，同比增长9.3%，较2015年提升5.5个百分点；实现利润226.52亿元，增长13.1%，较2015年大幅提升11个百分点。

抚州市位于赣东，地处华东地区，素有"江右古郡"、"才子之乡"和"文化之邦"等美誉。东邻福建省建宁县、泰宁县、光泽县、邵武市，南接江西省赣州市石城县、宁都县、西连吉安市永丰县、新干县和宜春市的丰城市，北毗鹰潭市的贵溪市、余干县和南昌市进贤县。抚州市位于长江三角洲、珠江三角洲和闽东南三角区腹地,自古就有"襟领江湖、控带闽粤"之称,是我国南北交流、东西沟通的重要通道,主要有"五四三"的优势。"五区"——抚州是鄱阳湖生态经济区、海西经济区、原中央苏区、长江中游城市群发展规划区、生态文明先行示范区五大国家战略的政策叠加区,是浙商、闽商、台商西进的纽带,粤商、港商北扩的中转站。"四最"——抚州是距省会南昌最近的设区市,是江西离出海港最近的设区市,是中部地区离台湾海峡最近的设区市,是最具条件发展近海经济的城市。抚州去昌北机场仅1个小时车程,到福建莆田港和湄洲湾只需2个小时,已成为中西部许多城市的出海大通道。"三基"——抚州基础设施日益完善、产业基础日渐成熟、生态基础日趋优越,为大产业大项目的发展构筑了良好的条件。随着昌抚一体化和赣闽、赣粤、赣浙沪合作的稳步推进,抚州正日益成为江西乃至中部经济最活跃的地区之一。

抚州是国家区域性商品粮基地,全市现有耕地面积357.9万亩(其中水田321.7万亩),每年生产粮食50多亿斤,输出商品粮20多亿斤。农业特色鲜明,建立起优质稻、烟叶、花卉、黄栀子、瘦肉型生猪、特种水产等十大特色农业生产区。多种农副产品获国家原产地域产品保护和国家地理标志产品保护。南丰、广昌、崇仁、临川、资溪等县(区)分别被国家有关部委命名为中国蜜橘之乡、白莲之乡、麻鸡之乡、西瓜之乡和面包之乡。市内矿产资源丰富,有金属矿产20多种,非金属矿产30多种,主要包括有色金属(含贵金属)、稀有金属、黑色金属、稀土矿产、瓷土矿产、建筑材料及冶金辅助矿产等,以稀有金属铀、有色金属铜、瓷土矿和建筑材料矿产为优势。已探明储量的230处矿床中,内有大型矿床1处,中型6处,小型223处。已开采利用的有铜、铀、瓷土、金、钨、煤、稀土、萤石、石墨、建筑材料等。

抚州市经济平稳增长,如图3-2所示,2007~2015年GDP总量逐年增长。2015年全市实现生产总值1105.14亿元,同比增长9.2%。其中,第一产业增加值181.8亿元,同比增长4.1%;第二产业增加值549.3亿元,同比增长9.2%;第三产业增加值374亿元,同比增长11.4%。财政总收入165.2亿元,同比增长10.1%。其中,公共财政预算收入126.82亿元,同比增长9%。全市规模以上工业增加值364.23亿元,按可比价格计算,比2014年增长8.6%。全市服务业增加值增长11.4%,高于GDP增速2.2个百分点,较2014年加快1.2个百分点,占GDP比重为33.8%,比2014年提高2.1个百分点。全市固定资产投资1099.67亿元,比2014年增长17.1%。全市社会消费品零售总额428.2亿元,比2014年增长9.4%,其中,线上消费品零售额92.02亿元,同比增长8.0%,增速自8月以来逐月上升,12月当月增长41%,列全省第一。全市出口总值首次突破百亿元,达102.28亿元,同比增长8.1%,高于全省平均3.3个百分点,列全省第三位。实际利用外资2.93亿美元,同比增长16.8%,其中现汇进资1亿美元,两项增幅均为全省第一。2016年,抚州全市实现生产总值1105.14亿元,同比增长9.2%;财政总收入165.2亿元,同比增长10.1%;公共财政预算收入126.82亿元,同比增长9%;固定资产投资1099.67亿元,同比增长17.1%;规模以上工业增加值364.23亿元,同比增长8.6%;社会消费品零售总额428.2亿元,同比增长9.4%;出口总额102.28亿元,同比增长8.1%;实际利用外资2.93亿美元,同比增长16.8%;城镇居民和农村居民人均可支配收入分别达到25065元和11441元,分别增长8.5%和9.9%;居民消费价格总体水平上升0.9%;城镇登记失业率控制在3.3%以内。

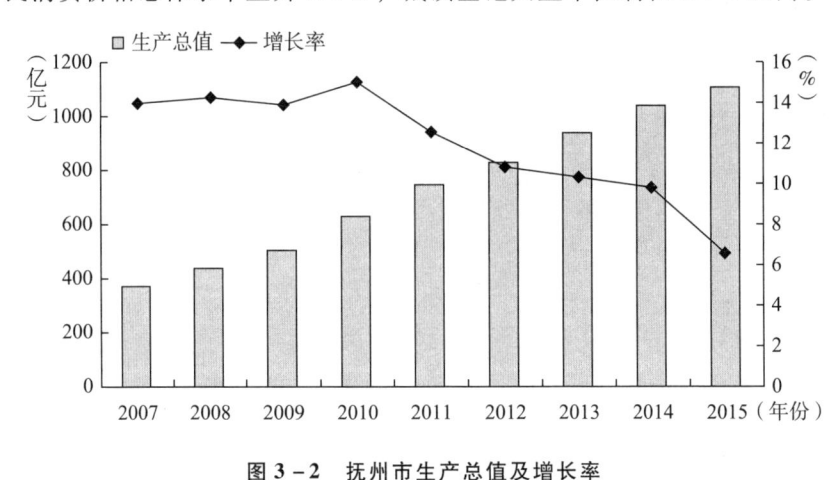

图3-2 抚州市生产总值及增长率

资料来源:2015年《江西统计年鉴》及《抚州市2015年国民经济和社会发展统计公报》。

吉安市位于江西省中部，地处吉泰盆地中心、赣江中游，是全国商品粮基地县、全省瘦肉型猪基地县、赣中南地区烟煤基地县，是吉州窑所在地。矿产资源有烟煤、无烟煤、磁铁、锰、铝钛、铅、铜、白泥、焦宝石、石灰石、高岭土、瓷土、水晶、油页岩及地热等。交通便利，京九铁路、赣粤高速、105 国道、319 国道、吉安至新余、吉安至永新公路穿境，设有京九铁路吉安南站（客、货两用），距井冈山机场 3 万米。京九铁路、105 国道、319 国道、赣江航道、赣粤高速公路、泰井高速公路和已通航的井冈山机场构成了水、陆、空"三路并进"快捷便利的交通网络，使吉安无论承接沿海还是通往中原，都处在"产销半径"的最佳范围，是承东启西、沟通南北的重要枢纽。全市能源、水利、通信等基础设施日臻完善，建成了以 110 千伏变电站为主网架、35 千伏变电站为主体的输变电网络，境内有全省最大的水力发电厂——万安水电厂及装机容量达 60 万千瓦的井冈山华能电厂；市高新技术开发区和 13 个县市区工业园区作为投资兴业的特殊载体，均实现了"七通一平"，并实行"无费区"封闭式管理。

吉安市地下矿藏众多，主要有煤、铁、钨、钼、镍、铌、钽、铍、沙金、泥炭、锰、钾、稀土、白泥、萤石、花岗石、大理石、粉石英等 50 多种。有开采价值的矿点 400 多处。还有金、银、铀、钴、锡、铂、重晶石、温泉等矿种。钨矿储量仅次于赣南位居全省第二。花岗岩资源颇为丰富，且结构均匀、质地坚实、品种多样，花色有桃红、赤红、墨绿玉、墨玉、翡翠玉等 17 种，储量 9 亿多立方米。大理石储量达 2 亿立方米，矿体裸露，矿石纯净细腻，晶莹如玉，质润坚韧，经火耐磨，颜色有白、红、青、绿、黑数种。萤石、陶玉、瓷土、岩盐矿、钾盐矿、石膏等矿，品位高、杂质少，储量均在 5000 万吨以上。泥炭资源是吉安一大优势矿种，是一个有开采价值的矿种。境内最近在安福、吉水两县发现一批新矿产，其中吉水县邱陂乡坝背村发现的优质天然矿泉水，它含有 20 多种有益于人体健康的微量元素和化学元素，属低矿化、低钠富含偏硅酸重碳酸镁钙型矿泉水，可建一个年产 3000 吨至 10000 吨规模的矿泉水厂。安福县的新矿产，其矿中含锂瓷石、钴矿泉水，此矿省内首次发现，有较高开采和利用价值。吉安市已形成了电子信息、食品、医药、电力、冶炼、建材六大工业支柱产业和以草食畜禽、花卉苗木、特种水产、优质粮油、无公害蔬菜、林产化工为主的六大农业主导产品,这些产业有较好基础,蕴藏着做大做强、创出品牌的巨大潜力。

吉安市经济平稳增长。2015年吉安市实现生产总值1328.5亿元,同比增长9.6%。第一产业增加值217.4亿元,同比增长4.2%;第二产业增加值657.38亿元,同比增长10.0%;第三产业增加值453.74亿元,同比增长11.5%。全市三次产业结构调整为16.36:49.48:34.15,第一产业和第二产业分别下降了0.1个百分点和1.6个百分点,第三产业较2014年同期提高了1.6个百分点。财政总收入220亿元,同比增长12.7%。其中,公共财政预算收入161.72亿元,同比增长13.4%。全年全市规模工业企业达1095户,实现规模工业增加值730.2亿元,同比增长9.8%。主营业务收入2998.5亿元,同比增长7.2%;利税总额394.2亿元,同比增长6%。全市实现服务业增加值458.58亿元,同比增长11.4%,占GDP比重为34.52%,比2014年提高1.66个百分点。全年全市完成社会消费品零售总额396.48亿元,同比增长12.8%。全年全市完成固定资产投资1486.95亿元,同比增长17.1%,增幅列全省第三,较全省平均水平高1.1个百分点。全市实现外贸进出口总额49亿美元,列全省第三,同比增长10.7%;其中,出口42.4亿美元,列全省第三,同比增长5.6%。全市累计引进内资1981亿元,是"十一五"时期的3倍;实际利用外资8.83亿美元,同比增长12.4%。

二 江西省其他地市研究区域概况

除了赣州市、抚州市和吉安市中央苏区,江西省还包括南昌市、九江市、景德镇市、萍乡市、新余市、鹰潭市、宜春市、上饶市。

南昌市地处江西中部偏北,赣江、抚河下游,濒临我国第一大淡水湖鄱阳湖西南岸。东连余干、东乡,南接临川、丰城,西靠高安、奉新、靖安,北邻永修、都昌、鄱阳三县。南北最大纵距约121公里,东西最大横距约108公里,总面积约7402平方公里。全境以平原为主,东南相对平坦,西北丘陵起伏,水网密布,湖泊众多。

南昌市是江西省政治、经济、文化的中心。南昌注重经济发展，拥有汽车制造、冶金、机电、纺织、化工、医药等现代化工业体系。此外，以电子信息、生物工程、新材料、软件、服务外包等为代表的新兴高新技术产业在国内外具有一流的水平。南昌实行外向型经济发展战略，扶植大企业，大力发展出口加工工业，实现了经济起飞。南昌是国家创新型城市，拥有国家级以上工业园区8个、规模企业近1000家。南昌小蓝工业园是全省世界500强企业入驻最多的工业园区，已有福特、日立、惠普、微软、沃尔玛、麦当劳、麦德龙、肯德基、家乐福、可口可乐、百事可乐、联邦快递、马士基、默克制药、贝塔斯曼等上百家世界500强企业落户。

南昌市经济发展迅速，2015年南昌市GDP突破4000亿元，达到4000.01亿元，稳居全省首位，占江西省地区生产总值的23.92%。财政总收入实现727.2亿元，比2014年增长14.1%，其中地方公共财政预算收入389.09亿元，比2014年增长13.7%。规模以上工业增加值1451.84亿元，同比增长9.4%。全市实现主营业务收入5472.38亿元，同比增长7.1%。全市7个省及省以上工业园区实现主营业务收入4585.05亿元，同比增长7.6%；实现工业增加值1137.63亿元，同比增长9.6%，高于全省0.3个百分点。高新、经开和小蓝三个国家级开发区发展势头强劲，分别完成主营业务收入1530.75亿元、1012.83亿元和1001.20亿元，分列全省园区第一、第三和第四。高新区主营业务收入突破1500亿元，继续高居全省园区榜首；实现利税总额585.33亿元，同比增长2.9%。全市500万元以上项目共完成投资额4018.07亿元，比2014年增长17%。2015年，南昌市服务业加速发展，第三产业增加值同比增速高达9.8%，高出GDP增速0.2个百分点，是自2002年以来首次追平第二产业增速；"十二五"时期服务业的占比也呈现逐年攀升发展趋势，三次产业结构由2011年的5.0∶58.7∶36.3调整为2015年的4.3∶54.5∶41.2，这是南昌市经济结构调整和转型升级的一个重大变化，也是当前经济发展新常态中的一道亮丽风景线。南昌市主要经济指标中有2项指标同比增速达到年内最高，分别是社会消费品零售总额和海关出口总额。全市实现社会消费品零售总额1662.87亿元，比2014年增长12.5%；实现海关出口总额85.94亿美元，同比增长2.09%。南昌市进出口总值达711.4亿元，占全省进出口总值的26.9%，列全省第一位，其中，出口532.6亿元，进口178.8亿元。实际利用外资额36.22亿美元，比2014年增长12.7%，以第三产业为主，其次是第二产业。

九江市是江西省下辖的一个地级市，简称"浔"，省域副中心城市，江西省打造的双核城市，是一座有着2200多年历史的江南名城。九江位于长江、京九两大经济开发带交叉点，是长江中游区域中心港口城市，是中国首批5个沿江对外开放城市之一，有"江西北大门"之称。九江市交通便利，长江是中国最大、最长的东西向水上大通道。京九铁路是我国最长、现代化程度最高的南北向陆上运输大通道，两条大动脉在九江市区交会，九江成为承东启西、引南接北的金十字交汇点，现代水陆空交通网络四通八达，地理位置十分重要。九江港是长江流域十大港口之一，年客、货运量分居长江各港口第二位和第四位。铁路有京九、武九、合九三条铁路相交，铜九铁路正在规划建设中。公路有昌九、九景2条高速公路以及105国道、316国道穿境而过；九江站现已开通至北京、上海、广州、南昌、杭州、天津、合肥等城市的列车。九江已形成了以市区为核心，以大广高速、福银高速、杭瑞高速、永武高速、彭湖高速、105国道、316国道为骨架的公路网络。九江正在加大国省道干线公路改造力度，力争县县通国道，重点推进通县二级公路建设，加快推进国家公路运输枢纽站场建设。九江站附近公交线路较多，交通便利。

在全国经济发展格局中，九江是东部沿海开发向中西部推进的过渡地带，处于极为重要的位置。从长江流域的格局看，九江是沪、赣两大经济区的接合部，又是长江段江西、湖北、湖南、安徽四省接合部；从京九沿线看，九江是唯一的水陆交通枢纽，贯穿东西南北；从江西省的发展看，九江是唯一通江达海的外贸港口城市，是联结全省与长江开发带和沿海开放带的"北大门"。九江是在金融、文化、情报通信、教育研究及交通等方面取得飞跃发展的充满活力的城市，汽车、钢铁、家具、玻璃等工业非常发达。

九江经济发展迅速，2015年全市实现生产总值1902.68亿元，按可比价格计算，同比增长9.7%，增幅列全省第一位，占江西省地区生产总值的

11.38%。其中，第一产业增加值140.75亿元，同比增长4.0%；第二产业增加值1014.59亿元，同比增长9.3%；第三产业增加值747.34亿元，同比增长11.5%。全市三次产业比重调整为7.4∶53.3∶39.3，第三产业比重同比提高2个百分点。全年全市完成财政总收入385.61亿元，同比增长17.4%；地方公共财政预算收入247.2亿元，同比增长15.7%。全年实现规模以上工业增加值1035.6亿元，同比增长9.9%，增幅列全省第一位；规模以上工业主营业务收入5109.2亿元，同比增长7.5%，增幅列全省第二位。全市非公有制工业实现增加值986.3亿元，同比增长9.5%，拉动工业增长8.4个百分点，贡献率达84.5%；非公有制工业企业实现主营业务收入4556.25亿元，同比增长9.2%，占规模以上工业89.2%。全市固定资产投资累计完成2119.92亿元，同比增长17.0%，高于全省平均水平1个百分点。全市社会消费品零售总额578.6亿元，同比增长13.0%，其中，限额以上消费品零售额241.19亿元，同比增长23.0%，增幅均列全省第一位。全市进出口总值370.44亿元，同比增长4.7%。其中，出口总值304.67亿元，同比增长7.0%。全市实际利用外资16.3亿美元，同比增长12.4%，增幅列全省第二位；引进省外5000万元以上项目资金675.79亿元，总量列全省第一位，同比增长15.5%，增幅列全省第五位。

萍乡市是江西省重要的工业城市，位于江西省西部，湘赣两省边界处。东与江西宜春、南与吉安相毗邻，西与湖南醴陵、北与湖南浏阳毗邻。紧靠长株潭，对接长珠闽，是江西对外开放的"西大门"。全市总面积3802平方千米，人口187万人，辖安源区、湘东区和莲花县、芦溪县、上栗县。萍乡市是全国首批内陆开放城市、文明城市、国家卫生城市，是湘赣核心区域和龙头城市。萍乡市经济呈平稳增长趋势。如图3-3所示，2009~2015年萍乡市生产总值逐年上升，经济发展稳步向前。2015年全市实现生产总值912.39亿元，同比增长8.9%，其中，第一产业增加值62.83亿元，同比增长4.0%；第二产业增加值517.29亿元，同比增长8.4%；第三产业增加值332.27亿元，同比增长11.0%。全年经济保持平稳增长，三次产业结构由2014年的6.7∶59.0∶34.3调整为6.9∶56.7∶36.4，第三产业增加值占GDP比重上升了2.1个百分点。财政总收入完成130.48亿元，同比增长

11.5%，增幅列全省第五位，在全省四个小地市中增幅列第一位。全市完成工业固定资产投资664.43亿元，同比增长7.2%，占全社会固定资产投资的64.7%，全年在建1000万元以上工业项目209个。消费品市场运行平稳，实现限额以上消费品零售额68.87亿元，同比增长8.1%。全市进出口总值为78.5亿元，其中出口77.8亿元，进口7875万元。

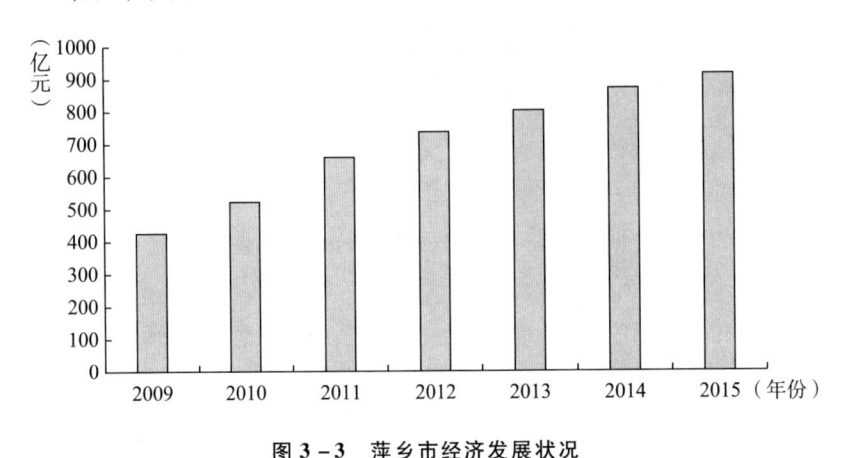

图3-3 萍乡市经济发展状况

资料来源：2016年《江西统计年鉴》及《萍乡市2016年国民经济和社会发展统计公报》。

景德镇市是江西省下辖的一个地级市，制瓷历史悠久，瓷器产品质地精良，别名"瓷都"，位于江西省东北部，黄山、怀玉山余脉与鄱阳湖平原过渡地带。与安徽省安庆市、池州市相邻，处于安徽、浙江、江西三省交界处。景德镇凭借后发的铁路优势，成为江西的铁路枢纽。即将建成的景德镇新客运站沟通了浙皖赣、九景衢、阜鹰汕多条线路，成为江西重要的铁路枢纽。

2015年景德镇实现地区生产总值800亿元，同比增长8.5%。其中，第一产业增加值57亿元，同比增长3.6%；第二产业增加值460亿元，同比增长9%；第三产业增加值283亿元，同比增长8.1%。第一产业增加值占地区生产总值的比重为7.1%，第二产业增加值比重为57.5%，第三产业增加值比重为35.4%。财政总收入111.6亿元，同比增长9.9%，其中，公共财政预算收入90.6亿元，同比增长10.3%。规模以上工业企业完成工业增加值271.02亿元，同比增长9.4%，增速居全省各设区市第四位。固定资产投资691亿元，同比增长10.9%；社会消费品零售总额264亿元，同比增长10.1%；全市进出口总额8亿美元，同比增长2.3%，其中，进口总值2719.9万美元，同比增长5.3%；出口总值7.7亿美元，同比增长2.2%。实际利用外资1.71亿美元，同比增长10%。

上饶市是江西的东大门，东连浙江、北接安徽、南挺福建，处于长三角经济区、上饶市行政区划图、海西经济区、鄱阳湖生态经济区交会处。管辖着从江西最东部到江西中部的广阔地域，是江西省旅游资源最丰富的市，也是江西省对接长三角的最前沿。交通便利，浙赣铁路、横南铁路、皖赣铁路畅通，有沪昆高速公路、杭瑞高速公路、济广高速公路、宁上高速公路，方便了与沿海城市的贸易往来。

2015年上饶市地区生产总值1650.8亿元，按可比价格计算，同比增长9.5%。其中，第一产业增加值222.8亿元，同比增长3.7%；第二产业增加值803.4亿元，同比增长9.7%；第三产业增加值624.6亿元，同比增长11.3%。三次产业结构由2014年同期的14.1：50.2：35.7调整为13.5：48.7：37.8。全市财政总收入290.2亿元，同比增长10.5%。公共财政预算收入222.4亿元，同比增长14.5%；税收收入211.8亿元，同比增长6.1%，占财政总收入比重为73.0%。全市规模以上工业增加值690.5亿元，按可比价格计算，同比增长9.6%。全市固定资产投资完成1560.3亿元，同比增长16.1%。从产业结构看，第一产业投资41.2亿元，同比下降2.9%；第二产业投资928.5亿元，同比增长21.5%；第三产业投资590.6亿元，同比增长9.9%。全市社会消费品零售总额637.2亿元，同比增长12.7%。其中，限额以上零售额192.5亿元，同比增长16.0%。全市进出口总值268.1亿元，同比增长8.0%，其中，出口值236.4亿元，同比增长6.6%；进口值31.7亿元，同比增长20.2%。全市实际利用外资94111万美元，同比增长12.2%。全市新引进省外5000万元以上项目292个，实际进资509.2亿元，同比增长16.2%。

宜春市位于江西省西北部，东境与南昌市相接，东南与抚州市为邻，南陲与吉安市及新余市毗连，西南与萍乡市相接，西北与湖南省的长沙市及岳阳市交界，北域与九江市相邻。辖樟树、丰城、高安、上高、万载、宜丰、铜鼓、奉新、靖安、袁州三市六县一区，总面积1.87万平方公里，总人口540万人。交通便利，境内京九铁路纵贯南北，湘赣复线横卧东西，形成以320国道、105国道和赣粤、沪瑞高速公路为骨干，连接全市县乡的公路网络；袁河、锦河直入赣江，水路航程千余公里；京九铁路、浙赣铁路复线相互交会，京九铁路穿过辖区内的丰城、樟树两市，浙赣铁路穿过宜春市中心。

宜春市经济平稳较快增长。2015年，全市生产总值完成1621.02亿元，同比增长9.5%；财政总收入完成308.77亿元，同比增长13.5%，其中，一般公共预算收入完成215.04亿元，同比增长13%。规模以上工业增加值完成870.5亿元，同比增长9.4%。500万元以上固定资产投资完成1588.14亿元，同比增长17.2%。全市十大产业基地实现主营业务收入1594.43亿元，利税190亿元，同比分别增长16.4%和12.7%。全市工业园区实现主营业务收入2851.04亿元，同比增长9.4%；完成基础设施投入25.07亿元，累计开发面积64.75平方公里，在建工业项目450个，列全省第一位。社会消费品零售总额完成530.66亿元，同比增长12.5%。外贸出口总额完成148.08亿元，同比增长8.3%；实际利用外资达到6.54亿美元，同比增长11.9%。

新余市位于江西省中部偏西，地处九岭、武功山、峰顶山交接地带，是赣西地区的交通枢纽和经济重镇。新余交通以铁路为主，浙赣铁路及其新余境内的众多支线使新余市内部交通更加通畅，毗邻新余的京九铁路，使新余与国内各大城市之间的交通更加便利。赣粤、沪瑞高速公路，分别贯穿新余的中部和东南部，与各省道等支线组成公路运输网。另外，新余市已开通长途客运业务，每天都有开往武汉、湘潭、宜春、深圳、上饶以及其他省内外城市的专线。赣西仙女湖机场正在建设中。

2015年新余市实现生产总值946.80亿元，按可比价格计算，比2014年增长8.5%。其中，第一产业增加值55.95亿元，同比增长3.6%；第二产业增加值527.93亿元，同比增长8.3%；第三产业增加值362.92亿元，同比增长9.6%。三次产业结构由2014年的5.8∶57.8∶36.4调整为5.9∶

55.8∶38.3。全市财政总收入132.86亿元,比2014年增长5.1%。其中,公共财政预算收入98.80亿元,同比增长9.9%,高于财政总收入增速4.8个百分点。全市规模以上工业增加值319.97亿元,按可比价格计算,比2014年增长8.0%。全市规模以上工业企业实现主营业务收入1545.11亿元,同比下降4.9%;实现利税总额92.08亿元,同比下降15.4%。全市500万元以上项目固定资产投资822.60亿元,比2014年增长10.0%,在连续18个月后固定资产投资增速重上二位数。分产业看,第一、第三产业投资增长较快,第一产业投资71.53亿元,同比增长46.7%;第二产业投资424.18亿元,同比下降1.6%;第三产业投资326.88亿元,同比增长22.2%。全市社会消费品零售总额213.75亿元,比2014年增长8.4%。全市进出口总值112.93亿元,比2014年下降10.1%。其中,出口值78.65亿元,同比增长1.3%。全市实际利用外资3.66亿美元,同比增长5.8%。实际利用国内市外资金709.78亿元,比2014年增长14.3%,其中引进省外5000万元以上项目实际进资377.84亿元,同比增长14.3%。

鹰潭市位于江西省的东北部,信江中下游,背靠江西腹地,面向长江三角洲和闽南"金三角",是国家甲类对外开放城市和沿铁路干线重点发展城市。鹰潭市交通便利,鹰潭站是江西省唯一一个特等站①。鹰厦铁路,又称鹰厦线,是中国东南部地区最重要的铁路主干线。它北起江西鹰潭,南至福建厦门,全长694公里。它在鹰潭与浙赣铁路交会,浙赣、皖赣、鹰厦三条铁路干线在鹰潭纵横交会,贯通大江南北;206国道、320国道和311高速公路(沪昆高速)和济广高速横贯全境;江西五大水系之一的信江,向西流入鄱阳湖与长江水系贯通,维系八方情感。鹰潭已建成铁路和公路的"双枢纽"。

鹰潭市经济保持平稳增长。2015全年完成生产总值640亿元,同比增长9%。其中,第一产业增加值48.64亿元,同比增长2.25%;第二产业增加值384亿元,同比增长8.05%;第三产业增加值207.36亿元,同比增长13.22%。三次产业结构由2014年的7.8∶62.0∶30.2调整为2015年的

---

① 特等站:中国铁路车站中最高等级的车站。

7.6∶60.0∶32.4，第三产业占比提高 1.4 个百分点，产业结构进一步优化。财政总收入 112.4 亿元，同比增长 10.6%。其中，一般公共预算收入 83 亿元，同比增长 13.1%。规模以上工业增加值 350 亿元，同比增长 9%。全市规模以上工业实现主营业务收入 3200 亿元，利税总额 150 亿元；市属工业增加值占比突破 60%，经济效益综合指数达 450%。固定资产投资 532 亿元，同比增长 14.5%。社会消费品零售总额 168 亿元，同比增长 10.2%。外贸出口 9.3 亿美元，同比增长 4.8%，荣获全国外贸百强城市。全年实际利用外资 2.4 亿美元，同比增长 11.3%；引进省外 5000 万元以上项目实际进资 278 亿元，同比增长 13.6%。

江西省各地市经济总体稳步向前发展，生产总值逐年上升。工业发展迅速，园区效益不断上升，消费水平随之提高。对外贸易往来频繁，吸引外来投资力度加大，外来投资增加，进出口总额不断增长。

三 研究视角选取

关于赣南等原中央苏区产业转移研究的角度应包括两方面的内容：一方面是从产业转入地的角度承接产业转移，另一方面是从产业转出地的角度转出产业。江西省自古以来就是农业大省，经济发展速度与东部沿海地区相比较慢，经济发展基础不具优势，工业虽有发展，但也只是工业化中期的初级阶段，产业结构不健全，需要进一步的升级改造。而东部沿海地区自改革开放以来，经济得到迅速发展，其主要得益于地理位置、资源及政策等优势，吸引了许多国内外企业的投资，使自身产业得以快速发展。经过 30 多年的改革开放，率先发展的东部沿海地区，开始了一轮规模宏大的"腾笼换鸟"。东部地区经过前期经济高速发展，出现土地、水、电等生产要素短缺，资源利用成本上升等问题，资源紧缺是促使东部沿海产业转移的直接原因，而劳动力资源的短缺更是直接影响到企业的正常运营。因此，拓展市场、培植新的经济增长点，成为东部沿海产业转移的重要动力。另外中西部地区潜在和现实的庞大市场，也是东部产业投资者的重要考虑因素。各地区的市场规模与自然资源禀赋的差异共同决定了各地区经济发展的差异，同时也决定了产业在空间上发生转移的动态演变过程。因此，本书主要从江西省赣南等原中央苏区承接产业转移的角度，研究江西省赣南等原中央苏区承接沿海产业的布局和选择问题。学者们在进行产业转移研究时，多从资金流动的角度切入，而资金流动包括资金流入和资金流出，本书主要选择沿海地区投资数据对江西省赣南等原中央苏区产业转移现状进行研究。

四 江西全省承接外商转移投资分析

随着内陆地区交通条件的不断改善，土地租金低和劳动力成本低的优势日益凸显，加上政府加大了招商引资的力度，基础设施不断完善，外商投资不断增多，江西占全国外商投资额的比重不断上升。此外，江西省紧靠沿海地区，经济发展步伐加快，建立了承接外商投资的产业基础。

江西省承接外商转移投资呈现两大特点。一方面江西外商投资金额不断增长，如图 3-4 所示，外商对江西的投资不断增加。1996~2015 年，外商对江西的直接投资金额逐年上升，特别是自 2001 年我国加入世贸组织以来，投资数额不断增加。1996~2003 年外商投资增长率波动幅度较大，自 2003 年以后增长率趋向平稳。这说明越来越多的外来企业在江西投资，江西省承接外商转移投资数额越来越大，外商在江西的投资前景可观。

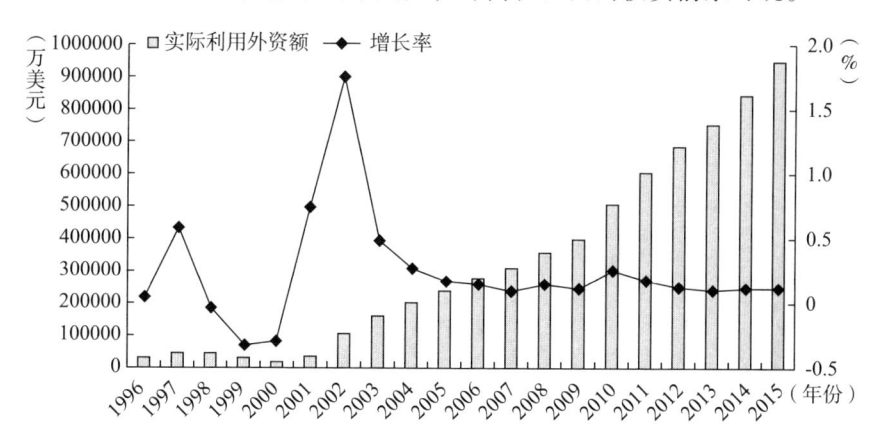

图 3-4 1996~2015 年江西实际使用外资金额及增长率

资料来源：2015 年《江西统计年鉴》及《江西省 2015 年国民经济和社会发展统计公报》。

另一方面，外商在江西的投资金额占外商在全国投资的比重也在不断上升。如图3-5所示，2001~2015年，外商在江西的直接投资金额占外商在华投资的比重虽有波动，但总体上呈上升趋势。这说明，江西在承接外商转移投资中地位重要，所占比重越来越大，其吸引外商投资的优势突出，承接产业转移的基础良好。外商增加对江西的投资，为江西承接产业转移奠定基础，促进江西经济发展。

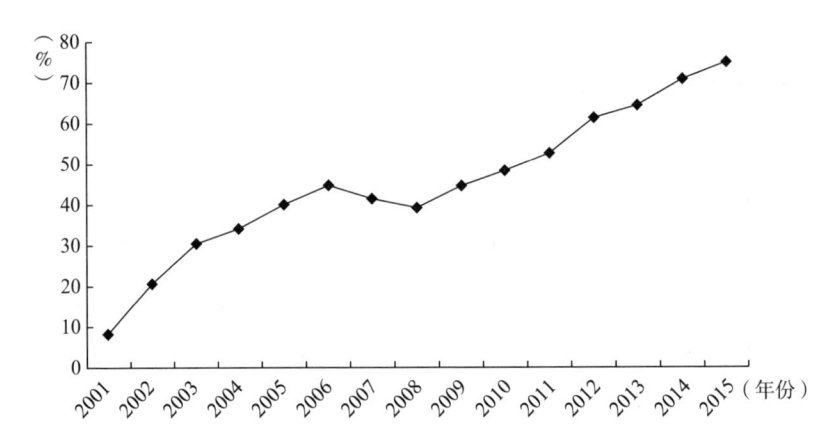

图3-5　2001~2015年外商在赣直接投资占外商在华直接投资的比重

资料来源：2015年《江西统计年鉴》及《江西省2015年国民经济和社会发展统计公报》。

表3-1展示了2007~2015年中部六省实际利用外商直接投资金额。从表3-1中可以看出，2007~2015年，中部六省利用外商投资金额总体都在上升，其中河南、安徽、湖南等省份增长较快。江西实际利用外商投资金额占中部六省利用外商投资总金额的比重在13%以上。2011~2015年，江西占比有下降的趋势，这说明中部其他省份对外商转移投资也具有吸引力，而江西吸引外商直接投资的竞争较大，还有很大的上升空间。比如，全省利用外资方式呈现多样化，有中外合资企业、中外合作企业、外资企业、外商投资股份制企业。中外合作企业势头渐微，而独资企业因自主性强、灵活性强，发展最迅速。2015年，新批独资企业576个，占全省比重的90.0%；合同外资金额65.07亿美元，占全省的88.3%；实际使用外资金额79.01亿美元，占全省的83.4%，与2010年比，增长73.7%，"十二五"

时期年均增长 11.7%。中外合资企业实际使用外资金额 12.13 亿美元,外商投资股份制企业实际使用外资金额 3.53 亿美元。与 2010 年比,分别增长 137.4%,高达 158.9 倍,年均分别增长 18.9%、175.9%,占全省比重则分别提高 2.8 个百分点、3.7 个百分点。此外,外商投资除新设项目外,还通过跨境人民币投资、并购形式投资、境内企业赴境外上市融资、境外举债增加投资等多种形式,进一步拓宽了融资渠道,增强了发展后劲。

表 3-1 2007~2015 年外商在中部六省的投资及外商在江西投资占中部六省总投资比重

单位:万美元,%

年份	江西	河南	山西	湖北	湖南	安徽	江西占比
2007	310358	306162	191471	276622	327051	299892	18
2008	360368	403266	172174	324481	400515	348987.7	18
2009	402354	479858	82646	365766	459791	388416	18
2010	510084	624670	116512	405015	518441	501446	19
2011	605881	1008209	249530	465503	615031	662887	17
2012	682431	1211777	276711	566591	728034	863811	16
2013	755096	1345659	281000	688847	870482	1068772	15
2014	845000	1493000	295200	736370	1026600	1234000	15
2015	947000	1777000	287000	894800	1156000	1362000	14

资料来源:2008~2016 年江西、河南、山西、湖北、湖南、安徽各省的统计年鉴,其中部分数据源于各省的统计公报。

第二节 赣南等原中央苏区承接产业转移特点

一 外资来源及投资地区不均衡

随着外商对江西投资金额的增长,赣南等原中央苏区经济也不断发展。江西省承接外商直接投资来源不一,外资的来源呈现多元化趋势。各地对包括赣南等原中央苏区在内的江西省投资金额大小不一,表 3-2 是 2009~2013 年江西省承接外商投资来源地分布情况,从中可以看出:一方面外资来源地分布广泛，亚洲、欧洲、非洲、拉丁美洲、北美洲和大洋洲及太平洋群岛都在江西进行了投资，外资来源具有全球性，而且无论是发展中国家还是发达国家都对江西进行了投资，产业转移投资的范围广；另一方面，不同地区在江西进行产业转移投资金额差别较大，亚洲各国家或地区对江西的投资金额较大。近年来亚洲对江西的投资额逐年上升，欧洲总体上也加大了对江西的投资。此外，21世纪以来，江西省坚持把中国香港、澳门、台湾作为利用外资的重点方向，已连续14年举办赣港经贸合作活动，连续13年举办赣台经贸及文化交流活动，取得了显著成效。2015年全省实际利用港台资金占实际利用外资的比重达到85.68%，港澳台始终是江西省利用外资的主阵地。江西也充分发挥港澳地区"一带一路"建设支撑作用，创新方式举办赣港经贸合作活动、赣台经贸及文化交流活动，打造以中国香港、台湾为中心，辐射东南亚国家的重点招商板块。同时，将重点对接港澳台企业在长珠闽地区设立的地区总部、投资性公司，承接一批产业转移项目。

在江西承接外商产业转移中，不仅外资来源地不同，由于江西各地市经济发展水平差异，吸引外商的能力相应也存在差异，因此外商在各地投资比例不同。图3-6为江西各地市承接外商转移投资的比例分析，从中可以看出，外资在赣南等原中央苏区的赣州市、抚州市和吉安市进行的直接投资占总投资的24%，投资空间还有待提升。尽管外资在江西各地投资金额不同，但是江西各地市凭借着自身的优势也都能吸引到外资进行投资。景德镇市目前只占有2%，萍乡市和新余市也只占有3%，仍有很大的投资空间，需要向其他地区学习借鉴。

唐辉亮（2010）为了使投资的主客体对江西省各地市的投资环境有一个正确的认识，从资源环境、经济环境、市场环境、科技文化环境、基础设施环境、社会服务环境六个方面构建了各地市投资环境评价体系指标，并运用主成分分析方法对江西省各地市的投资环境进行了定量评价和分析。结果显示投资环境优良的地市为南昌、九江、赣州和新余市，投资环境一般的地市为景德镇、宜春和上饶市，投资环境较差的地市为吉安、鹰潭、萍乡和抚州市。江西省各地市在投资环境上各有优势，各地市应从其弱项

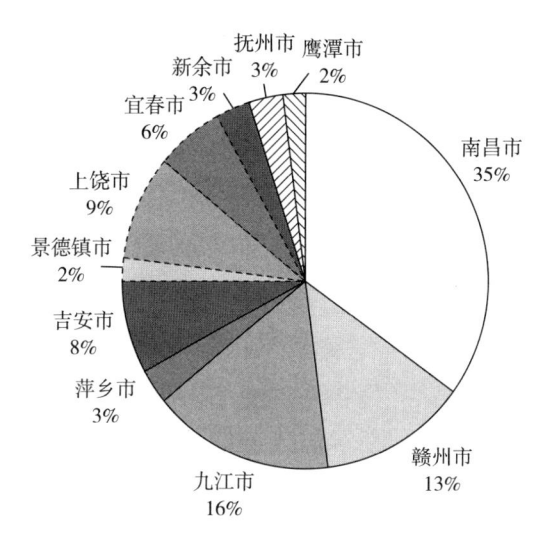

图3-6 外资在江西投资区域分析

资料来源：2015年《江西统计年鉴》。

入手，主动采取措施去完善和优化投资环境，以提高招商引资的吸引力。作为赣南等原中央苏区主要阵地的赣州、吉安和抚州市，只有赣州市的投资环境相对良好，但是相对于稳居第一位的南昌市，差距还是很大；而吉安市和抚州市两地的投资环境相对落后而且吸引的外商投资也很少，尤其是抚州市。因此，随着经济的发展，赣南等原中央苏区更加需要加强各方面的建设，吸引越来越多的外来产业转移投资。

表3-2 2009~2013年江西承接外商投资来源地分布

单位：万美元

国家或地区	2009年	2010年	2011年	2012年	2013年
亚洲	292413	433524	540369	633634	715599
中国香港	225848	324005	439046	520078	603590
中国澳门	10168	12461	14972	17947	7107
中国台湾	40433	71009	55447	52933	56979
日本	2024	4528	2205	8076	9727
马来西亚	1066	912	795	1709	490

续表

国家或地区	2009 年	2010 年	2011 年	2012 年	2013 年
菲律宾	721	289	3574	0	2824
新加坡	3423	7821	11450	11888	8348
韩国	2053	5125	1326	0	200
泰国	498	935	2730	1643	87
非洲	4700	2134	4907	4296	1312
欧洲	6967	9201	9694	6819	9673
英国	732	2036	2419	1361	845
德国	4010	1972	2819	3418	3894
法国	706	1100	58	13	1001
意大利	172	330	1884	1755	2525
荷兰	169	40	58	156	122
西班牙	318	566	718	16	11
拉丁美洲	64821	30590	22883	13339	14013
北美洲	15121	24072	13890	7634	2357
加拿大	4532	2121	3160	2820	838
美国	10589	20268	10730	4814	1519
大洋洲及太平洋群岛	16189	7516	9211	7765	8872
澳大利亚	10713	4309	3073	1072	271
新西兰	909	171	1082	110	500

资料来源：2010~2014 年《江西统计年鉴》。

二 产业转移投资行业不均衡

江西省三大产业承接产业转移呈现不均衡状态。如表 3-3 所示，2009~2013 年，江西省承接外商产业转移的三大产业中，主要集中在第二产业，其次是第三产业，第一产业相比较少。

表 3-3 产业转移投资行业分布

单位：万美元

产业	2009 年	2010 年	2011 年	2012 年	2013 年
第一产业	41620	53861	46425	50221	57084

续表

产业	2009年	2010年	2011年	2012年	2013年
第二产业	528940	636738	770303	798850	934157
第三产业	112815	134838	190851	313617	289529

资料来源：2010~2014年《江西统计年鉴》。

总体上，三大产业的外商投资都有增加。江西省产业结构也是以第二产业为主，这与外商投资侧重点相符合。所以，政府应该加大对第二产业的支持力度，完善第二产业发展的相关设施，做好承接产业转移的工作。同时应该大力发展服务业，加快发展第三产业，加大第三产业对外资的吸引力。

产业转移投资主要集中于第二产业，主要包括采矿业，制造业，电力、燃气及水的生产和供应业与建筑业。从图3-7中可以看出，第二产业产业转移投资绝大部分是承接制造业的产业转移，其次是建筑业，再次是电力、燃气及水的生产和供应业，最后是采矿业。2009~2013年，在第二产业各行业承接产业转移投资中，制造业一枝独秀，不断上升，成为主力。制造业成为主力与江西省注重制造业的发展以及江西本省的劳动力、土地等资

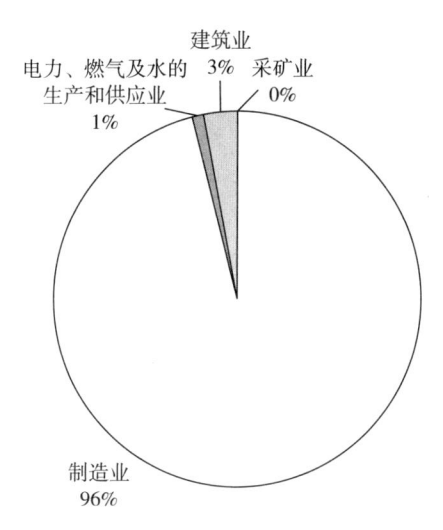

图3-7 第二产业承接外商转移投资分布

资料来源：2014年《江西统计年鉴》

源优势息息相关。值得说明的是，在承接产业转移投资中建筑业也开始慢慢兴起，取代电力、燃气及水的生产和供应业成为次于制造业的第二大行业。

图3-8为制造业中各具体行业承接产业转移分析，从中可以得出，制造业中的计算机、通信和其他电子设备制造业，纺织服装、服饰业，电气机械和器材制造业这三大行业所占比重较大；其次是非金属矿物制品业，通用设备制造业，纺织业，铁路、船舶、航空航天和其他运输设备制造业，有色金属冶炼和压延加工业与化学原料和化学制品制造业；最后是食品制造业，饮料制造业，家具制造业，文教、工美、体育和娱乐用品制造业，医药制造业和塑料制造业。

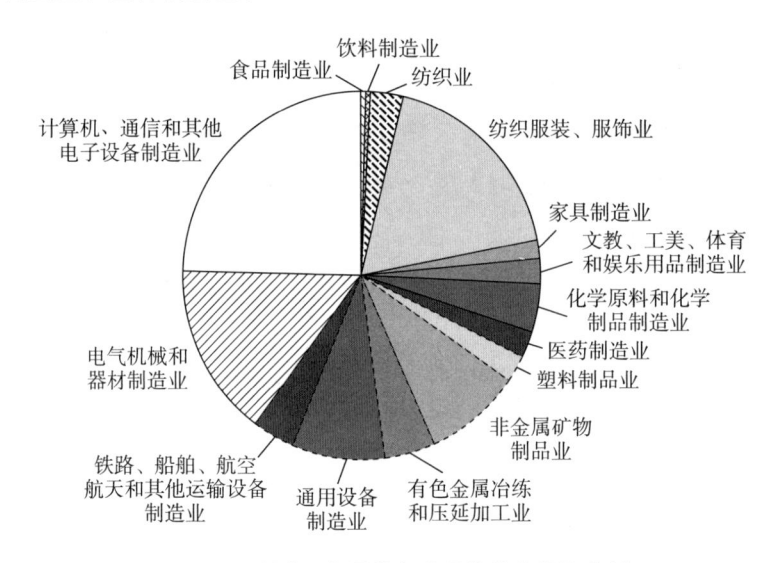

图3-8 制造业各具体行业承接外商投资分析

资料来源：依据2014年《江西统计年鉴》整理而得。

第三产业的发展在国民经济发展中越来越重要，经济发展的程度往往取决于第三产业的发展程度。因此，必须加快第三产业承接产业转移投资的力度，大力发展第三产业。图3-9为江西省第三产业各行业承接产业转移投资分析，图中显示了第三产业各行业承接产业转移的比重。从中可以看出第三产业承接产业转移主要集中在信息传输、计算机服务和软件业，批发和零售业，租赁和商务服务业，科学研究、技术服务和地质勘查业，水利、环境和公共设施管理业及房地产业,其他行业承接产业转移投资占比较低。

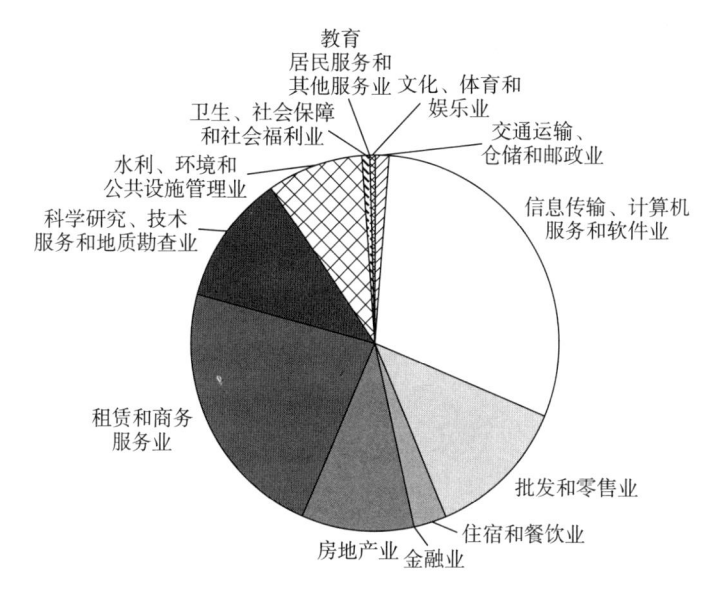

图 3-9 第三产业各行业承接产业转移分析

资料来源:依据 2014 年《江西统计年鉴》整理而得。

据统计,2004~2013年,江西省外资在三个产业的分布情况并无多大改变,一直是典型的"二、三、一"格局,江西省地区生产总值构成也由起初的"一、二、三"格局转变为"二、三、一"格局。总体来看,产业转移投资在江西省高度集中在第二产业,尤其是部分制造业。虽然近年来,产业转移投资流向第三产业的规模在不断增大,但是仍旧远低于第二产业,而且大多数属于资源或者劳动密集型产业,产业链条短且深度低,配套能力弱,难以形成产业集聚效应,更不能形成核心产业群。

三 存量与增量状态失衡

改革开放以来,政府出台了各种政策,尤其是中部崛起战略,极大地促进了江西经济的发展。如今江西省正逐渐从农业大省转变成以工业为主的发展大省,初步形成了自己的产业。江西省现以汽车航空及精密制造产业、特色冶金和金属制品产业、电子信息和现代家电产业、中成药和生物医药产业、食品工业、精细化工及新型建材产业六大产业为支柱产业，这是江西省的产业存量。江西省承接产业转移投资主要集中在第二产业中的制造业，尤其是制造业中的计算机、通信和其他电子设备制造业，纺织服装、服饰业，电气机械和器材制造业；另外是非金属矿物制品业，通用设备制造业、纺织业、有色金属冶炼和压延加工业及化学原料和化学制品制造业，而食品制造业、饮料制造业、家具制造业、医药制造业和塑料制造业的投资较少。这些投资注入的产业增量与江西省已有的产业存量不一致。俞文青（1989）指出在国民经济发展过程中，投资结构和产业结构是密切相关的。产业结构失衡的重要原因是投资结构不合理。如果不在投资结构中寻找不合理的原因，进行调整，就难以改变产业结构失衡的状况，难以促进国民经济协调发展。所以江西省的产业结构调整既要抓增量，也要抓存量。不能简单地抓增量，也不能简单地抓存量。只有两手抓，才能持续见真效。结构调整与总量增长并不必然矛盾，二者可以相互为用、相辅相成，不仅近期不矛盾，长远更不矛盾，不仅近期可以相互为用、相辅相成，长远更可以相互为用、相辅相成。

存量与增量失衡影响着产业转移投资的效益，承接的产业取代原本的产业给原本的产业造成威胁，原本产业继续发展面临难题，而新增产业带来的效益能否弥补给原本产业发展带来的损失？江西产业发展是否已经具备了承接其他产业的基础条件？存量与增量的失衡将带来已有产业与承接产业在生产资料方面的竞争，对产业自身的发展带来不利影响，新增产业是否适合江西经济的发展等？需要进一步的研究。

第三节　赣南等原中央苏区承接沿海产业的基础条件

一　赣南等原中央苏区承接沿海产业的区位优势

江西省独特的地理区位优势为赣南等原中央苏区承接沿海产业转移提供了优越的基础条件。江西省地处中国东南偏中部长江中下游南岸，东邻浙江、福建，南连广东，西靠湖南，北毗湖北、安徽而共接长江；上通武汉三镇，下贯南京、上海，南仰梅关、俯岭南而达广州，省会城市为南昌市。江西省是中国所有省中毗邻省市最多的省份，为长江三角洲、珠江三角洲和闽南三角洲经济发达地区的共同腹地，以上海、杭州、宁波、广州、苏州、厦门、南京、武汉、长沙、温州、福州、海口、三亚、香港、澳门、台北等各经济重镇、港口为依托。

在承接东部沿海产业转移方面，江西省具有一定的优势，为赣南等原中央苏区承接沿海产业转移提供了优越的基础条件。首先，江西应充分发挥自身区位优势，加强与长三角、珠三角、海峡西岸经济区的全面对接，为赣南等原中央苏区承接东部沿海地区产业转移做好充足的准备。而江西与其他中部省份如武汉、安徽、湖南、湖北也应加强交流，加快与环鄱阳湖城市圈、长株潭城市群、皖江城市圈的联动发展。

其次，江西省基础设施条件较好，交通发达，公路、铁路、航空设施齐全，交通便利，具有沟通东西、贯穿南北、通江达海的优势。与东部沿海地区的三个三角洲中心城市空中距离很近，大约1小时，陆路距离在8小时内，方便快捷。

江西铁路交通运输发达。南昌局为中国最重要的铁路局，管辖江西和福建的铁路，全省以京九、浙赣、皖赣、鹰厦、武九5条铁路为骨干，另有横南、向乐、分文、弋樟、张塘、张建、新泰等支线。江西高铁建设逐步推进，规划中的京台高速铁路（从北京至台北）、昆台高速铁路（从昆明至台湾高雄）、沪昆高速铁路（从上海至云南昆明）、九景衢铁路（从江西九江至浙江衢州）都从江西经过，其中京台高速铁路经过赣东北上饶，合福高速铁路（合肥至福州）、杭长高速铁路（杭州至长沙）都将经过赣东北上饶和省会南昌等地；沪昆高铁是国家《中长期铁路网规划》[①]"四纵四横"快速客运网的重要组成部分，杭长高速铁路是沪昆铁路客运专线的一部分，

---

① 《中长期铁路网规划》在2004年1月国务院常务会议通过，是国务院批准的第一个行业规划，也是截至2020年我国铁路建设的蓝图。新的《中长期铁路网规划（2008年调整）》替代原版的《中长期铁路网规划》。

它东起浙江杭州，西至湖南长沙，贯穿浙江、江西和湖南三省，全长933公里，设计最高时速为350公里。沪昆高铁横贯江西，经过上饶、鹰潭、抚州、南昌、新余、宜春、萍乡等地，终至湖南长沙，长沙至南昌段开始通车运营，设南昌西、高安、新余北、宜春、萍乡北、醴陵东、长沙南7个车站，全长342公里，其中湖南境内92公里，设计最高运营时速350公里。沪昆高铁南昌至长沙段建成开通后，将成为华中地区通达长三角地区及长株潭城市群间的便捷通道，同时通过衔接京广高铁和沪昆高铁长沙至昆明段，可实现华中地区与珠三角及西南地区的快速通达，缩短了江西与沿海各省市的距离，对促进赣、湘、黔、滇等省的人员、物资、信息、资金交流，推动沿线经济社会发展具有重要意义。在建的向莆铁路可大大加强江西与沿海省份福建的经济交流。另外，环鄱阳湖城际铁路、昌九城际铁路、昌赣城际铁路也拉紧了江西城市间的交流。现在广州到南昌已经有高铁可以直接到达，随着高铁的建设与完善，缩短了沿海与江西的距离，方便了赣南等原中央苏区承接沿海产业转移。

江西省公路系统相当发达，高速公路通车总里程3900多公里，位居全国第四。江西民用航空运输发展迅速，已形成了一个以南昌为轴心，自北向南，以九江、樟树、泰和、吉安、景德镇、赣州连接全国和世界各地的航空运输网，南昌昌北国际机场是我国重要的枢纽干线机场、国际客运及货运的航空枢纽，是亚洲最繁忙的国际机场之一，江西还有赣州、景德镇、九江、和井冈山4个民航机场。江西水路运输便捷发达，九江为重要内河港口，水运干线形成两纵两横的格局：赣江和信江为两纵，长江和昌江为两横，全省通航里程4937公里。

二 赣南等原中央苏区承接沿海产业的资源禀赋

江西省赣州市作为赣南等原中央苏区的主要革命区，其自然资源丰富。首先在农业资源方面，赣州市位于中亚热带南缘，属典型的亚热带季风气候，适合种植橙、柚等作物，该地柑橘生产的自然条件优越，赣南适宜建为全国的柑橘商品生产基地。赣州是江西省的一个农业大区和经济作物主产区，现已建成全国的重点林区和全省的糖业、烟叶、橘等生产基地，国家有关部门曾命名本市"江西南大门"的龙南县为中国重稀土之乡。赣州市的水资源也十分富足，境内大小河流1270条，河流面积14.49万公顷，总长度为16626.6千米，河流密度为每平方公里0.42千米。多年年均水资源量为335.7亿立方米，人均占有量为3900立方米，略大于全省人均量，比全国人均2300立方米高出70%，因此赣州市基本属富水区。此外，赣州是全国重点有色金属基地之一，素有"世界钨都"和"稀土王国"之美誉。已发现矿产62种，其中有色金属10种、稀有金属10种、贵重金属4种、黑色金属4种、放射性金属2种、非金属25种、燃料5种等。以上矿产中经勘查探明有工业储量的为钨、锡、稀土、铌、钽、铍、钼、铋、锂、锆、铪、钪、铜、锌、铁、钛、煤、岩盐、萤石、硫、白云岩、石灰岩等20余种。全市有大小矿床80余处，矿点1060余处，矿化点80余处。全市保有矿产储量的潜在经济价值3000多亿元。境内发现的砷钇矿、黄钇钽矿为我国首次发现的矿物。

抚州市素有"赣抚粮仓"之称，是国家区域性商品粮基地。抚州农业特色产品众多，南丰、广昌、崇仁和临川分别被农业部命名为中国蜜橘之乡、中国白莲之乡、中国麻鸡之乡和中国西瓜之乡。抚州森林覆盖率61%，是江西的主要木竹产区；矿产资源丰富，已探明的金属和非金属矿有40多种，铀矿储量为亚洲第一。抚州山奇水秀，是有待开发的江南旅游胜地，被列入国家级、省级历史文物保护单位的有40多处。抚州区域河流属长江流域鄱阳湖水系，水系完整，河道密布，溪流不断，水流量大，含沙量少，水能资源丰富。全市河流分抚河、信江、赣江三支水系，有大小河流470条。抚河是江西省第二大河流，干流总长350公里，流经境内广昌、南丰、南城、金溪、临川5县区，抚河水系在抚州市集水面积1.68万平方公里，占全市土地总面积的84.6%，多年平均径流量为75.9亿立方米。信江支流泸阳河、白塔河分布于资溪、金溪、东乡3县。赣江支流乌江水系网及乐安，梅江水系网及广昌，分别约占全市土地面积的7.5%和0.24%。

吉安市境内河流众多，以赣江为中轴，有28条大小支流汇入，各河上游植被茂密，山高水陡，水量充盈，水力资源充沛。各河水流域总面积约29000平方公里，水资源总量为196.75亿立方米。理论蕴藏水能为2503万千瓦,可开发利用的水能资源为157万千瓦。赣江从万安良口经泰和、吉安、吉水、峡江流至新干三湖,过境河长289公里,占赣江总长的35.2%。此外,吉安市森林覆盖率达66%,有4000余种植物和1000多种动物,是国内杉木、湿地松、毛竹、油茶等经济林的重要生产基地。

而江西总省丰富的矿产资源、土地资源、水资源和劳动力资源等也为赣南等原中央苏区承接沿海产业转移奠定了坚实的基础。江西省自古以来物产富饶、人文荟萃,素有"物华天宝、人杰地灵"之誉。江西是我国重要的矿产资源大省,有我国重要的有色金属、贵金属和稀有的稀土资源。在探明的89种矿产储量中,江西居全国前五位的矿藏有33种,特别是铜、钨、铀钍、钽铌和稀土被誉为江西省的"五朵金花"。江西被称为"世界钨都"和"稀土王国",包括著名的德兴铜矿和大余钨矿,有色金属冶炼是工业的主要特色之一,鹰潭号称铜都。

江西省矿产资源具有以下优点:矿产种类多、分区集中和开发潜力大。一个矿区可出多种矿产品,综合开发利用价值大;矿产资源分布明显分区集中,东南西北各有侧重,赣北以铜、银、金、锑为主,赣南以钨、锡、铋、重稀土为重,赣西以煤、铁、钽铌、锂、岩盐、硅灰石、粉石英为多,赣东以铜、银、铅、锌、磷为富;非金属矿发展潜力大。

江西省土地、水电、劳动力等成本较低。江西具有丰富的土地资源,对于承接东部沿海产业转移而言,土地租金相对较低,能够降低产业成本,使企业有更多的资金从事生产运作,提高企业效益。江西地处长江中下游南岸,具有丰富的水资源,统调电力装机突破1000万千瓦,是全国唯一用电高峰不拉闸限电的省份。企业发展生产的水电成本低,平均水平仅为上海的一半,广东的60%。

江西拥有丰富的劳动力资源,由于城镇化进程的加快,许多农民走出农村开始寻找新的出路,以适应城镇化的进程。这一方面增加了消费,促进了消费水平的提高;另一方面,由于农业机械化使很多农民从土地上解放出来,加上农民务农意识的改变,很多农民不愿意留在农村而宁愿选择在外务工,这就促使了农村剩余劳动力的增加。江西是劳动力输出的大省,每年都有很多人外出东部沿海地区务工。表3-4是1998~2014年江西省劳动力资源概况，劳动力的总数在逐年增加，社会从业人数也呈上升趋势，劳动力资源总数占人口的比例也在上升，这表明了越来越多的人选择外出从业，而劳动力资源的利用率却有所下降，说明江西的劳动力资源未能得到充分的利用，还有提升的空间。

表3-4　1998~2014年江西省劳动力资源

单位：万人，%

年份	劳动力资源总数	社会从业人数	职工人数	劳动力资源总数占人口数的比重	劳动力资源利用率
1998	2809.1	2094.3	322.5	67.0	74.6
1999	2830.2	2089.0	305.9	66.9	73.8
2000	2898.2	2060.9	291.6	69.8	71.1
2001	2898.5	2054.8	279.3	69.2	70.9
2002	2911.6	2130.6	261.9	69.0	73.2
2003	3016.6	2168.2	256.7	70.9	71.9
2004	3073.5	2214.0	258.4	71.8	72.0
2005	3130.0	2276.7	264.8	72.6	72.7
2006	3210.4	2321.1	271.9	74.0	72.3
2007	3290.6	2369.6	275.0	75.3	72.0
2008	3353.0	2368.6	275.2	76.2	71.7
2009	3413.8	2445.2	273.8	77.0	71.6
2010	3417.6	2498.8	279.6	76.6	73.1
2011	3480.5	2532.6	311.3	77.5	72.8
2012	3495.5	2556.0	360.9	77.6	73.1
2013	3524.7	2588.7	410.0	77.9	73.4
2014	3551.6	2603.3	426.0	78.2	73.3

资料来源：2014年《江西统计年鉴》及《江西省2015年国民经济和社会发展统计公报》。

另外，江西省独特的优惠政策也是吸引沿海产业转移的一种优势。十八届三中全会进一步放松了政府对市场的管制，强调以市场为主，以更好地促进经济发展。江西省积极出台相关文件强化自身的工业基础，建立并积极推进示范区建设，促进自身工业的发展，从而为承接沿海产业转移做好准备工作。江西省示范区按照"政府主导、多方参与、市场协同、规范服务"的原则进行建设。此外,示范区将在用地、环保、项目等方面获得政策支持;对示范区承接产业转移项目,优先列入重大项目调度,优先安排使用省预留新增建设用地计划指标;在同等条件下,优先保障承接产业转移项目环评需要;针对承接产业转移项目,依法适当降低鼓励类产业门槛,根据权限优先予以核准或备案。

与此同时,江西省也在对重点优强工业企业实行动态管理,推动一批工业园区做强做大。全省每年将调度推进100个投资10亿元以上重大工业项目,其中开工建设30个以上、建成投产50个以上,实行动态管理,并给予一定政策的倾斜。为了提高江西省工业经济总量、加速推进新型工业化,江西省还将加强与央企的对接合作,将与央企的合作项目列入省市重大项目;融资开发建设工业地产项目,为承接东部沿海产业转移的相关企业提供金融支持。为服务全省工业发展,江西省将建立健全政银企联动机制,搭建五大投融资平台,积极地为项目找资金、为资金找项目。五大投融资平台包括:企业上市融资平台、重点项目融资平台、战略性新兴产业融资平台、工业地产建设融资平台和园区基础设施建设融资平台。

针对重点企业和项目,江西省将积极探索和推广"财园信贷通"试点,多途径、多方式缓解融资难的问题。对符合产业发展方向、科技含量高、资产质量优、发展前景好和上市积极性高的工业企业,在节能、清洁生产和技术改造等资金上给予重点倾斜。同时,引导金融资本投入工业地产开发建设,鼓励商业银行、政策性银行优先对工业地产开发企业给予不超过其实收资本3~5倍的开发贷款。

三 赣南等原中央苏区承接沿海产业的产业基础

近年来,江西省快速的发展为赣南等原中央苏区承接沿海产业转移提供了优良的条件。首先,江西省产业基础较好,目前已经具有六大支柱产业,分别是汽车航空、冶金、电子信息、医药、食品、化工。江西的自然风景独特,文物古迹、风景名胜众多。庐山、滕王阁、三清山、婺源、龙虎山、井冈山等闻名海内外,旅游资源得天独厚,有利于发展以旅游业为主的现代服务业。萍乡曾是中国近代工业起源地之一。景德镇的瓷器、新余的钢铁以及九江的港口等都各具特色。南昌是中国直升机、无人机等生产基地和汽车等重要制造基地和物流中心。

改革开放以来，江西省经济不断发展，增长迅速。表3-5为江西省经济发展各项指标状况，其中江西省GDP不断增长，增速加快。从三大产业构成来看，第二产业的生产总值已经超过第一产业，占据主导地位，说明工业在江西省经济中所占比重已经超过农业所占比重。第三产业的发展一定程度上代表这一地区的经济发展程度，江西省第三产业的产值虽然有增加，但是相比发达地区，还有很大的发展空间。这些指标都说明江西省经济发展有一定的基础，上升空间也很大，增速也较快，这为江西省赣南等原中央苏区承接沿海产业转移奠定了经济基础。

表3-5 江西省经济发展状况

指标	1999年	2000年	2010年	2011年	2012年	2013年	2014年	2015年
地区GDP（亿元）	428.7	2003.1	9451	11703	12949	14338	15709	16724
第一产业（亿元）	176	485.14	1207	1391	1520	1636	1684	1773
第二产业（亿元）	133.6	700.76	5123	6391	6943	7671	8388	8487
第三产业（亿元）	119.1	817.17	3121	3921	4486	5031	5637	6464
人均生产总值（元）	1134	4851	21253	26150	28800	31771	34737	36819

资料来源：2015年《江西统计年鉴》及《江西省2015年国民经济和社会发展统计公报》。

表3-6为包括赣南等原中央苏区在内的江西省11个地级市的经济发展状况，从总体上看，11个地级市第二产业的生产总额都超过了第一产业和第三产业，占据主导地位，是承接沿海地区产业转移的产业基础。第三产业的产值超过了第一产业，说明服务业在不断发展，配套服务设施在不断完善。其中，赣南等原中央苏区的赣州市地区生产总值为1673.31亿元，全省GDP排名第二，其第二、第三产业发展也较好，总体发展速度较快，发展成效显著，地区开发较好，应该作为承接沿海产业转移的重点地区。从11个地级市经济发展的具体情况上看，南昌市生产总值最高，为3336.03亿元，发展成效显著，地区开发较好。其他地级市第二产业也在不断发展，发展上升空间较大。各地级市都有针对

性地发展本地区的特色产业，利用好本地区的资源和政策优势，积极承接沿海产业的转移。

表 3-6　江西省 11 个地级市经济发展

地区	GDP（亿元）	人均 GDP（元）	第一产业增加值（亿元）	占比（%）	第二产业增加值（亿元）	占比（%）	第三产业增加值（亿元）	占比（%）
赣州市	1673.31	20331	271.79	16.20	763.96	45.70	637.57	38.10
抚州市	940.64	23903	163.48	17.40	489.02	52.00	288.14	30.60
吉安市	1123.90	23521	197.11	17.50	575.71	51.20	351.08	31.20
南昌市	3336.03	64611	157.24	4.70	1850.49	55.50	1328.30	39.80
景德镇市	680.28	42186	52.29	7.70	396.48	58.30	231.51	34.00
萍乡市	798.33	42515	56.32	7.10	473.70	59.30	268.31	33.60
九江市	1601.73	34284	130.05	8.10	898.24	56.10	573.44	35.90
新余市	845.07	73275	50.95	6.00	490.37	58.00	303.75	36.00
鹰潭市	553.47	48833	44.55	8.00	346.37	62.60	162.55	29.40
宜春市	1387.07	25903	213.69	15.40	765.91	55.20	407.47	29.40
上饶市	1401.32	21736	207.15	14.80	715.45	51.10	478.72	34.20

资料来源：2014 年《江西统计年鉴》。

改革开放以来，江西省经济发展迅速，从农业大省转变为以工业为主的发展大省，服务业发展也相对较快。图 3-10、图 3-11、图 3-12、图 3-13、图 3-14、图 3-15 分别是江西省 1978 年、2000 年、2010 年、2013

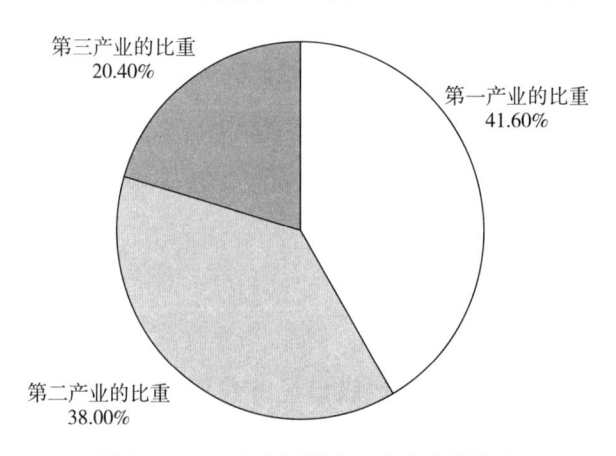

图 3-10　1978 年江西省三大产业的比重

年、2014年和2015年三大产业产值占GDP的比重。从中可以看出,改革开放前,江西省第一产业占据主导地位,比重为41.6%。随着经济发展,资源充分利用,在优惠政策的指导下,第一产业的比重相对下降,第二产业和第三产业的比重在上升,2000年第二产业的比重超过第一产业,2010年,第二产业成为主导产业,占比为55.00%,超过第一产业和第三产业的总和。近年来,第二产业产值持续增长,在三大产业中,保持着主导地位。

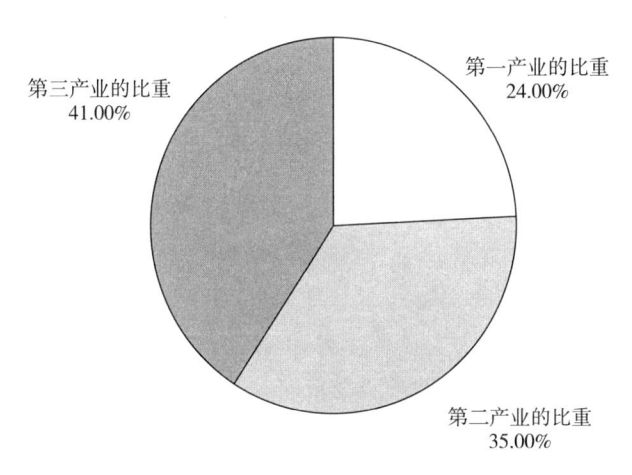

图3-11 2000年江西省三大产业的比重

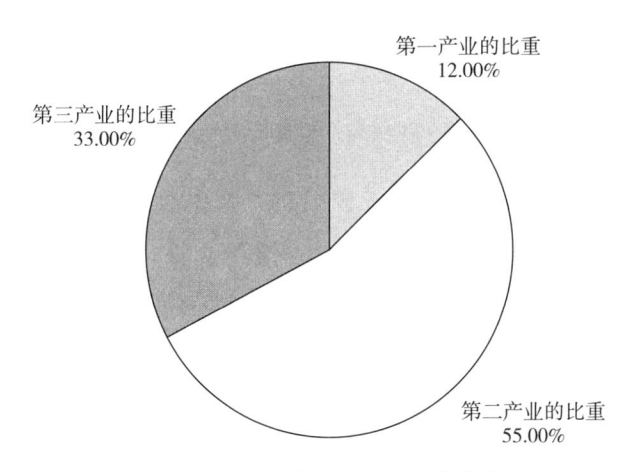

图3-12 2010年江西省三大产业的比重

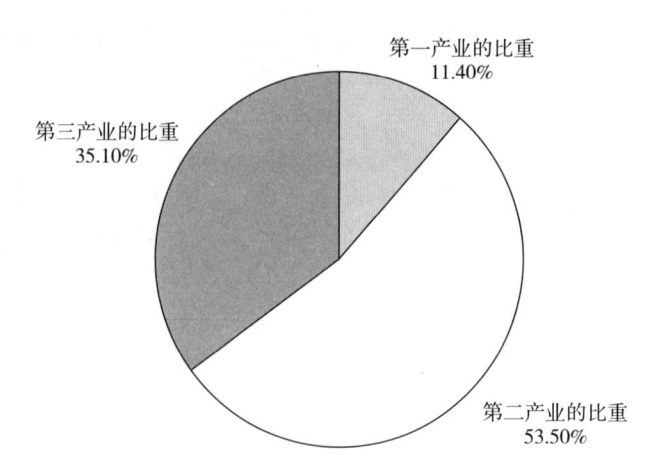

图 3-13　2013 年江西省三大产业的比重

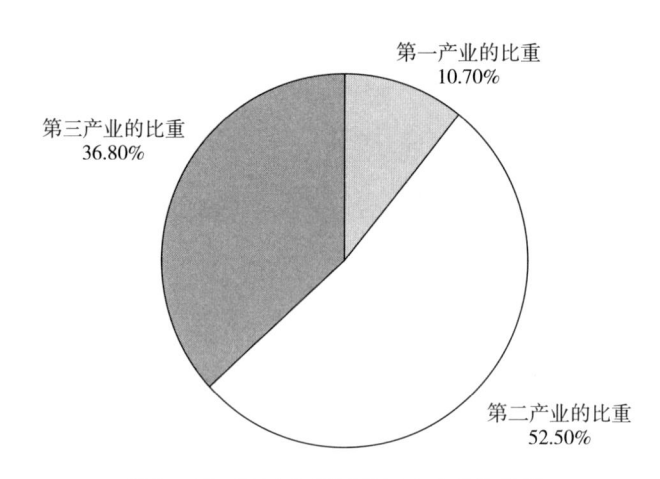

图 3-14　2014 年江西省三大产业的比重

江西省还建设发展了众多工业园区和产业基地。工业园区遍布南昌市、九江市、赣州市、萍乡市、上饶市、宜春市、吉安市、景德镇市、抚州市、鹰潭市、新余市 11 个地级市。各工业园区经济发展迅速，为承接产业转移奠定了经济基础。

南昌市工业园区绩效显著，2015 年全市园区发展捷报频传，三大国家级工业园区主营业务收入均实现历史性突破，南昌工业园区完成主营业务收入 4585.05 亿元，比 2014 年增长 7.6%，占全省园区的比重达到 18.0%，比 2014 年上升了 2.0 个百分点。其中，南昌高新区突破 1500 亿元，继续稳

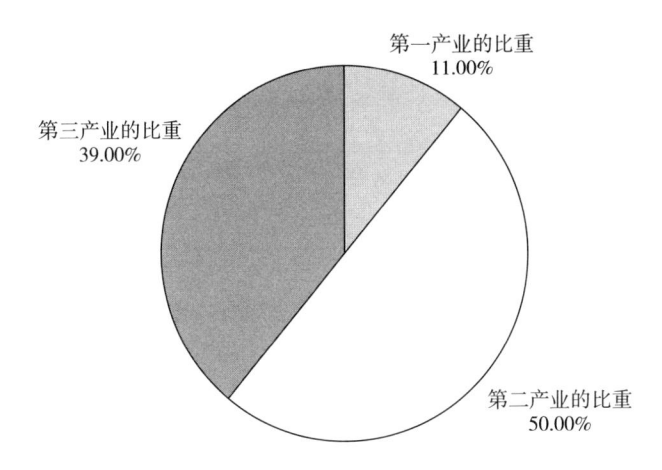

图 3-15　2015 年江西省三大产业的比重

居全省工业园区榜首，南昌经开区和小蓝经开区双双进入千亿园区方阵。

工业增加值迅速回升。2014 年南昌市全市省级以上工业园区实现主营业务收入 3718.24 亿元，同比增长 12.03%；实现工业增加值 1014.88 亿元，总量首次突破千亿元大关，同比增长 9.67%；园区企业实现利润 251.70 亿元，比 2013 年净增 70 亿元，同比增长 30.36%；实现利税 461.09 亿元，比 2013 年净增 115 亿元，同比增长 8.78%。2015 年 1~2 月，全市省级以上开发区共完成主营业务收入 567.18 亿元，同比增长 7.79%；完成工业增加值 161.02 亿元，同比增长 12.59%；实现利税 62.49 亿元，同比增长 17.18%；在建工业个数 268 个；投产工业企业数达 1458 个，居全省第一位。从工业主要指标总量看，2014 年省级以上工业园区主营业务收入和工业增加值两项指标分别占全市总量的 73.31% 和 73.51%，2015 年 1~2 月，两项指标占比也分别达到 70.25% 和 77.79%，总量继续在全省各设区市中列第一位。工业园区引领南昌经济发展的主体进一步凸显。2015 年，全市工业园区共有工业企业 1533 户，较 2014 年增加 115 户，其中规模以上工业企业 928 户，占全市规模以上企业总户数的 75.6%；主营业务收入亿元以上企业 518 户，10 亿元以上企业 88 户，全市收入前 30 位的企业中，29 家在工业园区。全市工业园区累计实现招商签约资金 598.25 亿元，比 2014 年增长 27.1%，高于全省园区 33.6 个百分点，其中亿元以上签约项目 330.04 亿元，占全市签约资金的55.2%，同比增长19.0%，高于全省园区29.9个百分点；招商实际到位资金549.25亿元，同比增长11.5%，高于全省园区7.3个百分点，其中省外资金343.78亿元，同比增长14.6%，境外资金10.10亿美元，招商资金实际到位率为91.8%；完成工业固定资产投资784.47亿元，同比增长14.7%，高于全省园区3.9个百分点，其中亿元以上项目115个，10亿元以上项目4个。

赣州市工业园区建设与发展也取得了优秀的成绩，表3-7是2011年度1~10月赣州市各工业园区主要经济指标增速排名。从中可以看出赣州16个工业园区工业增加值和主营业务收入增速大部分都高出全省的平均水平，赣州市整体工业增加值为3005838万元，整体增速也超过了全省的平均水平。

表3-7　2011年度1~10月赣州市各工业园区主要经济指标增速排名

单位：万元，%

完成增速排名	工业增加值			主营业务收入		
	园区名称	本月累计	增速	园区名称	本月累计	增速
1	赣州开发区	560640	22.2	上犹工业园区	397027	115.69
2	于都工业园区	227816	21.5	大余工业园区	276593	95.37
3	兴国经济开发区	179290	18.7	全南工业园区	376830	74.72
4	信丰工业园区	191803	17.5	定南工业园区	394001	69.23
5	龙南经济技术开发区	316304	16.49	安远工业园区	120182	61.03
6	宁都工业园区	77652	16.46	南康工业园区	1163556	56.02
7	瑞金工业园区	84565	16.37	赣州开发区	2529491	50.52
8	大余工业园区	80244	15.54	龙南经济技术开发区	1185849	47.87
9	南康工业园区	254129	15.42	沙河工业园区	1211014	46.59
10	沙河工业园区	332111	15.34	信丰工业园区	727770	46.28
11	赣县经济开发区	317294	15.15	会昌工业园区	288234	45.86
12	安远工业园区	32950	14.52	于都工业园区	972992	45.52
13	上犹工业园区	89666	13.95	瑞金工业园区	331616	42.54
14	定南工业园区	114255	12.14	兴国经济开发区	751175	42.01
15	全南工业园区	90781	9.1	赣县经济开发区	1517142	34.98
16	会昌工业园区	56338	8.54	宁都工业园区	315166	33.45

资料来源：根据2012年赣州市的统计公报整理而得。

九江市工业园区建设同样取得了很好的成绩。修水工业园区自2014年以来，按照"决战工业700亿"的总体要求，全力履行"平台建设、企业服务、项目推进"的职能，成效明显，对接落户园区项目共36个，总投资约17亿元，全年新增规模以上工业企业11户，实现主营业务收入258.91亿元，同比增长17%，综合实力进一步提升。其中，矿产品加工、食品医药、机械电子三大主导产业加快发展，新引进矿产品加工项目8个、食品医药项目1个、机械电子项目3个。全年投入园区基础设施建设资金共2.45亿元，太阳升项目区污水处理厂建成运营，幸福片区4条主路网基本完工；吴都职工商务服务中心建成投入使用。修水工业园一期绿化等扫尾工程全面完成，二期完成征地826亩，裕港路延伸线基本完工。九江经济技术开发区自建区以来，累计投入建设资金近百亿元，修建道路103公里、261万平方米；埋设水、电、信各种管线276公里；绿化面积607万平方米；已开发面积40平方公里，建成区面积近20平方公里；先后引进了巨石集团、旭阳雷迪、佳能数码相机、昌铃汽车、上港集团、汇源果汁、志高空调、深圳三诺等国内外各类企业400余家，形成了较好的产业发展基础。"新能源、新材料、电子信息、汽车及零配件"四大产业龙头项目推进顺利。庐山工业园区基础设施投入超过15.36亿元，已建设完成道路33.7公里，完成征地15393.7亩，拆迁房屋2857栋，约96.63万平方米，已投产入园企业83个，投资额达58.78亿元，其中，亿元以上工业项目23个，初步形成了以石油化工、纺织化纤、玻纤建材、粮油食品、机械电子为主的五大产业集群发展的格局。2014年，庐山工业园区规模以上工业企业发展到86家，净增7家，完成增加值89.3亿元，同比增长12.8%；利税总额28.8亿元，同比增长9.4%；绿色食品、化纤纺织、基础和精细化工、新型材料等主导产业主营业务收入占全区工业比重达94.6%，其中，超过10亿元企业8家。投资67亿元的港森联源新材料项目一期主体厂房基本完工，投资50亿元的九宏新材料项目一期开工建设，投资50亿元的恒生大化纤项目一期土建基本完工，投资30亿元的中粮百亿产业园项目二期竣工投产。

湖口金砂湾工业园区经济呈现跳跃式发展，产值税收连年翻番：2003年实现主营业务收入11912万元，上缴税金1020万元；2004年实现主营业务收入 22380 万元，上缴税金 1722 万元；2005 年实现主营业务收入 67441 万元，上缴税金 2928 万元；2006 年实现主营业务收入 125641 万元，上缴税金 4522 万元；2007 年实现主营业务收入 313955 万元，上缴税金 15373 万元；2008 年实现主营业务收入 608743 万元，上缴税金 21900 万元；2009 年实现主营业务收入 1065303 万元，上缴税金 37365 万；2010 年实现主营业务收入 202 亿元，上缴税金 4.33 亿元；2011 年实现主营业务收入 251.8 亿元，上缴税金 5.04 亿元；2012 年实现主营业务收入 222.49 亿元，上缴税金 3.5 亿元；2013 年实现主营业务收入 268.59 亿元，上缴税金 7.72 亿元；2014 年实现主营业务收入 401.53 亿元，上缴税金 8 亿元。金砂湾工业园目前已经形成了钢铁冶金、有色冶金、化工化纤和船舶制造四大主导产业。

瑞昌工业园区的格局为"一园二区"，即城区产业区和沿江产业区。其中，城区产业规划面积 5 平方公里，沿江产业区规划面积 12 平方公里。2014 年，城区产业区实际开发土地 3962.59 亩，累计投入 12.8 亿元，建成较为完善的基础设施网络，吸引 168 家企业落户，厂房面积达到 300 万平方米，近期已建成的 15 万平方米标准厂房将打造成为小微企业孵化基地，成为广大客商投资创业的热土；沿江产业区 8257.73 亩，累计投入资金 4.8 亿元，道路布局建设初步完成。两区共计投入 17.6 亿元。产业结构基本形成建筑材料、纺织服装、船舶机械、化工冶炼、造纸纸品和新能源六大支柱产业。建筑材料产业以亚泥为龙头共有 18 家，纺织服装产业以凤竹棉纺为龙头共有 27 家，机械加工业以江洲联合造船为龙头共有 20 家，造纸纸品、化工产业以理文造纸为龙头共有 18 家。2011 年，园区着力发展微小企业，打造特色产业，重点扶持"室内休闲鞋"产业快速发展，得到省园区主管部门认可，11 月，该产业被列入江西省"优选特色产业集群"，获得政府政策支持。

作为承接沿海产业转移的产业基础，其他各地市级的工业园区也取得了优秀的成绩。随着工业园区的发展，各地市级的基础设施条件不断完善，产业建设也日趋合理化，从而能更好地对接东部沿海产业，促进江西经济的发展。

第四章 产业集聚下赣南等原中央苏区承接产业和行业选择

第一节 研究对象的界定和测量产业集聚的指标选取

一 研究对象的界定

依据英国经济学家、统计学家克拉克提出的三次产业分类法以及在此基础上的《国民经济行业分类》（GB/T 4574－2011）可以将整个国民经济划分为三大产业：第一产业是指农、林、牧、渔业；第二产业是指采矿业，制造业，电力、燃气及水的生产和供应业，建筑业；第三产业是指除第一、第二产业以外的其他行业。

本书在主要分析赣南等原中央苏区拟承接产业和行业选择上，还结合了江西其他地市的情况进行综合分析，通过分析江西省总体承接沿海产业的布局状况，确定总体承接产业选择和模式布局。赣南等原中央苏区应结合自身发展特点和具体情况，正确选择承接的产业和行业。根据江西省历年统计数据整理出近年来江西地区生产总值构成的柱状图，由图4－1可知，在江西近年来的GDP构成中，第二产业的贡献要占到一半左右，并有稳定上升的趋势，通过表4－1可知在整个第二产业中，工业的比值占到总产值的近4/5。基于以上的事实以及数据的可得性，本书选取赣南等原中央苏区的赣州市、抚州市和吉安市以及江西省辖下其他8个地市工业中的B采矿业，C制造业，D电力、燃气及水的生产和供应业，三个门类中37个大类作为研究对象。本书将采取《国民经济行业分类》（GB/T4574-2011）中规定的代码替代行业类别的名称。

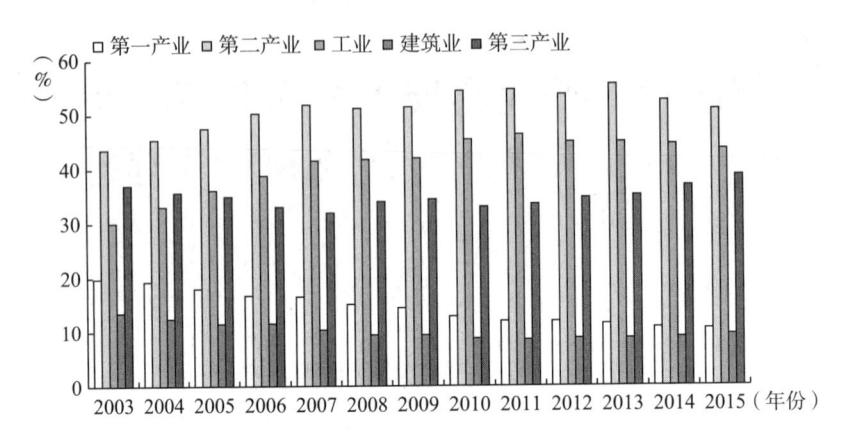

图4-1 2003~2015年江西地区生产总值构成

资料来源：2004~2015年江西的统计年鉴及2015年江西省的统计公报。

表4-1 江西省各产业在生产总值中的具体比重

单位：%

指标	2003年	2004年	2005年	2006年	2007年	2008年	2009年	2010年	2011年	2012年	2013年	2014年	2015年
第一产业	19.8	19.2	17.9	16.8	16.4	15.2	14.4	12.8	11.9	11.8	11.4	10.7	10.6
第二产业	43.4	45.3	47.3	50.2	51.7	51	51.2	54.2	54.6	53.6	55.5	52.5	50.75
工业	30.0	33.0	35.9	38.7	41.4	41.7	41.8	45.4	46.2	45.0	44.9	44.5	43.46
建筑业	13.4	12.3	11.4	11.5	10.3	9.3	9.4	8.8	8.4	8.6	8.6	8.9	9.3
第三产业	36.8	35.5	34.8	33.0	31.9	33.8	34.4	33.0	33.5	34.6	35.1	36.8	38.65

资料来源：江西省2003~2015年的统计年鉴及2015年江西省的统计公报。

二 指标的选择及说明

关于产业集聚的研究可以追溯到19世纪末20世纪初以韦伯等为代表的古典经济学和以马歇尔为代表的新古典经济学的研究。从20世纪开始，产业集聚成为西方经济学的一个研究热点。截至目前，国内外针对产业集聚水平测量的模型和方法有很多。其中，有区位基尼系数、产业集中度指标（CR_n）、区位熵、赫芬达尔指数以及由 Elison 和 Glaeser 提出的经特殊设计的指标 E-G 指数，这些均为测算产业集聚水平的静态分析方法。另外还有一种产业动态集聚指数的动态分析。本书将选取区位熵和产业动态集聚指数分别从静态的产业专业化水平和动态的集聚速度两个方面对包括赣南等原中央苏区在内的江西省辖下 11 地市拟承接行业进行选择研究。

1. 产业集聚静态模型——区位熵

区位熵也称地方专业化指数，考察的是国民经济各行业在空间上分布的相对集中度，它最基本的含义是反映一个地区的出口导向，从静态的角度测度某一地区产业空间分布情况，用以衡量地方专业化程度的存量指标和区域产业集聚的现状。

计算公式为：

$$LQ_{ij} = \frac{E_{ij} / \sum_i E_{ij}}{\sum_i E_{ij} / \sum_i \sum_j E_{ij}}$$

LQ_{ij} 是中观层面上给定区域 i 内产业 j 的占有份额与整个经济中产业 j 占有的份额的比值，即地区静态层面上的集聚指数；E_{ij} 指区域 i 内产业 j 的增加值。当 $LQ_{ij}>1$ 时，意味着 i 地区 j 行业供给能力大于本地区的需求能力，存在比较优势，该产业或其产品可以对外输出。从本书研究的角度来说就是产业 j 在区域 i 内具有一定的比较优势，具有较强的集聚能力，LQ_{ij} 值越大，该产业的专业化水平越高；$LQ_{ij}=1$ 意味着 i 地区 j 产业处于均势，集聚能力并不明显；$LQ_{ij}<1$ 表明 i 地区 j 产业处于显性比较劣势，专业化程度较低并且集聚能力较弱。

2. 产业集聚动态模型——产业动态聚集指数

产业动态集聚指数可以反映某产业在一定时期内向某经济区的集聚速度，同时能够反映产业生产的区域转移方向，该模型指标主要从产业组织角度来衡量产业集聚状况和产业动态的集聚趋势。凭借该模型指标可由特定考察期内产业集聚的态势推断未来一个时期内该区域的各产业集聚走向，进一步对该产业发展前景做出判断。

计算公式及相关说明如下：

$$X_{ijt} = t\sqrt{\frac{x_{ijt}}{x_{ij0}}} - 1 \ ; \ X_{jt} = t\sqrt{\frac{\sum_{i=1}^{n} x_{ijt}}{\sum_{i=1}^{n} x_{ij0}}} - 1 \ ; \ C_{ijt} = \frac{X_{ijt}}{X_{jt}} \ ;$$

C_{ijt}表示地区j内产业i的集聚指数，x_{ij0}、x_{ijt}分别表示在$[0, t]$周期内j地区产业i在期初和期末的经济发展指标，分以下两种情况判断某地区某产业是呈成长或是倒退趋势。

（1）当$X_{jt} \in (-\infty, 0]$时，则反映的是产业i在江西省范围内呈现倒退趋势。此时，若$C_{ijt} < 0$即$X_{ijt} > 0$，表明产业i在区域j内依旧呈增长态势，在本地区内有比较优势；若$C_{ijt} > 0$则表明产业i在区域j已出现了倒退趋势。

（2）当$X_{jt} \in [0, +\infty)$时，则反映产业i在江西省范围内仍处于成长阶段。此时，①若$C_{ijt} < 0$则表明产业i在区域j内已出现衰退；②若$0 < C_{ijt} < 1$，则表明产业i在区域j内呈增长态势，但其增长速度低于全省平均水平；③若$C_{ijt} \geq 1$表明产业i向区域j内集聚，产业i在全省的比较优势显著。

上文分别从静态和动态两个角度说明产业集聚的指标、组合方式及测算结果数值，反映了产业集聚的程度，前者从存量的角度反映某产业在固定时间点的产能相对于全国的专业化程度，后者则是从流量的角度反映某产业在一段时间内向某个地区的集聚速度。综合考虑产业集聚的静态、动态指数进行分析可以更准确、更科学地测算某产业在江西省范围内的专业化发展水平和集聚转移态势。

第二节　赣南等原中央苏区拟承接行业实证分析

一　数据来源及其他说明

由于2002年后的工业行业结构做了部分调整，所以本书数据选2004~

2014年的《江西统计年鉴》和《江西工业经济年鉴》。尽管产业集聚现象已不再局限于工业行业,但就总体来说,工业仍然是集聚特征最为明显的产业。基于数据的可得性和观察赣南等原中央苏区集聚现象发展趋势的便利性考虑,本书在计算产业静态和动态集聚指标时,选取2004~2014年的37个行业代码为两位数的工业行业数据作为研究对象,采用各工业行业的增加值进行测算。

同时根据2012年的产业静态和动态集聚指数的不同将拟承接的行业分为强化、重点、潜在和不宜承接四大类。在主要分析赣南等原中央苏区拟承接产业和行业选择上,本书还结合了江西其他地市的情况进行综合分析,通过分析江西省总体承接沿海产业的布局状况,确定总体承接产业选择和模式布局。赣南等原中央苏区应结合自身发展特点和具体情况,正确选择承接的产业和行业。在此,尤其需要强调的是区域产业集聚测度指标是个相对性概念,也就是说只能在特定的时间跨度内来衡量该区域的某产业集聚水平。

二 赣南等原中央苏区行业集聚指数测算

江西省赣南等原中央苏区涉及江西省49个地区,包括赣州市、抚州市、吉安市各县城以及鹰潭市、上饶市、宜春市、新余市、萍乡市的少数县城,因此,本书重点将赣州市、抚州市、吉安市划为江西省赣南等原中央苏区。此外,为了从全省角度出发分析赣南等原中央苏区承接沿海产业转移空间布局安排,本书对江西省赣南等原中央苏区以及江西省其他地市的产业静态和动态集聚指数都进行了分析,得到江西省总体工业发展概况和承接沿海产业转移的情况,得出赣南等原中央苏区结合自身切实发展产业特点进行承接沿海产业的选择。因此,将本书所要研究的工业行业37个大类的产业的数据代入前文产业集聚静态和动态的模型之中,分别得到了2013年包括赣南等原中央苏区在内的江西省所有地市的产业静态和动态集聚指数(见表4-2)。

表4-2 2013年江西省各地市产业静态和动态指数

行业地区及指数	南昌市 LQ_{ij}	南昌市 C_{ijt}	萍乡市 LQ_{ij}	萍乡市 C_{ijt}	九江市 LQ_{ij}	九江市 C_{ijt}	新余市 LQ_{ij}	新余市 C_{ijt}	鹰潭市 LQ_{ij}	鹰潭市 C_{ijt}
煤炭开采和洗选业			0.768	0.677	0.013	0.457	0.130	0.595		
黑色金属矿采选业			1.945	0.807	0.193	0.118	7.626	1.027		
有色金属矿采选业					1.239		0.067	0.649	0.131	
非金属矿采选业	0.170	0.783	0.798	0.844	1.244	0.532	0.792	0.901		
农副食品加工业	2.255	0.221	0.214	1.016	0.793	1.452	0.086	0.165	0.132	0.865
食品制造业	1.396	0.984	0.348	1.575	0.633	0.685	0.089	0.875	0.040	1.131
酒、饮料和精制茶制造业	1.349	0.997	0.283	0.776	1.148	1.278	0.137			
烟草制造业	4.967	0.885							1.103	
纺织业	0.331	0.257	0.227	1.107	2.648	1.034	1.159	1.111	0.011	0.169
纺织服装、服饰业	1.485	1.954	0.261	2.151	2.237	1.148	0.273	0.909	0.097	5.008
皮革、皮毛、羽毛及其制品和制鞋业	0.453	1.162	1.140	1.177	0.524	2.178	0.475	0.882	0.072	0.687
木材加工和木、竹、藤、棕、草制品业	0.715	1.197	0.076	0.509	0.969	1.274	0.193	0.897	0.027	1.020
家具制造业	0.398	1.088		-0.21	1.273	1.188	0.377	0.676		
造纸和纸制品业	1.552	0.921	0.822	0.899	0.902	0.907	0.092	1.048		
印刷业和记录媒介复制业	2.134	0.908	0.916	2.650	0.958	1.794	0.219	5.272		
文教、工美、体育和娱乐用品制造业	0.547	1.265	0.132	2.700	1.756	2.422	1.142		0.378	
石油加工、炼焦和核燃料加工业	0.072	0.885	0.817	0.866	4.469	0.703	0.150	0.800	0.019	
化学原料和化学制品制造业	0.431	1.193	2.214	0.873	0.970	1.038	2.304	2.466	0.226	0.763
医药制品业	1.696	0.869	0.584	1.380	0.394	0.777	0.310	1.480	0.140	0.848
化学纤维制造业				-0.21	5.538	0.900				
橡胶和塑料制品业	0.986	0.820	0.306	0.822	0.795	1.256	0.394	1.152	0.148	1.201
非金属矿物制品业	0.507	1.046	4.347	1.259	0.968	1.003	0.407	0.917	0.106	1.211
黑色金属冶炼和压延加工业	0.732	0.803	2.385	0.767	1.062	0.703	6.708	0.905	0.003	0.537
有色金属冶炼和压延加工业	0.181	0.890	0.034	0.785	0.201	1.224	0.519	1.366	4.429	0.949

续表

行业地区及指数	南昌市 LQ_{ij}	南昌市 C_{ijt}	萍乡市 LQ_{ij}	萍乡市 C_{ijt}	九江市 LQ_{ij}	九江市 C_{ijt}	新余市 LQ_{ij}	新余市 C_{ijt}	鹰潭市 LQ_{ij}	鹰潭市 C_{ijt}
金属制品业	1.662	1.104	0.333	1.054	1.209	1.116	1.500	1.810	0.056	3.733
通用设备制造业	1.310	1.170	1.568	1.241	1.367	1.180	0.434	0.654	0.070	1.523
专用设备制造业	2.106	1.156	1.909	1.420	0.802	1.228	0.400	1.236	0.411	1.085
汽车制造业	3.360	1.403	0.536	1.271	0.413	0.549	0.166	1.897	0.082	3.896
铁路、船舶、航空航天和其他运输设备制造业	0.284	0.075		-0.21	2.280	0.842		-0.23		-0.19
电气机械和器材制造业	0.768	0.909	0.313	1.121	1.190	2.054	0.620	0.392	1.335	1.346
计算机、通信和其他电子设备制造业	1.628	1.104	0.186	1.112	0.894	1.913	0.160	0.787	0.108	2.304
仪器仪表制造业	0.366	1.175	1.020	2.023	2.416	0.850	0.742	1.599	2.655	1.215
其他制造业		-0.21	0.213	0.595	3.472	0.723		-0.23		-0.19
废弃资源综合利用业	0.336	0.716	1.303	1.492	0.626	2.182	8.740	1.319		
金属制品、机械和设备修理业							17.33			
电力、热力生产和供应业	2.562	0.930	0.283	0.707	0.484	0.686	0.437	0.845	0.561	1.074
燃气生产和供应业	0.320	0.921	5.583	0.984	0.902	2.656	0.037	0.593	0.066	
水的生产和供应业	2.832	1.128	0.307	1.055	0.771	0.858	0.697	0.858	0.135	0.786

行业地区及指数	赣州市 LQ_{ij}	赣州市 C_{ijt}	吉安市 LQ_{ij}	吉安市 C_{ijt}	宜春市 LQ_{ij}	宜春市 C_{ijt}	抚州市 LQ_{ij}	抚州市 C_{ijt}	上饶市 LQ_{ij}	上饶市 C_{ijt}
煤炭开采和洗选业	0.017	0.490	0.072	0.735	0.269	0.577			0.029	0.639
黑色金属矿采选业	0.355	0.640	3.738	0.782	0.082	1.408	0.191	0.503	0.020	0.643
有色金属矿采选业	5.303	1.041	0.445	1.287	0.273	0.835	0.094	0.470	1.452	0.139
非金属矿采选业	2.745	0.977	1.238	1.163	0.898	1.524	0.064	0.203	2.117	0.932
农副食品加工业	0.956	0.812	1.233	0.969	0.939	0.872	0.155	0.233	0.665	1.098
食品制造业	1.230	0.921	1.278	0.915	2.282	0.827	0.274	0.487	0.903	1.006
酒、饮料和精制茶制造业	0.981	0.915	1.286	0.998	2.167	0.852	0.309	0.403	0.382	0.844
烟草制造业	0.152	0.131								
纺织业	0.171	0.258	1.054	1.244	1.944	1.136	0.472	0.435	0.872	1.303
纺织服装、服饰业	1.191	1.525	1.149	1.373	0.309	2.112	0.378	0.430	0.631	0.940

97

续表

行业地区及指数	赣州市 LQ_{ij}	赣州市 C_{ijt}	吉安市 LQ_{ij}	吉安市 C_{ijt}	宜春市 LQ_{ij}	宜春市 C_{ijt}	抚州市 LQ_{ij}	抚州市 C_{ijt}	上饶市 LQ_{ij}	上饶市 C_{ijt}
皮革、皮毛、羽毛及其制品和制鞋业	1.778	0.838	2.738	1.186	2.032	0.916	0.360	0.676	0.555	-0.03
木材加工和木、竹、藤、棕、草制品业	1.184	0.923	1.538	0.678	2.473	0.821	0.506	0.266	0.933	0.816
家具制造业	4.281	1.432	1.260	0.779	0.147	0.581	0.394	0.362	0.675	1.551
造纸和纸制品业	0.984	0.940	1.654	0.772	0.936	1.386	0.641	0.461	0.612	0.811
印刷业和记录媒介复制业	0.730	1.882	0.925	1.346	1.572	2.599	0.099	0.516	0.411	1.001
文教、工美、体育和娱乐用品制造业	1.119	1.059	1.540	3.781	0.804	1.772	0.284	2.122	1.173	2.247
石油加工、炼焦和核燃料加工业	0.005		0.086	1.330	0.232	0.973	0.019	0.439		
化学原料和化学制品制造业	0.550	1.240	1.160	1.042	1.123	3.206	0.292	0.416	0.508	0.567
医药制品业	0.660	1.134	1.311	1.209	2.000	0.928	0.305	0.469	0.464	1.132
化学纤维制造业					0.798	1.005	0.033		1.264	1.369
橡胶和塑料制品业	0.577	0.846	1.038	0.927	2.834	1.090	0.781	0.573	0.285	0.825
非金属矿物制品业	0.637	0.974	0.478	0.842	1.966	4.059	0.173	0.458	0.484	0.683
黑色金属冶炼和压延加工业	0.495	0.960	0.229	1.016	0.389	1.289	0.035	0.275	0.510	2.484
有色金属冶炼和压延加工业	1.922	1.171	0.886	0.873	0.362	0.966	0.212	0.272	2.089	1.009
金属制品业	0.745	1.257	0.565	0.971	1.690	1.321	0.230	0.223	0.772	0.761
通用设备制造业	0.221	0.729	0.941	1.093	1.000	0.958	0.097	0.188	1.172	1.105
专用设备制造业	0.710	0.877	0.345	1.308	1.176	1.237	0.192	0.475	0.604	0.666
汽车制造业	0.480	1.190	0.335	1.904	0.248	1.307	0.281	0.696	0.219	0.822
铁路、船舶、航空航天和其他运输设备制造业	0.082	0.169		-0.17	0	-0.17	0.070	0.076	0.008	-0.06
电气机械和器材制造业	0.692	1.151	1.203	1.087	0.817	1.315	0.191	0.352	2.442	1.717
计算机、通信和其他电子设备制造业	1.211	0.926	3.172	1.231	0.564	1.449	0.085	0.562	0.462	0.853
仪器仪表制造业	0.420	0.497	0.102	0.543	1.049	5.037	0.378	0.519	0.209	0.096
其他制造业	1.664	0.419	0.811	0.109	0.453	0.186	0.415	0.171	1.035	0.346

续表

行业地区及指数	赣州市 LQ_{ij}	赣州市 C_{ijt}	吉安市 LQ_{ij}	吉安市 C_{ijt}	宜春市 LQ_{ij}	宜春市 C_{ijt}	抚州市 LQ_{ij}	抚州市 C_{ijt}	上饶市 LQ_{ij}	上饶市 C_{ijt}
废弃资源综合利用业	0.189		1.948	2.160	0.732		0.124	0.657	0.103	1.062
金属制品、机械和设备修理业	0.000		5.785							
电力、热力生产和供应业	0.718	0.721	0.834	0.857	1.004	0.671	0.110	0.354	0.798	0.725
燃气生产和供应业	0.524	0.826	0.269	1.134	1.221	2.666	0.176	0.510	0.083	0.288
水的生产和供应业	1.415	1.012	0.516	0.553	0.471	0.684	0.262	0.342	0.189	0.501

资料来源:《江西统计年鉴(2014)》和《江西工业经济年鉴(2014)》,部分数据源于江西省统计局调研所得。其中,区位熵、产业动态集聚指数由2009~2013年数据计算得出。由于景德镇市的数据缺失,表格中没有列出景德镇市的相关指数。

依据上面的测算结果本书将江西省拟承接行业分为强化承接行业、重点承接行业、潜在承接行业和不宜承接行业四大类,如表4-3所示。

表4-3 江西省拟承接行业分类标准及特征

分类	分类标准	各类的特征
强化承接行业	$LQ_{ij} > 2$ 且 $X_{jt} > 0$,$C_{ijt} > 1$	该产业已经在空间上形成产业集聚,地方专业化生产与规模经济已经实现,在专业化水平方面已远远高于江西省平均水平,产业竞争优势已经凸显
重点承接行业	$LQ_{ij} > 1$ 且 $X_{jt} > 0$,$C_{ijt} > 1$	该产业在空间上基本形成产业集聚雏形,专业化水平高于江西省平均水平,竞争优势正在凸显
潜在承接行业	$0 < LQ_{ij} < 1$ 且 $X_{jt} > 0$,$C_{ijt} > 1$	该产业专业化水平低于江西省平均水平,但产业空间集聚速度高于江西省平均水平,发展潜力较好
不宜承接行业	$X_{jt} > 0$,$C_{ijt} < 1$	该产业无论是地方专业化水平还是近年来的发展状况都是处于劣势,集聚能力正在退化,产业竞争力很差

资料来源:表4-3的结果是依据表4-2的计算结果整理而得。

三 江西省11地市拟承接行业选择及空间格局分析

基于前文的理论及实证分析,江西省及下辖11地市拟承接行业的专业化水平应高于全省平均水平,且集聚雏形基本形成,集聚速度也高于全省平均水平,发展前景良好,可以重点发展这些行业使其成为江西省支柱产业。

江西省适宜承接的行业主要有：黑色金属矿采选业，有色金属矿采选业，非金属矿采选业，酒、饮料和精制茶制造业，纺织业，纺织服装、服饰业，皮革、皮毛、羽毛及其制品和制鞋业，木材加工和木、竹、藤、棕、草制品业，家具制造业，印刷业和记录媒介复制业，文教、工美、体育和娱乐用品制造业，化学原料和化学制品制造业，医药制品业，化学纤维制造业，橡胶和塑料制品业，非金属矿物制品业，有色金属冶炼和压延加工业，金属制品业，通用设备制造业，专用设备制造业，汽车制造业，电气机械和器材制造业，计算机、通信和其他电子设备制造业，仪器仪表制造业，废弃资源综合利用业，燃气生产和供应业，水的生产和供应业。其中属于应强化承接的行业的有：黑色金属矿采选业，有色金属矿采选业，家具制造业，化学原料和化学制品制造业，橡胶和塑料制品业，非金属矿物制品业，有色金属冶炼和压延加工业，专用设备制造业，汽车制造业，电气机械和器材制造业，计算机、通信和其他电子设备制造业，废弃资源综合利用业，水的生产和供应业13个行业。不宜承接的行业主要有：煤炭开采和洗选业，烟草制造业，造纸和纸制品业，石油加工、炼焦和核燃料加工业，黑色金属冶炼和压延加工业，铁路、船舶、航空航天和其他运输设备制造业，金属制品、机械和设备修理业，电力、热力生产和供应业9个行业。烟草制造业在江西省属于垄断行业，根据2003~2013年各地市的数据来看，只有南昌市近年来有烟草制造业，这一行业的区位熵为4.967，专业化水平相当高，但集聚发展速度并不明显。化学纤维制造业$X_{ji}<0$说明该行业在全省出现了衰退的迹象，在九江、新余、宜春、上饶这些地区平均增长速度大于0，说明当地正在集聚，在这些地区可以承接该行业。

通过从江西省的角度对其拟承接行业进行分析，再对江西省下辖11地市拟承接的行业进行选择，本书将以省会南昌为例。根据前文计算的产业动态及静态指数对南昌市的工业行业进行分类，进一步对南昌市拟承接工业行业进行说明（见表4-4）。

表4-4　根据动态及静态指数对南昌市的工业行业进行分类

	区位熵大于1	区位熵小于1
动态集聚指数大于1	纺织服装、服饰业，金属制品业，通用设备制造业，专用设备制造业，汽车制造业，计算机、通信和其他电子设备制造业，水的生产和供应业	皮革、皮毛、羽毛及其制品和制鞋业，木材加工和木、竹、藤、棕、草制品业，家具制造业，文教、工美、体育和娱乐用品制造业，化学原料和化学制品制造业，非金属矿物制品业，仪器仪表制造业
动态集聚指数小于1	农副食品加工业，食品制造业，酒、饮料和精制茶制造业，烟草制造业，造纸和纸制品业，印刷业和记录媒介复制业，医药制品业，电力、热力生产和供应业	非金属矿采选业，纺织业，石油加工、炼焦和核燃料加工业，橡胶和塑料制品业，黑色金属冶炼和压延加工业，有色金属冶炼和压延加工业，铁路、船舶、航空航天和其他运输设备制造业，电气机械和器材制造业，废弃资源综合利用业，燃气生产和供应业

资料来源：根据表4-2分类得出。

由表4-4可以直观地看出2013年南昌市工业行业中，有15个工业行业的区位熵大于1，说明这些工业行业在南昌市已形成一定的产业集聚规模，具备较良好的工业基础；同时有17个工业行业的区位熵小于1，说明这些工业行业在南昌市的规模较小，工业基础较差。南昌市的37个工业行业中有14个工业行业的动态集聚指数大于1，说明这些行业在南昌市的产业规模正在逐步扩大，行业集聚优势正在慢慢凸显，工业发展速度极其强劲，具有吸引产业转移的强大吸引力。值得说明的是南昌市2009~2013年"其他制造业"行业动态集聚指数为-0.21，说明该产业负增长，发展前景很不乐观；农副食品加工业、食品制造业等18个工业行业的产业动态集聚指数均小于1，说明这些工业行业在南昌市的发展速度低于全省平均水平，产业规模不断萎缩。由此可知，南昌市适宜承接的行业有：纺织服装、服饰业，金属制品业，通用设备制造业，计算机、通信和其他电子设备制造业，专用设备制造业，汽车制造业，水的生产和供应业。其中，专用设备制造业，汽车制造业，水的生产和供应业为南昌市强化拟承接工业行业。南昌市拟潜在承接的行业有：皮革、皮毛、羽毛及其制品和制鞋业，木材加工和木、竹、藤、棕、草制品业，家具制造业，文教、工美、体育和娱乐用品制造业，化学原料和化学制品制造业，非金属矿物制品业，仪器仪表制造业。

用同样的分类方法对江西省其余10个地市工业行业进行分类，得出江西省11地市适宜承接的产业（见表4-5）。

表4-5 江西省11地市拟承接产业行业选择

地区行业分类	强化承接行业	重点承接行业	潜在承接行业
南昌市	专用设备制造业，汽车制造业，水的生产和供应业	纺织服装、服饰业，金属制品业，通用设备制造业，计算机、通信和其他电子设备制造业	皮革、皮毛、羽毛及其制品和制鞋业，木材加工和木、竹、藤、棕、草制品业，家具制造业，文教、工美、体育和娱乐用品制造业，化学原料和化学制品业，非金属矿物制品业，仪器仪表制造业
萍乡市	非金属矿物制品业	皮革、皮毛、羽毛及其制品和制鞋业，通用设备制造业，专用设备制造业，仪器仪表制造业，废弃资源综合利用业	农副食品加工业，食品制造业，纺织业，纺织服装、服饰业，印刷业和记录媒介复制业，文教、工美、体育和娱乐用品制造业，医药制造业，金属制品业，汽车制造业，电气机械和器材制造业，计算机、通信和其他电子设备制造业，水的生产和供应业
新余市	黑色金属矿采选业，化学原料和化学制品制造业，废弃资源综合利用业	纺织业，金属制品业	造纸和纸制品业，印刷业和记录媒介复制业，医药制造业，有色金属冶炼和压延加工业，橡胶和塑料制品业，专用设备制造业，汽车制造业，仪器仪表制造业
九江市	纺织业，纺织服装、服饰业	酒、饮料和精制茶制造业，家具制造业，文教、工美、体育和娱乐用品制造业，金属制品业，通用设备制造业，电气机械和器材制造业	农副食品加工业，皮革、皮毛、羽毛及其制品和制鞋业，木材加工和木、竹、藤、棕、草制品业，印刷业和记录媒介复制业，化学原料和化学制品制造业，橡胶和塑料制品业，废弃资源综合利用业，计算机、通信和其他电子设备制造业，燃气生产和供应业，专用设备制造业，非金属矿物制品业，有色金属冶炼和压延加工业
鹰潭市	仪器仪表制造业	电气机械和器材制造业	食品制造业，纺织服装、服饰业，木材加工和木、竹、藤、棕、草加工业，橡胶和塑料制品业，非金属矿物制品业，金属制品业，通用设备制造业，专用设备制造业，汽车制造业，计算机、通信和其他电子设备制造业，电力、热力生产和供应业

续表

地区行业分类	强化承接行业	重点承接行业	潜在承接行业
赣州市	有色金属矿采选业，家具制造业	纺织服装、服饰业，文教、工美、体育和娱乐用品制造业，有色金属冶炼和压延加工业，水的生产和供应业	印刷业和记录媒介复制业，化学原料和化学制品制造业，医药制品业，金属制品业，汽车制造业，电气机械和器材制造业
上饶市	有色金属冶炼和压延加工业，电气机械和器材制造业	文教、工美、体育和娱乐用品制造业，化学纤维制造业，通用设备制造业	家具制造业，印刷业和记录媒介复制业，农副食品加工业，食品制造业，纺织业，黑色金属冶炼和压延加工业，废弃资源综合利用业，医药制品业
吉安市	皮革、皮毛、羽毛及其制品和制鞋业，计算机、通信和其他电子设备制造业	非金属矿采选业，纺织业，纺织服装、服饰业，文教、工美、体育和娱乐用品制造业，化学原料和化学制品制造业，医药制品业，电气机械和器材制造业，废弃资源综合利用业	有色金属矿采选业，石油加工、炼焦及核燃料加工业，黑色金属冶炼和压延加工业，通用设备制造业，燃气生产和供应业，印刷业和记录媒介复制业，专用设备制造业，汽车制造业
宜春市	橡胶和塑料制品业	纺织业，印刷业和记录媒介复制业，化学原料及化学制品制造业，非金属矿物制品业，金属制品业，专用设备制造业，仪器仪表制造业，燃气生产和供应业	黑色金属矿采选业，电气机械和器材制造业，非金属矿采选业，计算机、通信和其他电子设备制造业，纺织服装、服饰业，造纸和纸制品业，文教、工美、体育和娱乐用品制造业，汽车制造业，化学纤维制造业，黑色金属冶炼和压延加工业
抚州市			文教、工美、体育和娱乐用品制造业

资料来源：根据表4-2的实证结果以及表4-3的分类标准整理而得。

从强化、重点以及潜在承接的角度对江西省11地市拟承接沿海产业转移进行分析后，为了更好地对江西省承接沿海产业转移的行业进行分析，本书重点选择江西省强化、重点承接的行业作为江西优先考虑的拟承接行业，依据劳动密集型、资源密集型、资本密集型、技术密集型，将江西拟承接沿海产业转移的行业划分为4个类型进行归类比较分析。由于承接产业转移是以工业园区为载体，故本书在接下来将从二者结合的综合角度对江西承接沿海产业转移的空间格局进行分析。

江西的吉安、宜春、九江、南昌、抚州等地劳动密集型产业发展基础良好形成集聚片区。以南昌和九江为例，纺织业，金属制品业，文教、工美、体育和娱乐用品制造业以昌九工业走廊为轴形成集聚发展片区。其中，九江的德安、彭泽、湖口和都昌等地是江西省主要的棉花产业基地，为纺织业的发展提供充足的原材料。其纺织业在承接外来品牌服装企业的带动下，不断发展自己的品牌，例如"鸭鸭"和"回圆"等；南昌纺织业的发展得益于市场的需求和劳动力资源的丰富，在昌东工业园集聚的罗家集针织行业集群，成为南昌针织行业的龙头，将作为江西省承接纺织服装产业的首选区域，承接的产业可以共享基础设施和信息资源。另外，南昌、九江和上饶金属制造业，由测算结果可知，专业化水平和集聚速度都高于江西省平均水平，产业发展基础和前景良好。其中，上饶形成了以鑫新线材、新丰铜业为骨干，以申达洁具等6家企业为基础的金属加工产业聚集区。

新余、鹰潭、赣州、宜春、上饶各地凭借富饶的资源，在资源型产业发展的基础上，优化产业结构，重点发展资本密集的有色金属冶炼和压延加工业。其中，德兴铜矿是亚洲最大的露天铜矿；贵溪冶炼厂是中国最大的铜冶炼基地；铜冶炼及精深加工产业以鹰潭、南昌为中心，依托江铜集团大力发展铜材精深加工产业；稀土及钨精深加工产业，以江西赣州为核心区域，重点发展钨、稀土精深加工业。

计算机、通信和其他电子设备制造业主要集中在南昌和吉安两地，南昌的高新区集中了全省大部分的软件企业，例如泰豪、先锋等大型软件企业在此落户；赣州信丰工业园、吉安的吉州区曾是江西的"电子工业重镇"，江西电线电缆总厂、赣新电视有限公司和国营八三四厂等一批电子骨干企业撑起了江西电子工业的"半壁江山"，并以吉泰走廊为中心，井冈山经济技术开发区为龙头，周边县市为支点全力打造全省最大的电子工业基地，这些地区将成为该产业的重点承接区。

总体而言，南昌、九江、吉安、宜春、抚州和上饶形成了劳动密集型产业区，劳动密集型产业分布地区广、分布行业多，发展基础好。其中，南昌作为江西的省会城市应重点承接资本和技术密集型产业和现代服务业等战略性新兴产业，缩短工业化进程的时间，拉动周边地区发展。萍乡、新余、鹰潭和赣州资源禀赋优异，加之便利的交通、物流条件，使产品能够快速地销往海内外，促进规模化生产。由最初的重点开发资源密集，到有色金属冶炼和压延加工业、水的生产和供应业等资本密集型产业，再到专用设备制造业、医药制造业等技术密集型产业，形成较好的产业集聚，它们的发展基础良好，发展潜力很大，应作为江西承接这些行业的首选地区。上饶、九江、吉安形成了劳动密集型和资本、技术、资源综合集聚区。江西省应在充分发挥各区域资源禀赋优势和地方产业特色的基础上，因地制宜积极承接产业转移，逐步缩小各区域间的经济差距，实现区域协调发展。

第三节 赣南等原中央苏区工业化发展阶段下的产业承接可行性分析

一 赣南等原中央苏区工业化发展阶段及工业化进程的时序判断

目前伴随着世界各国经济信息化程度的不断提高，经济发展水平与工业化程度呈现密切相连的关系，工业化发展水平及程度成为判断一个国家和地区是否实现现代化的重要指标。江西省经过改革开放30多年来的持续、快速、健康发展，经济发展到了一个崭新的阶段，经济不断增长的同时运行质量也在不断提高，整体产业竞争力逐步加强。准确定位赣南等原中央苏区工业化发展所处的阶段，对于正确把握江西省产业结构的调整方向，选择合理有效的发展路径，并进一步推进江西省工业化的进程具有极为重要的现实意义。

工业化（Industrialization）在狭义上被定义为工业产值（特别是其中的制造业）或第二产业产值在国民生产总值中比重不断上升的过程，以及工业就业人数在总就业人数中比重不断上升的过程，著名发展经济学家刘易斯（W. A. Lewis）、钱纳里（H. Chenery）、库兹涅茨（S. Kuznets）等都持有相同的观点。我国著名发展经济学家张培刚先生在20世纪40年代提出"工业化"概念。他认为工业化就是"一系列基要的（Strategical）生产函数连续发生变化的过程"。这种变化首先发生于某个产业的生产函数中，其次这种变化再以一种支配的形态形成一种社会性的生产函数遍及全社会，而这种基要的生产函数发生的变化，一般与资本密集型工业相联系。因此，钢铁工业、机械工业、动力工业、交通运输等产业部门一般作为基要生产函数变化的代表。20世纪80年代，张培刚先生又将这一工业化定义重新修改，认为工业化是"国民经济中一系列基要的生产函数（或生产要素组合方式）连续发生由低级到高级的突破性变化（或变革）的过程"。修改后的定义主要增加了两方面的内容：第一，生产函数（或生产要素组合方式）的变化过程必须是由低级到高级，是一个前进、动态的变化；第二，这一变化过程必须是突破性的，是一定社会生产力（包括一定的生产组织形式）的突破性变革。当前江西省的工业化进程究竟走到了哪一步，发展到了哪个阶段，迫切需要我们做出科学的判断。

（一）评价指标与研究方法

本书将参照中国社科重大课题"中国工业化、信息化和工业现代化的关系研究"的研究成果，根据相关理论研究和国际经验估计，综合考虑指标的代表性及可比性，选择了以下指标来构造地区工业化水平的评价体系：经济发展水平方面，选择人均GDP为基本指标；产业结构方面，选择三次产业增加值比重为基本指标；工业结构方面，选择制造业增加值占总商品生产部门（即第一产业、第二产业和交通、通信、商业等）增加值的比重为基本指标；空间结构方面，选择人口城镇化率为基本指标；就业结构方面，选择第一产业就业人口比重为基本指标。然后，参照钱纳里等的划分方法，将工业化过程大体分为工业化初期、中期和后期，再结合相关理论研究和国际经验估计确定了工业化不同阶段的标志值（见表4-6）。

表4-6 工业化不同阶段的标志值

基本指标	前工业化阶段	工业化实现阶段			后工业化阶段
		工业化初期	工业化中期	工业化后期	
人均GDP（经济发展水平）	/	/	/	/	/
2005年（美元）	740~1480	1480~2960	2960~5920	5920~11110	1111以上
2007年（美元）	760~1520	1520~3040	3040~6080	6080~11410	1141以上

续表

基本指标	前工业化阶段	工业化实现阶段			后工业化阶段
		工业化初期	工业化中期	工业化后期	
2009年（美元）	780~1560	1560~3120	3120~6240	6240~11720	1172以上
2013年（美元）	800~1600	1600~3200	3200~6400	6400~12060	1206以上
三次产业结构比重（产业结构）	$A>I$	$A>20\%$,$A<I$	$A<20\%$,$I>S$	$A<10\%$,$I>S$	$A<10\%$,$I<S$
制造业增加占总商品增加值比重（工业结构）	20%以下	20%~40%	40%~50%	50%~60%	60%以上
人口城镇化率（空间结构）	30%以下	30%~50%	50%~60%	60%~75%	75%以上
第一产业就业人员比重（就业结构）	60%以上	45%~60%	30%~45%	10%~30%	10%以下

注：其中2009年和2013年经济发展水平的人均GDP指标的阶段值根据美元GDP平减指数计算而得，其数据由美联储官方网站提供。

资料来源：陈佳贵等《中国地区工业化进程的综合评价和特征分析》，《经济研究》2016年第6期，其中A、I、S分别代表第一、第二和第三产业增加值在GDP中所占的比重。

参照陈佳贵等（2006）关于工业化的最新研究成果，来确定各个评价指标相应的权重：人均GDP权重为36%，产业结构占比权重为22%，制造业增加值占比权重为22%，人口城镇化率权重为12%，第一产业就业人口占比权重为8%。也就是说，对衡量地区工业化而言，经济发展水平的重要性＞经济结构的重要性＝工业结构的重要性＞空间结构的重要性＞就业结构的重要性。

为准确反映工业化各时期特征，本书采用功效系数法（阶段阈值法）对各评价指标进行无量纲化处理，公式为：

$$\lambda_{ik} = (j_{ik} - 1) \times 33 + \frac{(x_{ik} - \min_{kj})}{(\max_{kj} - \min_{kj}) \times 33}, (j_{ik} = 2,3,4)$$

$$\lambda_{ik} = 0, (j_{ik} = 1); \lambda_{ik} = 100, (j_{ik} = 5)$$

公式中，i代表第i个地区，k代表第k个指标，λ_{ik}为i地区k指标的评测值，j_{ik}为该地区k指标所处的阶段（$j_{ik}=1,2,\cdots,5$），如果$j_{ik}=1$，则$\lambda_{ik}=0$，此时i地区的k指标还处于前工业化阶段；如果$j_{ik}=5$，则$\lambda_{ik}=100$，此时i地区的k指标已经处于后工业化阶段的标准。x_{ik}为i地区k指标的实际值，$\max_{kj}$为k指标在j阶段的最大参考值，$\min_{kj}$为k指标在j阶段的最小参考值，$\lambda_{ik} \in [0, 100]$。

具体实施过程如下：

（1）首先确定某一地区某一指标所处的工业化阶段；

（2）如果该指标实际值处于第1阶段，则最后得分为0（从该指标来看，该地区还未进入工业化阶段）；

（3）如果该指标实际值处于第5阶段，则最后得分为100（从该指标来看，该地区已进入后工业化阶段）；

（4）如果该指标处于第2、第3、第4阶段，则最后得分等于阶段基础值（分别为0、33、66）＋（实际值－该阶段最小临界值）／（该阶段最大临界值－该阶段最小临界值）×33；

（5）对该地区所有指标进行1～4的处理。

在得出各项指标的评价值之后，本书采用指标含义清晰、综合解释能力强的传统评价法（加法合成法）来构造计算反映一国或者地区工业化水平（或进程）的综合指数Z。具体如下：

$$Z = \sum_{i=1}^{n} \lambda_i W_i$$

其中，Z为地区工业化水平的综合指数，λ_i为经过上述计算后经无量纲化处理的单个指标的评价值；n为评价指标的个数（本书选取了5个指标，即$n=5$）；W_i为各评价指标的权重。

（二）数据处理与评价结果

本书将利用2006年、2008年、2010年及2014年的《江西统计年鉴》中的地区工业化数据（赣南等原中央苏区及江西省其他地市）进行分析，以保证数据在时间和空间上的可比性，根据经济发展水平、产业结构、工业结构、就业结构和空间结构各个指标要求分别收集相关的数据，计算出各年份、各地区、各指标的评测值，并测算出该年份该地区的综合指数。其中对于表征经济发展水平的人均GDP指标进行处理时，采用汇率法与购买力平价法综合取其平均值对人均GDP进行折算。表4-7所示为2005年、2007年、2009年和2013年我国地区的工业化综合指数和所处阶段。在表

4-7中,我们用"一"表示前工业化阶段(综合指数为0),"二"表示工业化初期(综合指数值大于0小于33),"三"表示工业化中期(综合指数值大于等于33,小于66),"四"表示工业化后期(综合指数值为大于等于66小于等于99),"五"表示后工业化阶段(综合指数值大于等于100);"(Ⅰ)"表示前半阶段(综合指数值未超过该阶段的中间值),"(Ⅱ)"表示后半阶段(综合指数值超过该阶段中间值);"二(Ⅰ)"表示该地区处于工业化初期的前半阶段。

表4-7 赣南等原中央苏区及江西省其他地市工业化进程:
综合指数与相应阶段

地区	2005年 综合指数	2005年 工业化阶段	2007年 综合指数	2007年 工业化阶段	2009年 综合指数	2009年 工业化阶段	2013年 综合指数	2013年 工业化阶段
江西	38.853	三(Ⅰ)	43.758	三(Ⅰ)	48.310	三(Ⅰ)	59.745	三(Ⅱ)
南昌市	66.792	四(Ⅰ)	74.179	四(Ⅰ)	78.096	四(Ⅰ)	91.209	四(Ⅱ)
景德镇	53.505	三(Ⅱ)	59.238	三(Ⅱ)	67.848	四(Ⅰ)	83.138	四(Ⅱ)
萍乡市	51.541	三(Ⅱ)	58.608	三(Ⅱ)	66.285	四(Ⅰ)	81.120	四(Ⅰ)
九江市	36.650	三(Ⅰ)	45.618	三(Ⅰ)	48.880	三(Ⅰ)	68.000	四(Ⅰ)
新余市	55.804	三(Ⅱ)	64.910	三(Ⅱ)	73.948	四(Ⅰ)	89.849	四(Ⅱ)
鹰潭市	45.598	三(Ⅰ)	57.042	三(Ⅱ)	59.170	三(Ⅱ)	75.317	四(Ⅰ)
赣州市	23.833	二(Ⅱ)	29.848	二(Ⅱ)	32.473	二(Ⅱ)	49.477	三(Ⅰ)
吉安市	13.724	二(Ⅰ)	18.488	二(Ⅰ)	28.224	二(Ⅱ)	50.522	三(Ⅰ)
宜春市	21.728	二(Ⅱ)	27.212	二(Ⅱ)	34.247	三(Ⅰ)	54.738	三(Ⅱ)
抚州市	11.955	二(Ⅰ)	17.453	二(Ⅰ)	32.288	二(Ⅱ)	54.898	三(Ⅱ)
上饶市	18.759	二(Ⅱ)	23.409	二(Ⅱ)	38.312	三(Ⅰ)	53.748	三(Ⅱ)

资料来源:根据《江西统计年鉴(2006)》、《江西统计年鉴(2008)》、《江西统计年鉴(2010)》和《江西统计年鉴(2014)》计算整理而得。

(三)赣南等原中央苏区及江西省其他地市工业化进程时序判断的结果分析

通过数据的收集和整理,测算出了各年各地区的综合指数,对各年各地区工业化所处的阶段有了一个初步的判断结果。从数据测算结果我们可以对赣南等原中央苏区及江西省其他地市工业化进程从空间结构、增长速度和阶段特征进行进一步的评价,以便进一步认识江西地区工业化进程的深层原因。

从2013年测算的数据结果可以很清晰地做出判断,江西地区工业化主要集中在工业化后期(共有6个地区)和工业化中期的后半阶段(共有4个地区),江西省全省整体处于工业化中期水平(59.745),处于工业化后期的有南昌市、景德镇市、新余市等6个地区,虽然各地区的工业化进程都处于工业化中后期,但就地区工业化综合指数来看,地区间还存在较大差距(见表4-8)。

表4-8 赣南等原中央苏区及江西省其他地市工业化阶段的比较(2013年)

阶段		全省及11个地区
后工业化阶段		
工业化后期(四)	后半阶段	南昌市(91.209)、景德镇市(83.138)、新余市(89.849)
	前半阶段	萍乡市(81.120)、九江市(68.000)、鹰潭市(75.317)
工业化中期(三)	后半阶段	江西省(59.745)、吉安市(50.522)、宜春市(54.738)、抚州市(54.898)、上饶市(53.748)
	前半阶段	赣州市(49.477)
工业化前期(二)	后半阶段	
	前半阶段	
前工业化阶段(一)		

资料来源:根据表4-7整理而得。

从表4-8可以看出,赣南等原中央苏区主要区域赣州市2013年的工业化综合指数为49.477,还是处于工业化中期的前半阶段,表明赣州工业化发展水平还较低,经济发展水平有待提高。抚州市和吉安市的综合指数也均低于60,还都处于工业化中期的后半阶段。这说明总体而言,赣南等原中央苏区的工业化基础还比较薄弱,工业化进程相对滞后。从江西省其他市的工业化发展水平可知,2013年南昌市、景德镇市和新余市的综合指数均远远超过82,达到工业化后期的后半阶段,表明这三个地区有很好的工业基础,工业化发展水平高且发展均衡,同样的处于工业化后期的萍乡市、九江市和鹰潭市的工业化综合指数都超过65,表明这些地区有较好的工业基础。处于工业化中期还有宜春市和上饶市，均进入工业化中期的后半阶段，但这几个地区的地区工业化综合指数均小于江西省的综合指数，由此可见这些地区的工业化发展水平低于全省的平均水平，相对于其他地区，其工业化基础比较薄弱，工业化进程相对滞后。另外，还可以看出，先进地区与落后地区的工业化发展水平差距较大。

从表4-9可以看出，2005年江西省11个地市里有5个处于工业化初期，5个处于工业化中期，仅有1个南昌市进入工业化后期，发展相对平均，但地区间的工业化发展水平存在较大的差距。

表4-9 2005~2013年江西工业化进程的空间结构特征

阶段	2005年	2007年	2009年	2013年
后工业化阶段				
工业化后期	1个地市	1个地市	4个地市	6个地市
工业化中期	5个地市	5个地市	4个地市	5个地市
工业化初期	5个地市	5个地市	3个地市	
前工业化阶段				

资料来源：根据表4-8整理而得。

从表4-10中可看出，吉安市工业化年均增长速度较快，呈增速发展趋势；赣州市工业化年均增长速度以先减后增的形式发展；然而抚州市前期增长较快速，后期增长速度放缓。此外，在江西省的其他地市，2005年综合得分最高的南昌市（66.792%），到2009年原来处于工业化初期的两个地区（宜春市和上饶市）进入工业化中期阶段，同时原本处于工业化中期的景德镇市、萍乡市和新余市进入工业化后期阶段，使工业化中后期的地区数目增加为8个，2009年综合指数最高的地区仍旧为南昌市（78.096%），比工业化综合指数最低的吉安市（28.224%）高出48.892个百分点，较之2005年的极差有所减小。2009~2013年，江西省工业化发展的平均速度有所加快，全省工业化整体水平也上了一个台阶，全省11个地市全都进入工业化的中后期阶段。工业化综合指数最高的南昌市（91.209%）和工业化综合指数最低的赣州市（49.477%）相差41.732个百分点，差距进一步缩小。

表 4-10 2005~2013 年赣南等原中央苏区及江西省其他地市的工业化增长速度

单位：%

地区	工业化综合指数				工业化年均增长速度				类型
	2005 年	2007 年	2009 年	2013 年	2005~2013 年	2005~2007 年	2007~2009 年	2005~2013 年	
江西	38.853	43.758	48.310	59.745	2.612	2.453	2.276	2.859	匀速
南昌	66.792	74.179	78.096	91.209	3.052	3.694	1.959	3.279	先减后增
景德镇	53.505	59.238	67.848	83.138	3.704	2.867	4.305	3.823	先增后减
萍乡	51.541	58.608	66.285	81.120	3.697	3.534	3.839	3.709	匀速
九江	36.650	45.618	48.880	68.000	3.919	4.484	1.613	4.780	先减后增
新余	55.084	64.910	73.948	89.849	4.346	4.913	4.519	3.975	减速
鹰潭	45.598	57.042	59.170	75.317	3.715	5.722	1.064	4.037	先减后增
赣州	23.833	29.848	32.473	49.477	3.206	3.008	1.313	4.251	先减后增
吉安	13.724	18.488	28.224	50.522	4.600	2.382	4.868	5.575	增速
宜春	21.728	27.212	34.277	54.738	4.126	2.742	3.533	5.115	增速
抚州	11.955	17.453	32.288	54.898	5.368	2.749	7.418	5.653	先增后减
上饶	18.759	23.409	38.312	53.748	4.374	2.325	7.632	3.859	先增后减

资料来源：根据《江西统计年鉴（2006）》、《江西统计年鉴（2008）》、《江西统计年鉴（2010）》和《江西统计年鉴（2014）》计算整理而得。

2005~2013 年，江西各地区绝大部分都在加速工业化，虽然各地区增长速度有一定差距，但是各地区工业化综合指数都在持续提高，如果将各地区 2005~2007 年的工业化平均增长速度与 2007~2009 年以及 2009~2013 年的工业化平均增长速度相比较，可以看出各地区都在加速推进工业化进程。但是，各地区工业化进程的增长速度有快有慢，从表 4-10 可以看出，2005~2013 年，各地区在这一时期的发展速度不平均，差距较大，其中发展最快的抚州市工业化年均增长速度为 5.368%，发展最慢的南昌地区工业化年均增长速度为 3.052%，两者相差 1.85 倍。其原因是南昌地区的工业化综合指数的基数较大。新余市、吉安市、宜春市和上饶市由于前期的工业化基础较为薄弱，这个阶段的发展速度较快，伴随着这些地区工业化的快速发展，其与一直领跑江西省工业化的南昌地区差距逐步缩小，即便如此，到了 2013 年，工业化综合指数最高的南昌市（91.209%）和工业化综合指数最低的赣州市（49.477%）相差 41.732 个百分点，仍旧存在很大的差距，要使各地区工业化水平的差距缩小任重而道远。

（四）加速江西省工业化进程的对策建议

纵观各国经济发展的历史进程，可以得出这样的结论：任何一个国家要想从传统农业社会步入现代工业社会，都必须走工业化这条路。工业化是提高生产力水平的发动机，是走向现代化的加速器。工业化的水平，代表着一个国家或地区的发展水平。工业化是现代化进程中不可逾越的发展阶段，刚刚步入工业化中期的江西，要在新的起点上实现新跨越，缩小与其他地区工业化发展的差距，同时实现本省各地区工业化的均衡发展，就必须从产业结构优化、城镇化建设、提升技术创新能力等多方面采取措施，建设生态文明的新型工业强省。

1. 引导经济结构调整，从结构上促进工业化进程

江西走新型工业化道路首先就面临着经济发展和经济结构关系调整的问题，解决这一问题才能保证新型工业化道路的稳定发展。江西经济结构调整的任务十分艰巨，环境非常复杂。要处理好经济结构与特色经济、竞争优势三者的关系，通过发展特色经济才能有效地克服江西产业结构趋同的弊端，推动经济结构的战略性调整和优化升级。竞争优势地位的取得，区域经济综合竞争力的提高，才能说明经济结构的合理性。江西高度重视这三者的有机联系，有利于选准经济结构调整的突破口和重点方向；有利于在国内优势互补的地区分工格局中，在国际和国内两个市场竞争格局中找准自己的位置；也有利于江西制定和实施跨越式的追赶战略，实现工业的突飞猛进，走上新型工业化道路，实现江西在中国中部的崛起。在新常态下，我国后工业化、城镇化和现代化再也不能走过去的老路，即高耗能、高污染、低效率的路径，而要走一条"新四化"的新路，即促进工业化、信息化、城镇化和农业现代化同步发展。

为此要加快调整经济结构，一要加快调整所有制结构，大力发展非公有制经济，形成多种所有制并存的竞争格局。二要调整工业结构，做大做强优势产业。以发展高科技和信息产业为引领，促进工业结构优化升级；以自然资源和人力资源为依托，提高第二产业比重；以加快发展现代服务业为重点，大力发展第三产业，加速产业结构升级。三要优化区域经济结

构，推进区域新型工业化进程的协调发展。

2. 构建地区工业体系，打造区域品牌

江西省各地区经济发展与自然条件存在差异，故应因地制宜。赣南等原中央苏区及抚州、吉安为代表的刚刚步入工业化中期前半阶段的地区，应选择加工型工业化模式，发展食品与日用品加工型产业，建立绿色经济产业化体系。景德镇、九江濒临长三角，应依托优越的地理环境以及原有的工业基础，选择技术型工业化模式，逐步建成具有一定规模的先进制造业、高新技术业的工业化体系。萍乡、新余等工业化发展稍快的地区应选择资源型工业化模式，依靠丰富的矿产资源，发展能源加工型产业；依托生态工业园区，建成循环工业化体系；通过农村工业化带动有效带动第三产业与服务业发展，促进劳动力有序转移和人口聚集，进一步推动城镇化建设与城市发展。

3. 推进二元工业化，加快城镇化进程

所谓二元工业化结构，是指在中心城市一元工业结构的基础上，在广大农村发展工业，形成城乡二元工业结构体系，实现农村富余劳动力向非农产业和城镇的转移。通过全面实现广大农村的工业化，以工业化带动城镇化建设，走二元工业化结构与城镇化相结合的发展道路。对于欠发达地区，当前既要提高劳动力的素质，又要遏制本地区人力资本的大量转移与外流的趋势，同时要想方设法吸引外部人力资本的流入，因此可以选择二元工业化路径，实现劳动力的就近转移，一方面留住了人才，另一方面又促进了城镇工业化的发展。对于赣州、吉安等落后地区，第一产业劳动力所占的比例偏高，所以可以加强对农民的劳动技能培训，提高劳动力的素质，同时政府可通过兴办各种技工学校，训练大批技术人员，使第一产业劳动力向第二、第三产业转移，为促进地区均衡发展和缩小工业化发展差距提供动力。从江西省城镇体系角度来看，特大城市缺少，大城市缺位，因此首先应该大力加强南昌大都市区建设，加速生产要素的集聚，扩大城市规模，壮大经济实力；其次要大力扶持九江市和赣州市的建设，将其分别建设成为北部与南部的省域副中心城市，促进南北经济发展，从而带动江西省工业化进程全面加速；最后应积极发展中小城市和小城镇，中小城市和小城镇是联系城乡的纽带,要优先和重点发展已经具有一定规模、有明显区位优势、基础条件较好的中小城市与小城镇,进而促进农村经济和社会发展,加速城镇化进程。

4. 提升技术创新能力,促进二元产业层次的融合

在赣南等原中央苏区及江西省其他地市的工业经济结构中,普遍存在传统产业和高新技术产业并存的二元产业层次。要使落后地区工业产业获得长期发展的竞争力,必须不断提升技术创新能力从而促进二元产业层次的融合。从全局来看,现阶段应实行以技术引进为主的原则,在引进的基础上消化并创新,走引进、仿制、创新的道路。在此基础上完善以企业为主体的技术研究体制,逐步形成本地化的技术开发能力,同时引进一些生产技术雄厚的国内外大型企业到本地投资。各地方政府应加大科技经费的投入,改善科研基础设施,从金融、税收和制度建设等方面为企业技术创新提供环境支持。目前,传统优势产业在工业化滞后地区占有很大比重,但由于技术支撑能力不足,加之缺乏规模效应,慢慢趋于萎缩,如赣南的矿业、景德镇的陶瓷业、樟树的药业等。这些地区应该吸收国内外的科技研发力量参与产品的研发,提高产业科技含量,加速工业化进程。受宏观环境影响,新余市等地区的光伏产业也受到严重冲击,更应该注重构建科技创新体系,进一步深化科技体制改革,增强科技创新活力,集中力量推进科技创新,真正把创新驱动发展战略落到实处,强化企业的主体意识,鼓励企业加大研发投入,通过技术创新带动产品进一步提高市场竞争力,不断提高企业综合竞争力。

5. 充分发挥政府的职能,强力助推新型工业化进程

政府在工业化中的作用是极为重要的,尤其在经济结构调整、城市基础设施建设、高新技术产业化发展等方面的引导和服务作用更为明显。一是要制定、完善相关法规,科学制定发展规划。政府应该在法律上保证新型工业化的加速实现,并且应根据工业化发展需要合理布局,着眼江西地区长远发展,做到统一规划、统一布局、统一建设和统一管理。二是充分利用财税、金融和国土资源等经济政策,对新型工业化给予倾斜。三是政府直接投资,在事关该省乃至国家大局的高科技行业或企业,在招商引资

困难，或私人资本不愿涉足的情况下，政府必须承担投资之责。四是运用经济、法律和行政手段实现节能减排，鼓励、支持企业大力发展循环经济，保护环境。五是加强基础设施建设，提升公共服务水平。政府应完善相关的配套服务，改善物流基础设施，完善交通运输网络体系，降低物流成本，实现产业发展、城市建设和人口集聚相互促进、融合发展。

二 产业生命周期与工业化阶段理论的耦合

产业生命周期是指某个产业从产生、发展到衰退、消亡具有阶段性的共同规律性的厂商行为（主要是进入和退出行为）的发展过程，一个新产业从出现到成熟一般都会经历价格下降、产出增加和产业内企业数量先升后降的过程，根据产业生产产品的市场增长率、产品品种、竞争者数量、市场占有率状况以及进入壁垒和技术革新等的不同特征可将产业生命周期划分为以下几个阶段：初创期、成长期、成熟期和衰退期。其中初创期由于产业诞生不久，新兴产业内的创业公司数目较少，产品的研发费用较高，产品市场需求狭小，销售收入较低。但这一时期市场增长率较高，需求增长较快，技术变动较大，企业的进入壁垒也很低。在成长期，一些企业在经历初创期后积累一定的市场力量开始逐渐主导市场，新产品需求也开始上升。与之对应的供应方面，由于市场前景良好，会吸引大量企业进入新的产业，大量新产品的进入带来的是伴随各方面竞争引起的产品质量的提高和技术的进步，同时也会淘汰一些经营不善的企业。产品的成熟期是一个相对较长的时期，在这一时期里，竞争中生存下来的少数厂商开始垄断整个产业市场，产业内行业的增速会达到一个合适的水平，在某些情况下甚至会完全停止。此阶段技术已趋于成熟，产业内行业盈利开始下降，技术创新难度大，行业进入壁垒很高。接着产业会进入衰退期，这一阶段产业内开始出现大量新产品和替代品，产业内厂商数量开始减少，市场逐渐萎缩直至解体。

前文通过"人均 GDP"、"制造业增加值占总商品增加值的比重"、"三次产业结构比重"、"人口城镇化率"以及"第一产业就业人员比重"五个指标的分析得知江西省大体上已处于工业化中期。从某些层面上来说，工业化阶段理论与产业生命周期理论有异曲同工之处。我们不妨将整个江西省看成一个巨大的产业，那么现阶段处于工业化中期的江西省在产业生命周期中便可看成由成长期向成熟期过渡的阶段。需要指出的是，与产业生命周期不同的是当工业化发展到后期甚至是后工业化阶段时，一般不会经历像产业生命周期中的衰退期（除非有战争、自然灾害等不可抗力的因素）。产业生命周期与工业化发展阶段两种理论的耦合无论是对江西省现存企业还是对政府决策都有非常重大的指导意义：一方面对于江西省现存企业来说，一个企业总是从事某种产业，研究认识产业生命周期对于当前培育具有国际竞争力的细分产业，实施产业创新培育新产业具有很好的借鉴作用。同时，只有明确产业所处的生命周期阶段和工业化发展阶段的大环境，才能更深刻地认识企业的战略态势和未来的发展方向，才能更好地根据产业特征确定企业的发展战略。另一方面，对于政府而言，根据赫希曼的不平衡增长理论及赤松要的"雁行理论"[①]，了解某一产业所处的生命周期的阶段和全省所处的工业化发展阶段对于制定产业规划和发展特定阶段的主导产业以及承接周边省市处于不同生命周期阶段的产业都有实质性的战略指导意义。能否抓住产业生命周期规律和正确了解工业化发展具体的阶段是企业能否发展壮大的关键，也是一省经济能否稳定快速发展的核心所在。

三 基于增长极理论和产业集群论的江西省总体拟承接产业结果分析

增长极理论形成于20世纪50~60年代，最早由法国经济学家弗朗索尔于1955年提出，后来，法国经济学家布代维尔、瑞典经济学家缪尔达尔、美国经济学家赫西曼在不同程度上丰富和发展了该理论。增长极理论认为经济增长通常是从一个或数个增长中心逐步向其他部门或地区传导，一个国家或地区要想实施均衡增长在现实上是不可能的，政府应有意识地通过

---

① 雁行理论：1935年由日本学者赤松要（Akamatsu）提出。他指某一产业，在不同国家伴随着产业转移先后兴盛衰退，以及在其中一国中不同产业先后兴盛衰退的过程。

倾斜投资政策培养某个支配城市或支配产业作为经济"增长极",带动其相邻城市或产业的整体发展。

增长极理论强调区域发展中的"极化作用",主张依靠外来企业、政府力量的牵引以及外部技术的重点投入而出现增长极。增长极自身的发展会对其周边地区产生两方面的影响。一是极化效应,主要表现为增长极对周边资源的吸引力,使周边地区的资本和劳动力资源向增长极流动。这样,由于生产要素的集聚形成规模经济效应从而迅速扩大极点的经济实力。另外周边地区的生产要素被吸纳,会抑制这些地区的经济发展。二是扩散效应,主要表现为增长极地区由于规模经济达到最大,开始弱化,在增长极地区发展到一定程度后,其生产要素会向其周边地区回流,从而促进这些地区的经济发展。以江西省为例,将南昌市看作一个增长极。起初,南昌市的极化效应大于扩散效应,表现为其周边城市如抚州、新余等劳动力密集型区域的大量劳动力资源和资本向南昌集聚,形成规模经济,促成南昌市的快速发展(目前正处于这一阶段)。当南昌市的经济城市规模发展到一定阶段时,会出现外部经济下降甚至规模不经济,极化效应会减弱,扩散效应将增强。此时,南昌市将发挥辐射带动作用,推动周边地市的经济发展。

总的来说,增长极理论认为非均衡发展是区域经济由落后状态向某种发达状态过渡的必经阶段和必要形式。增长极理论主张运用战略性区域政策促进落后地区发展,即在落后的边缘地区构建新的"诱导性"增长极,这对各地市发展不平衡的江西省制定区域发展规划、加快落后地区发展、缩小各地市差距具有重要的启示意义。

产业集群(Industrial Cluster),简称集群,指在某一特定领域(通常以一个主导产业为主)中,大量产业联系密切的企业以及相关支撑机构在空间上集聚,并形成强劲、持续竞争优势的现象。

产业集群理论强调发挥区域内各种资源的整合功能,主要利用自组织力量或市场力量"自下而上"地构建区域专业化分工,充分发挥区域分工的外部性,形成集聚经济效应。产业集群最突出的特点是:众多产业关联密切、地理空间集中、以相互信任和承诺为交易协作基础的中小企业之间形成一种比纯市场结构稳定，同时又比科层组织灵活的特殊的组织结构。在这种组织结构下，企业之间建立以互信互利为基础的竞争与合作关系，企业不仅可以获得交易成本、生产成本等下降带来的"内部经济"，而且企业还可以享有技术外溢等资源共享带来的"外部经济"，从而集群企业比区外企业拥有更强的市场竞争力。

作为新型区域发展理论，产业集群理论吸收了过去区域发展理论的积极因素，增加了更适合当前市场经济环境下的合理因素。产业集群能够形成区域产业特色、细化产业分工、优化产业结构、减少产业组织内损耗、降低交易成本等竞争优势。

增长极理论与产业集群理论作为区域发展的重要理论，均强调集聚经济在区域经济发展中的作用，增长极理论是集聚理论的一个典型历史代表。增长极理论和产业集群理论均主张将那些在生产上或分配上有着密切联系，或是在产业布局上有着共同指向的产业，布局在某个拥有特定优势的区域，形成一种资本与技术高度集中、具有规模经济效益、发展迅速的集聚体，集聚区内的每个企业都因与其他关联企业接近而改善自身发展的外部环境，从而获得集聚经济带来的外部规模经济与外部范围经济。增长极理论强调城市体系中城市等级结构的差异，实际上是考虑城市集聚经济能力；而产业集群理论不仅包含大量产业联系密切企业的集聚，而且还强调相关支撑机构在空间上的集聚，获得集聚经济带来的外部规模经济与外部范围经济。

本节主要通过回顾江西省产业转移现状和各地市目前的支柱产业现状以及前文分析的赣南等原中央苏区及江西省其他地市工业化进程情况，再结合增长极理论和产业聚集理论，通过比较分析进一步给出赣南等原中央苏区及江西省其他地市拟承接产业的结果。

从江西省承接产业转移的现状来看，江西位于中部地区，东邻浙江、福建，南连广东，西接湖南，北毗湖北、安徽；上接武汉三镇，下通南京、上海，东南与沿海开放城市相邻近。特殊的地理位置使江西在承接东部沿海地区产业热潮中有明显的优势，也是赣南等原中央苏区承接沿海产业转移的基础。2015年末，以1978年为基期，按可比价格计算，江西GDP总量达到16723.8亿元，是1978年（当期生产总值87.00亿元）的192倍，人均 GDP 达到 36819.05 元。按当期价格计算三次产业增加值比例由 1978 年的 41.6∶38∶20.4 调整为 2014 年的 10.6∶50.75∶38.65，如图 4-2 所示，工业代替农业成为支柱产业，也是此次产业区域转移的主力军。

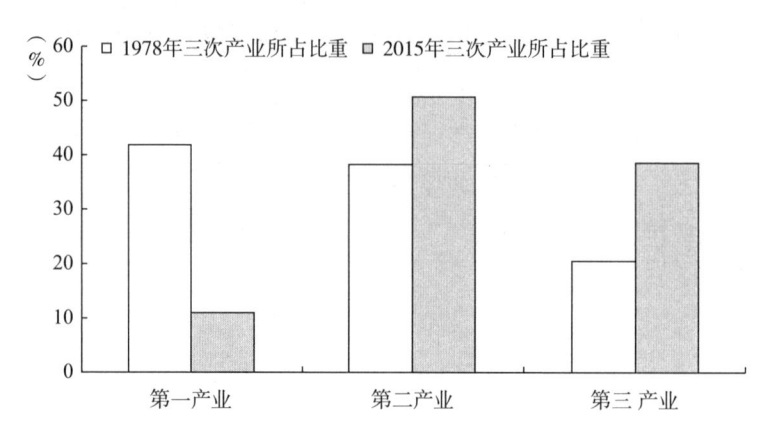

图 4-2　1978 年和 2015 年三种产业所占比重变化

资料来源：《江西省 2015 年国民经济和社会发展统计公报》。

在现有统计资料中，关于产业转移的引进内资情况没有直接的统计数据，本书用江西全省利用外资相关数据来说明各自承接产业转移的情况。江西从 1984 年起对外商直接投资有具体资料记载，1985~1990 年，实际利用外资额一直在 500 万美元上下波动，从 1991 年开始，由于全球 FDI 从衰退中复苏，且增长较快，江西省实际利用外资由 1990 年的 0.06 亿美元增加到 2000 年的 2.27 亿美元，年均增速 43.8%。自 2001 年，中国加入 WTO，江西省实际利用外资额呈持续上升趋势，2011 年突破 60 亿美元，2013 达 75.5 亿美元，2014 年为 84.51 亿美元。

江西在过去十几年中，引进外商项目数存在有很大的波动，如图 4-3 所示，2001~2004 年外商项目数保持快速增长，而后稳定在 950 个左右，到 2008 年迅速滑落至 689 个，之后又平稳上升。实际利用外资额一直保持在年均 25% 左右的增长，并在 2010 年已出现了明显的上升势头，到 2010 年项目数突破 1000 个，在 2012 年回落至 789 个，2013 年渐升至 847 个。具体见图 4-3、图 4-4。

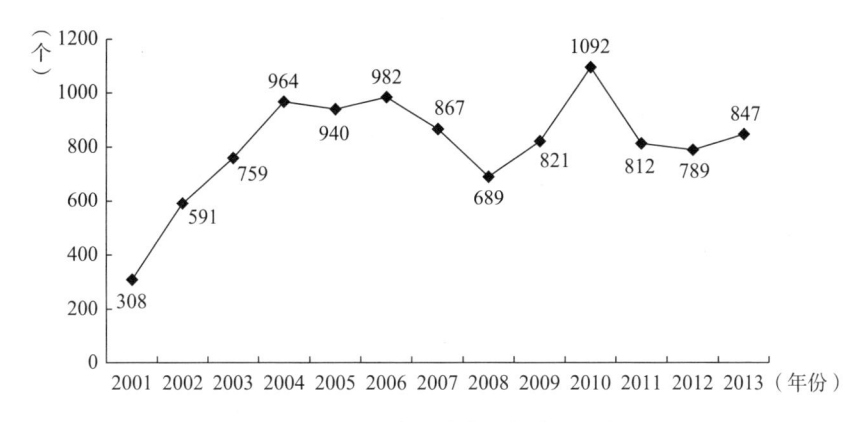

图 4-3　江西省外商直接投资项目数

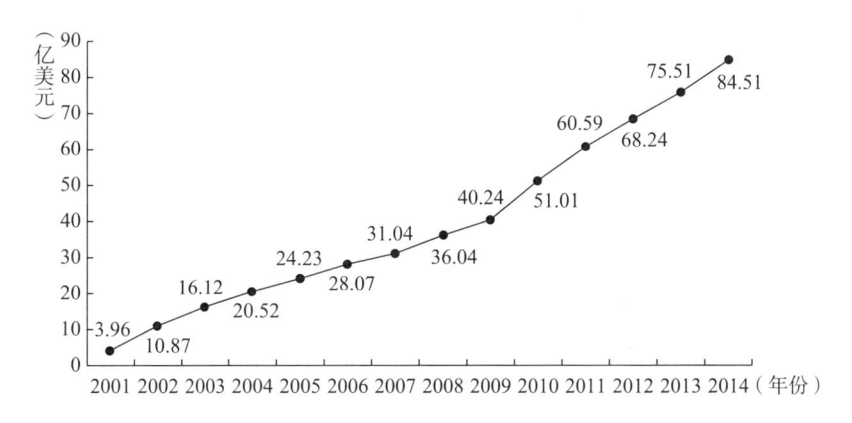

图 4-4　江西省实际利用外商额变化

资料来源：根据 2015 年《江西统计年鉴》整理得出。

增长极理论和产业集聚理论应用于区域经济发展的一个重要体现便是地区工业园区的发展，进入 21 世纪以来，江西工业园区加速发展，工业园区已经成为实施工业化核心战略、走新型工业化道路的重要抓手，也成为江西发展外向型经济、与国际经济接轨的主要阵地。2008 年，全省工业园区实际开发面积 358.86 平方公里，到 2015 年已达 618.84 平方公里，投产工业企业数 8217 个。2015 年工业增加值 6007 亿元，较 2014 年增长 9.3%，占规模以上工业企业增加值（7268.9 亿元）的 82.6%。实现利税总额 2973.22 亿元，同比增长 6.6%，安置就业人数达 217.11 万人。2016 年《江西统计年鉴》中列出 36 个主要工业园区的相关经济指标，包括 15 个国家级工业园区以及21个省级工业园区。江西省的94家工业园区中，为国家级园区的有15家（11个地级市的园区均为国家级工业园区）、为省级园区的有79家、主营业务收入超过500亿元的园区有8家。其中，位于省会城市南昌及赣州、九江等中心城市的园区数量则多于其他地区。而目前，江西省的工业园区建设已由省城和中心城市辐射到周边的县市区范围，全省绝大多数的县市区都设立了自己的工业园区，甚至一些较大的县市也拥有多家不同特色的工业园区。由此可见，工业园区已成为地方经济发展的重要增长极。表4-11列出了江西省2014年工业增加值排名前10位的工业园区主要经济指标（其中有7名为国家级工业园区）。这10个工业园区工业增加值占全省工业园区增加值32.9%。目前，地区工业园区的发展已成为江西经济快速增长的中流砥柱。

表4-11 江西省2014年工业增加值前10位的工业园区情况

项目	工业增加值（万元）	投产工业企业数（个）	出口交货值（万元）	主营业务收入（万元）	从业人员数（人）
全省总计	54544697	8966	19428926	232267481	2081953
南昌高新技术产业开发区	3717128	342	1183746	11036879	77853
九江经济技术开发区	2176105	168	638274	10006139	57006
南昌经济技术开发区	2172024	268	1134374	8515207	81694
南昌小蓝经济技术开发区	1973646	342	645533	7818481	73036
新余高新技术产业开发区	1513471	149	892740	6304511	41746
上饶经济技术开发区	1359065	194	896916	5995326	53567
江西广丰工业园区	1316524	134	0.52	5129809	30138
赣州经济技术开发区	1301224	219	1093021	5863678	57795
江西丰城高新技术产业园区	1294508	104	29794	5065321	31054
江西上高工业园区	1142047	170	579711	4503268	51842

资料来源：根据2015年《江西统计年鉴》及工业园区数据整理得出。

2014年商务部国际商报社举办"中国经济开发区20强评选活动"，江西省入选全国开发区20强的园区，南昌高新技术产业开发区荣获"最具产业创新奖"，南昌经济技术开发区、赣州经济技术开发区荣获"最具投资价值奖"，上饶经济技术开发区荣获"最具发展潜力奖"。入选我国开发区20

强榜单的江西省4个开发区,2013年实现地区生产总值共计968.86亿元,实现工业总产值2929.52亿元。其中,南昌高新技术产业开发区是江西省首个工业产值过千亿的园区,2013年实现工业总产值1326.5亿元。

目前,江西工业园区呈现从"星星之火"到"板块经济"发展的新特点。工业园区作为企业聚集的洼地,已经成为最富有活力的经济板块。工业园区特有的聚集效应、带动示范效应、良好的基础设施和投资服务环境,以及诸多的便利条件,已然成为招商引资的主战场,同时国家级工业园区也是境外资金的投资热土。调查显示,近年来江西省工业园区的招商引资能力有所加强,比如2015年江西省工业园区招商引资实际到位资金3902.60亿元,同比增长了4.14%。而江西省在加大招商引资力度的同时,也更加注重提高引资的成效和质量,工业园区所利用的外来资金的规模和质量得到了明显的扩大和提高,外资的引入极大地促进了江西省外向型经济的发展,同时也增强了全省的经济实力。

随着江西省工业园区的快速崛起,工业园区已成为江西省产业集群的主要载体,吸引了大量外来资本来赣投资,也为江西承接外省产业、加速产业集聚起到关键作用。各个工业中心和工业园区在招商引资中,坚持控制投入强度,以产业规划为指导,将招商选资与招商引资紧密结合,严格按照项目环评、区域环评以及节能减排等要求进行项目招引,并且将自身的项目质量不断提高。目前各大园区已形成自身特色,如表4-12所示。

表4-12 江西省各市重点工业园区产业结构分布

地区	代表性工业园区	产业聚集情况
南昌市	南昌高新技术开发区	电子信息、应用软件、生物医药、资源深加工、机电一体化等产业
	南昌经济技术开发区	家电、汽车产业、电子信息等产业
九江市	九江经济技术开发区	服装纺织、生态休闲、教育等产业
景德镇市	景德镇高新技术园区	医药化工、机械制造、电子信息、陶瓷等产业
萍乡市	江西萍乡经济开发区	新型材料、冶金、工业陶瓷、生物制药、食品加工、精细化工、机械制造等产业

续表

地区	代表性工业园区	产业聚集情况
新余市	江西新余经济开发区	新能源、电子信息、钢材深加工、机电五金加工、生物工程、地毯、安全防护用品及服饰等产业
鹰潭市	江西鹰潭工业园区	铜加工、服饰、光学眼镜等产业
赣州市	江西赣州经济开发区	轻纺、有色金属及新材料、机电制造、医药和食品等产业
宜春市	江西宜春经济开发区	医药、钽铌加工、机械电子、纺织、服装、鞋业、新材料等产业
上饶市	江西上饶经济开发区	光学仪器、客车制造、铜材精深加工、纺织服装和新能源等产业
吉安市	吉安高新技术园区	电子信息、生物制药、食品等产业
抚州市	抚州金巢经济开发区	医药、机电（汽车及零部件）、纺织（服装）、食品加工等产业

资料来源：参照江西省新闻出版局网站、《江西省主要工业园区产业结构分布》编制得出。

上述13个工业园区中，国家级园区有3个，分别是南昌高新技术开发区、南昌经济技术开发区和九江经济技术开发区，其余10个园区全为省级工业园区。在这13个地区代表性园区中，按园区形成条件来看，主要有以下三种类型[①]。一是传统产业加承接转移型。依托当地资源优势和传统工艺技术，并通过引进投资企业逐步发展而起来的。大部分园区产业属于该类型，包括南昌高新区的机电一体化产业、景德镇高新技术园区陶瓷产业和小蓝工业园的汽车产业等。二是自发成长型。在出色企业家的示范作用下，通过市场机制，利用民间资本逐步发展起来的，主要代表是萍乡高新区的工业陶瓷产业。三是科技驱动型。主要是在实力较强的科研机构、高等院校作用下而形成的工业园，例如南昌高新技术产业开发区金庐软件产业园。该产业园位于城区边缘，依靠南昌大学、南昌航空大学以及江西师范大学发展起来，园内有跻身中国软件企业百强行列的捷德智能卡、先锋软件和泰豪软件三家企业；并且该工业园集中了全省80%以上的软件企业以及90%以上的软件产业收入。

增长极理论的核心思想是"非均衡发展观"，任何一种理论都有其存在

[①] 源于江西省人民政府"产业集群与工业园区发展"调研报告。

的前提和适用范围。增长极理论主要针对经济比较成熟阶段的区域而言。增长极的理论实践表明,政府大量投入并不必然出现增长极,尤其是推进型产业的选择脱离本地的产业基础,同本地的产业没有发生紧密联系,两者在规模上、技术上相差过大,无法形成产业链,资源要素向外扩散的通道受阻,出现产业结构联系的中断,只能形成与周围地区经济相割裂的"孤岛经济"或"飞地经济"。而产业集群的形成基本是市场自发的,经济不发达地区尚不具备采用产业集群模式的条件,但是这种区域分工模式对不发达地区的经济发展具有重要的启示。因此,经济不发达地区首先主要依靠政府的力量,结合区域具体特色和比较优势,充分利用本地丰富的劳动力等资源优势,通过政府的倾斜投资政策,培育"不完全意义"上的产业集群或企业集群,推动区域分工体系的建立和完善;同时,依托增长极,并在有条件形成产业集群的产业链条环节中,发展"块状经济",激发市场力量,逐渐将政府推动力量与市场拉动力量有效结合,实现区域经济的快速发展。

将增长极理论和产业集群理论应用于区域经济发展的重要前提便是准确判断该地区所处的经济发展阶段,根据前文的实证分析现将赣南等原中央苏区及江西省其他地市所处的工业化发展阶段结合上文所述的江西省承接产业转移的现状,对赣南等原中央苏区及江西省其他地市下一步拟承接产业给出如下结果:作为江西省省会城市同时也是江西省政治和经济的中心城市南昌,在全省承接产业转移的浪潮中占据有利地位。截至2012年末,南昌地区GDP已突破3000亿元大关,占江西省内生产总值的23.17%,人均GDP已接近6万元,按现行汇率计算则已接近1万美元,按照世界银行的衡量标准,人均GDP超过1万美元是公认的地区由发展中状态进入发达状态的标线。南昌正在进入发达城市行列,在具体行业,南昌市的第一、第二、第三产业的结构比例为4.9∶56.4∶38.7,五大战略性支柱产业(包括汽车及零部件、光伏光电、航空及零部件、服务外包、生物和新医药)年产值突破千亿元。基于以上事实,南昌地区在继续坚定招商引资政策导向不动摇的同时,应极力促进自身产业升级,在承接产业转移时,应着重承接高科技、服务业等低碳类具有高附加值的产业,继续重力打造半导体、国家低碳试点城市以及服务外包示范城市，调整对于自身已不存在较大比较优势的产业，加快对周边区域产业转移的进程。这不仅有助于周边区域的经济发展，而且有助于经济规模集群效应的产生，也为自身进入工业化后期后半段，甚至是后工业化时期做准备。

吉安、宜春和抚州相对来说属于工业欠发达区域，但其有着丰富的劳动力资源，其中，吉安地区应大力承接沿海地区急于向内地转移的劳动力密集型产业，如"电子工业"。吉安的吉州区曾是江西省三大电子工业基地之一，对此产业有丰富的招商引资的经验。宜春属于资源型城市，应注意承接煤炭开采和洗选业，而抚州地区已成为家具业的集聚区，其著名的资溪工业园内已有青云地板有限公司、梅福木材加工厂、常顺木竹制品厂等大型企业，故抚州地区可成为家具业的首选承接区。

新余、鹰潭、赣州、上饶等地因为资源富饶，在资源型产业发展的基础上还要重点承接资本密集的有色金属冶炼和延压加工业。上饶地区的德兴铜矿是亚洲最大的露天铜矿，鹰潭地区的贵溪冶炼厂是中国最大的铜冶炼基地，以鹰潭、南昌为中心，依托江铜集团大力发展铜材精深加工业，同时承接与其配套的交通运输制造业和电气机械和器材制造业。拥有信丰工业园的赣州地区是江西省电子工业的主要集聚区，同吉安地区一样应优先承接与电子产业相关的高科技产业。景德镇、萍乡、新余、鹰潭等地区资源禀赋优异加之交通便利，有条件能使产品快速销往海内外，促进规模化生产，应着重由资源密集型产业转向资本密集型，发展潜力大的产业和技术密集型产业如专用设备制造业、医药制造业等。江西省辖下 11 地市应在充分发挥各区域资源禀赋和地方特色产业的基础上，因地制宜地积极承接沿海地区产业，逐步缩小各区域间的经济差距，实现区域协调发展。

四 赣南等原中央苏区拟承接产业转移分析——以赣州市为例

赣州市作为全省第一个国家级承接产业转移示范区，承接国际及中国港澳台产业转移的优势非常明显。一是区位条件优越。赣南地处珠三角和海西两大经济区的辐射交叉点上，是珠三角地区和闽东南、厦漳泉地区经济区的直接腹地和内地通向东南沿海的重要通道，也是连接长三角和珠三角地区的纽带。赣州市人民政府驻章贡区,距南昌市423千米,距广东省广州市465千米,距福建省厦门市452千米,地理位置优越。二是特色资源丰富。赣南水能理论蕴藏量216万千瓦,占全省的31.7%,可开发量158.6万千瓦;森林覆盖率达76.2%,活立木蓄积量12000多万立方米,是全国18大重点林区之一;已发现的矿产有105种,现已探明的矿产资源种类达75种,铀矿储量全国第一,钨和稀土闻名海内外,素有"世界钨都"和"稀土王国"的美称。三是产业基础较好。赣州已初步形成稀土和钨深加工及其应用、新能源汽车及其配套产品、铜铝有色金属、电子信息、现代轻纺、生物制药、新型建材等产业集群。稀土、钨产业和脐橙产业在国内外有较大影响,离子型稀土矿生产能力和分离能力占全国同类型产品的一半以上,已成为全国最大的稀土氧化物和稀土金属生产基地、全国稀土产品加工中心,规模以上企业实现主营业务收入约占全国同行业的1/3。钨矿采矿生产能力和选矿生产能力分别占全国钨矿山的1/2和1/3,赣州市已成为我国钨砂集散地和钨产品的冶炼加工基地,钨产业已成为赣州市工业的第一大支柱产业,规模以上企业实现主营业务收入占全国同行业的1/3以上。四是交通条件逐步改善。赣州"二纵三横一联一斜一环"的高速公路网正在形成,赣龙铁路扩能及赣韶铁路等"两纵一横"铁路网加速构建,高速公路网正在形成,赣州黄金机场成为赣粤闽湘四省交界地区边际最大、最先进的民用机场,被国家民航总局列为"国家中小城市航空通达性试点城市",航班可以通达国内50多个城市,初步形成了立体化、网络化、快速化的综合交通运输体系,赣州即将成为全国高速公路、铁路和航空最发达的地级市之一,成为我国连接中西部地区和东南沿海地区重要的区域性综合交通枢纽。五是产业园区初具规模。赣州目前已拥有国家级赣州经济技术开发区、出口加工区、龙南经济技术开发区、香港产业园,以及瑞金、龙南、赣县、兴国等144个省级经济开发区、工业园和33个省级特色产业基地。六是承接环境良好。赣州全市设有2个海关、2个检验检疫机构和34个外汇管理局,开通了至深圳、广州、厦门等地的"铁海联运",并加入了"粤港澳快速通关系统",全面完成了"两集中、三到位"改革,保留的行政许可事项全部集中在行政服务中心办理,所有行政许可证和非行政许可事项纳入全省网上审批系统办理，政府行政效能进一步提升。金融机构网络逐步健全，建立了较为完善的中小企业信用担保体系。建立了钨资源高效开发及应用技术工程研究中心、国家钨与稀土产品质量监督检验中心等国家级产业研发平台，组建了赣南地调大队院士工作站、博士后工作站，以及南康家具产业等一批省级服务平台，正积极推进国家级稀土钨产业技术研究中心建设，产业公共服务平台建设成效显著。综合投资成本比周边地区总体低5%至10%，政府行政效能进一步提升，营商环境进一步改善，赣州被评为中部、粤商、浙商、深港企业最佳投资城市、中国魅力城市、长江中游十大魅力城市和中国金融生态城市，2012年被评为中国最佳投资城市等，连续10多年被评为全国社会治安综合治理优秀市，连续两届荣获综治"长安杯"。目前，赣州综合投资成本比周边地区总体低5%至10%，已初步具备了与发达地区相当的商务环境。

自2003年实施"对接长珠闽、建设新赣州"发展战略以来，赣州市充分利用临近珠三角的区位优势，抓住广东"腾笼换鸟"发展机遇，积极承接沿海发达地区的产业转移。随着赣州市开放型经济步伐的加快，特别是2012年赣南苏区振兴发展上升为国家战略以来，国家为赣州量身打造的一系列优惠政策使赣州迅速成为投资者关注的热点，海内外投资者纷纷把投资目标瞄准赣州，期待挖掘"第一桶金"。2003年至今，赣州承接产业转移成果明显。本书利用外资相关数据来说明赣州市承接产业转移的情况，在利用外资方面，从表4-13可知，2003~2014年，赣州市实际利用外资总额达98.71亿美元。从年度增长来看，2003年呈现102.85%的爆发式增长，主要原因在于赣州于当年提出"对接长珠闽、建设新赣州"的战略，积极招商引资，吸引了大量的投资。在随后的2004~2008年实际利用外资均保持了较高的增长速度。随后爆发的全球金融危机对全球经济造成了较大的冲击，导致赣州实际利用外资增长速度放缓，2009年仅增长6.02%。随着全球经济的慢慢复苏，赣州利用外资增速也在加快。近10年，赣州实际利用外资金额一直位居赣粤闽湘四省周边第一，在全省一直高居第二，仅次于南昌，占全省实际利用外资总额的1/4。截至2014年6月30日，赣州市外资企业达1333家，同比增长6.55%；注册资本（金）397.24亿元，同比增长18.02%。

表4-13 赣州2003~2014年引进外资情况

年份	项目数（个）	合同外资金额 金额（万美元）	合同外资金额 同比增长（%）	实际使用外资 金额（万美元）	实际使用外资 同比增长（%）
2003	179	51575	96.86	47574	102.85
2004	208	62125	20.46	53905	13.31
2005	246	72388	16.52	61042	13.24
2006	255	76691	5.94	67024	9.8
2007	217	98004	27.79	74810	11.62
2008	150	82258	-16.07	83000	10.95
2009	166	97717	18.79	87999	6.02
2010	195	95814	-1.95	83560	-5.04
2011	116	106375	11.02	92862	11.13
2012	129	121913	14.61	102445	10.32
2013	119	120415	-1.23	110714	8.07
2014	103	140573	16.74	122204	10.38

资料来源：根据2013~2014年《赣州统计年鉴》整理而得。

在利用内资方面，2006年以来引进的内资项目中，来自珠三角地区、闽东南三角区和长三角地区的项目实际进资分别占利用内资总额的39.95%、18.32%和16.06%，来自这三个地区的项目实际进资占总数的74.33%，是引进内资的主要来源地。以往在赣州投资的中央企业，投资领域主要集中在水泥、烟草、食品等行业。近年来政策聚集效应持续释放，央企投资领域扩展到汽车零部件、软件开发、通信、钢铁、新能源等热点领域和行业，科技水平更高，项目投资规模更大，对区域经济发展的推动力更强，如中国建材有限公司在兴国投资14.8亿元的水泥建材并购项目、中国华星集团在全南新上39万吨无水氟化铝项目等。同时大项目也在不断增加。赣州史上首个投资百亿元以上工业项目中国汽车零部件（赣州）产业基地项目落户赣州，项目竣工投产后将拥有一整条产业链和特色产业集群，年营业额将达到200亿元。宝钢集团广东韶关钢铁有限公司投资20亿元的钢铁工业项目、深圳市豪鹏科技有限公司投资16.5亿元的清洁能源系统制造项目纷纷落户。2013年11月13日，赣州北斗产业园国家北斗产业化应用示范基地签约落户赣州，项目总投资110亿元。项目重点发展高新技术产业链，产业链覆盖了卫星导航、授时、通信等北斗卫星导航系统，逐步引进200家至300家北斗卫星导航系统产业相关企业，重点发展核心芯片研制、应用软件开发和应用终端机元器件制造，项目建成后年产值将达500亿元。

在项目数方面，2014年，赣州引进来自长三角、珠三角、闽三角地区投资的5000万元以上项目分别为29个、117个和28个，分别占引进项目总数的14.15%、57.07%和13.66%，三地项目占项目引进总数的84.88%；在资金金额方面，实际引进长三角、珠三角和闽三角地区项目资金分别为49.02亿元、303.4亿元和63.84亿元，占比分别为9.35%、57.88%和12.18%。尤其是珠三角地区，无论是项目数还是实际利用的资金额，都超过了总量的一半，凸显了珠三角地区是赣州承接产业转移的前沿阵地。

2013年6月，国家发改委批复同意设立赣南等原中央苏区承接产业转移示范区，其成为全国第8个、全省第1个国家级承接产业转移示范区。国家和有关部委近年来致力于推进赣粤产业承接走廊的建设，争取把以香港工业园为龙头的赣粤产业承接走廊打造成国家承接发达国家和粤港澳台产业梯度转移的示范基地、承接国际和粤港澳台产业转移的重要基地、中部地区承接转移的第一城。

在产业布局方面，赣州市应该依托重要交通干线，优化区域产业分工，强化与珠三角、厦漳泉等沿海地区的经贸联系，打造以赣州经济技术开发区为核心，以赣州"三南"至广东河源、瑞金兴国至福建龙岩产业走廊为两翼的"一核两翼"开放合作新格局，引导高新技术产业和现代服务业向"一核"聚集，资源型和劳动密集型产业向"两翼"集中。

一是构建"一核两翼"产业发展格局。"一核"是指以赣州经济技术开发区、综合保税区以及赣州高新技术产业园区等为龙头，以中心城区、赣县、南康、上犹、崇义为节点，推进赣县经济技术开发区、沙河工业园、水西有色金属产业基地、南康工业园和家具产业基地、赣州崇义硬质合金和硬面材料产业基地、上犹工业园、大余钨及有色金属深加工产业基地建设，推进集约化组团布局和专业化集群发展，重点承接发展钨、稀土、铜铝深加工、机械制造、食品工业、新能源汽车、现代服务业、家具制造、玻纤及新型复合材料等产业，促进集约化组团布局和专业化集群发展，打造钨和稀土等高技术产业和战略性新兴产业核心集聚区，建成全国稀土与钨产业战略基地，构建区域性现代物流、金融、旅游中心，加快形成江西对接珠三角、海西经济区的桥头堡，推动赣州尽快建设成为赣粤闽湘四省交界地区区域性中心城市。

赣州"三南"至广东河源产业走廊：以龙南经济技术开发区、赣州香港产业园为龙头，以京九铁路、赣粤高速、赣大高速为南北纵轴，以"三南"加工贸易重点承接地为重要平台，以信丰、大余、安远、寻乌等县为重要节点。强化与广东河源、韶关等地互动对接，积极融入珠三角地区发展分工，重点承接发展稀土、钨等有色金属精深加工及应用、电子电器、食品及生物制药、现代轻纺、氟盐及精细化工、机械制造、新型建材、客家生态旅游等产业，打造稀土永磁材料、发光材料及节能灯具、机械电子、家具等基地和一批特色产业园区，以产业集群提升经济核心竞争力，形成赣粤边际地区集散、口岸中心，使其成为京九经济带的重要增长极和与珠三角对接的经济协作区。

瑞金兴国至福建龙岩产业走廊：以赣州台商创业园为龙头，以赣龙铁路、厦蓉高速、泉南高速为东西横轴，以瑞兴于经济振兴试验区为重要平台，以宁都、会昌、石城等县为主要节点，延伸至福建龙岩及厦门、泉州等海西经济区重点城市，突出重点承接发展氟盐化工、新型建材、矿山机械、家用电器、电线电缆、军工配套、新材料、绿色食品、生物制药、信息服务等产业，打造国内一流的氟盐化工等产业基地，成为承接闽东南经济区产业扩散转移的前沿、连接赣闽台的特色产业承接基地、东南部现代物流配送中心及旅游休闲的后花园。

二是引导产业向园区集中。赣州市应该适应产业大规模、集群式转移的趋势，高起点规划建设一批开发区和产业园区，科学编制园区规划，引导产业和项目向园区集聚，形成错位竞争、要素集约、配套完善和协调发展的产业集聚发展平台。加快建设以香港工业园为龙头的赣粤产业走廊和以台商创业园为龙头的赣闽产业走廊。着力推进赣州、龙南经济技术开发区工业承接主平台建设和发展,加快推进综合保税区、香港工业园、瑞兴于经济振兴实验区、"三南"承接加工贸易转移重点承接地示范地等基础设施建设,不断完善园区功能。积极推动国家尽快批准设立赣州国家高新技术开发区、赣州综合保税区和赣州稀土产业园,支持符合条件的开发区扩区升级。在中心城区规划建设总部经济区,大力发展总部经济和研发中心。支持建立钨、稀土科技兴贸创新基地,推进各类特色产业基地、高技术产业孵化基地建设。支持赣州经济技术开发区按照生态低碳要求建成国家生态工业示范园区和循环经济示范园区。在石城、崇义、寻乌研究设立省级开发区或产业园区,享受工业园区优惠政策。加快推进钨、稀土科技兴贸创新基地建设,鼓励通过委托管理、投资合作等多种形式,与东部沿海地区合作共建产业园区,推进特色产业基地和高技术产业孵化基地建设,形成错位竞争、要素集约、合理配套和协调发展的产业集聚平台。

在承接产业转移方面,赣州市应该充分发挥赣南地区劳动力资源丰富、要素成本低和区位条件较好的优势,因地制宜承接发展优势特色产业,改造提升传统产业,推动产业结构优化升级,培育新的增长点,提升产业整体实力和竞争力。

(一) 培育关联配套的装备制造业集群

引进和研发先进适用的工艺、技术和设备,大力推广信息技术、节能技术,加快提升装备制造产业的产品质量和档次规模,加速向生产终端产品和设备的转型升级,创造出一批全省乃至全国知名品牌,提升"赣州制造"的影响力。发挥稀土、钨等特色资源优势,积极引进矿山、节能环保、稀土加工专用设备等生产企业,重点发展高效永磁电机、高梯度磁选机等产品。承接发展一批高起点、大规模、专业化的配套企业,形成一批参与社会大分工的"专、精、特"零部件生产企业。鼓励和支持国家军工企业到赣南办厂,国家军品生产计划向示范区倾斜,发展军民结合产业。遵循产业发展规律,支持行业龙头企业引进战略投资者,培育上下游企业和关联配套企业,形成总量规模大、协作程度高、综合能力强的装备制造产业集群。

（二）优化配置原材料产业和发挥资源优势

采用市场配置、资产重组、入股参股等多种方式，引导资源要素向基础好、潜力大、势头强的原材料重点产业和龙头企业集聚，提升产业规模和层次，把资源优势转化为产业优势、经济优势和竞争优势。控制对稀土、钨等战略性资源总量的开采，加大技术改造和关键技术研发力度，促进稀土、钨等精深加工及资源综合回收利用，打造世界知名的稀土永磁材料及永磁电机产业基地、发光材料及绿色光源产业基地、硬质合金及刀钻具产业基地，把赣州经济技术开发区建设成为全球最大的钨和稀土深加工产业基地。积极承接发展有色金属精深加工产业，加强产业配套招商，逐步形成有色金属资源开发、再生金属综合利用的产业集聚区域。依托江钨新材、赣州铝业等骨干企业，建设铜铝有色金属循环经济产业园，引进一批精深加工项目，形成和完善产业链。建立废铜收购交易中心，完善金属材料交易市场。加快推进再生资源利用产业示范基地建设。发挥龙头企业带动和辐射作用，大力承接发展高附加值的氟树脂、甲烷氯化物、制冷剂、离子膜烧碱、氟橡胶等产品，做大做强氟盐化工产业，促进产业向园区化、集约化和集聚化方向发展，建设江西重要的以含氟精细化学品及氟聚合物材料为主的氟盐化工产业基地。加大建材行业技术改造力度，提高装备技术和管理水平，重点承接发展水泥制品、建筑陶瓷、玻璃纤维及制品、装饰装修材料及门窗制造等产业，提高产品科技含量和档次。

（三）承接需求量大、就业率多的轻纺产业

承接发展市场需求大、吸纳就业多的服装生产、家具制造等产业，建设纺织服装原辅材料专业市场、家具会展中心、家具及鞋业技术研发和省级质检中心等配套项目，培育一批核心龙头企业，壮大一批自有品牌，带动饰品、玩具、印刷、文教用品制造等行业发展，打造南康实木品牌家具、龙南女性服饰、全南高档内衣、大余羽绒服装、章贡区造纸、于都毛针织、崇义木竹加工、宁都门业等产业基地，建设成为中部重要的纺织服装和家具制造基地、江西省重要的造纸生产基地。加强与国内外知名食品企业合作，承接发展以农副产品深加工为主的食品产业，重点发展绿色食品、有机食品、客家特色食品和旅游食品，打造全国知名的优质农副产品深加工

基地、粤港澳优质食品供应基地和东南沿海地区的绿色厨房。

（四）促进战略性新兴产业健康发展

把握世界科技和产业发展趋势，建设一批科技含量高、辐射带动能力强的战略性新兴产业重大项目，引进和培育一批拥有关键技术、知识产权、知名品牌和较强研发能力的企业，大力发展高端稀土、钨新材料和应用产业，以及新能源汽车、生物制药等产业，使战略性新兴产业成为推动经济发展新的增长点。依托现有产业基础，引进有实力的汽车整车生产厂商，加快发展新能源汽车整车制造及锂离子电池、永磁电机、自控系统等零部件产业，在赣州经济技术开发区建设新能源汽车驱动电机和专用永磁材料产业基地。承接发展电子材料、LED 照明、LCD 显示、软件和信息服务等产业，建设微电子新材料产业集聚区域，打造中部重要的电子信息产业基地和新型电子产业示范基地。充分发挥中药资源和生态环境优势，推进中药材种植基地规模化、药品生产规范化，做大做强中成药、化学原料药及制剂、医疗器械产业，承接发展保健品、生物制品、药用辅料、药包材等产业，提高生物医药产业核心竞争力。

（五）发展壮大现代服务业

积极营造有利于现代服务业发展的政策环境，大力承接发展金融、保险、电子商务、信息咨询和科技服务等生产性服务业和商贸、家政护理、社区服务及养生养老等生活性服务业，发展壮大软件研发、服务外包、动漫设计、节能环保和文化创意等新兴服务业。大力发展现代物流业，加快赣州现代物流技术应用和打造成共同配送综合试点城市，加快特色物流园区建设，扶持发展现代物流骨干企业，推动综合物流园区及物流仓储配送中心等项目建设及完善物流体系。加快发展旅游产业，整合旅游资源，推进旅游基础设施建设，大力发展红色旅游，深化赣南与井冈山、闽西和粤东北的旅游合作，以瑞金为核心高起点建设一批精品景区和经典线路，支持创建国家 5A 级旅游景区，推动红色旅游与生态旅游、休闲旅游、历史文化旅游融合发展，建设对接粤港澳、闽台地区的旅游后花园。支持赣州建设服务业发展示范基地，打造"四省通衢"的现代服务业中心。

赣州市作为赣南等原中央苏区振兴发展的核心增长极，应坚持规模扩大和质量提升并重的原则，在承接发展有色金属精深加工产业的同时大力承接战略性新兴产业和现代服务业，推进产业结构转型升级，不断增强综合经济实力，进一步提升发展水平和辐射带动能力，把示范区建设成为推动赣南等原中央苏区振兴发展的重要引擎。

（六）加快发展现代农业

优化农产品区域布局，在稳定发展粮食生产的基础上，推进农业结构调整，加强与国内外知名食品企业合作，承接发展以农副产品深加工为主的食品产业，重点发展绿色食品、有机食品、客家特色食品和旅游食品，打造全国知名的优质农副产品深加工基地、粤港澳优质食品供应基地和东南沿海地区的绿色厨房。赣州市可以充分发挥比较优势，发展壮大脐橙、生猪、花卉苗木、蔬菜、油茶、工业原料林等优势产业和特色农业，着力培育一批龙头企业，建设一批集生产、加工、营销、科研、中介服务于一体的现代农业产业园，打造面向东南沿海和港澳地区的重要农产品供应基地。做强脐橙产业，加快脐橙品种选育和改良，推进标准化、有机果园建设，支持贮藏、加工、物流设施建设。积极推进国家脐橙工程技术研究中心建设，加快建设国家级脐橙批发市场，研究建立脐橙交易中心。对脐橙实行柑橘苗木补贴政策和"西果东送"政策，建设好在全国乃至世界具有主要影响和市场话语权的脐橙产业基地。大力发展油茶、毛竹、花卉苗木等特色林业，支持油茶示范基地县建设，打造具有南国特色的花卉苗木生产基地，建设赣州市花卉苗木大市场。培育建设一批工业原料林基地。积极发展蜜橘、茶叶、白莲、生猪、蔬菜、水产品、家禽、花卉苗木等特色农产品，建设城郊型蔬菜基地，支持畜禽标准化规模养殖场建设，建设动植物疫病防控、农产品质量安全检验检测等体系，扶持农业产业化龙头企业和农民专业合作社发展，建设国家现代农业示范区，提升花卉苗木产业规模和层次，打造具有南国特色的花卉苗木生产基地。

（七）提高产业准入门槛，推进资源节约与环保应用

在承接产业转移时必须符合区域生态功能定位，严禁国家明令淘汰的落后生产能力和高能耗、高污染、高排放等不符合国家产业政策的项目转入，避免低水平简单复制。全面落实环境影响评价和节能评估审查制度，对承接项目的备案或核准严格执行有关能耗、物耗、水耗、环保、矿产、土地等标准，做好环境影响评价、水资源论证、节能评估审查、高危行业安全生产、职业病危害评价等工作。加强承接产业转移中的环境监测，入驻开发区的企业的设立和布局、生产规模和工艺装备、资源回收利用及能耗、环境保护等应符合国家公告的准入条件和园区规划。加强产业落地后准入条件落实情况跟踪和监督，鼓励和要求入驻企业引进采用再生资源产业领域前沿技术，坚持瞄准世界先进水平开展技术改造和技术创新，淘汰资源利用率低、污染严重、能耗高的落后工艺，大力发展资源高效开发与加工技术，缓解资源供需矛盾。

鼓励企业采用节能、节水、节材、环保先进适用技术，改造生产流程及实施相关项目建设，降低单位产出的能源资源消耗。鼓励和支持园区发展循环经济，实施园区赣州经济技术开发区循环化改造，创建国家级循环经济示范区，建设国家生态工业示范园区。支持赣州开展全国低碳城市试点，实施低碳农业示范和碳汇造林工程。大力发展循环经济和低碳经济，构建循环经济产业链。重点创建以稀土产业基地、钨产业基地、林业剩余物资源利用和再生资源利用基地为主的循环经济园区，大力发展农林废弃物利用相关产业。有选择地引进生态补链型项目，包括与主产业链配套的、从事废料资源化的稀有稀土产业。鼓励建材、化工、冶金、电子信息、玩具等各行业针对自身产品、工艺特点增补原材料循环、水循环、余热余压利用项目以及错峰储能项目，引导组织企业内部和企业之间、行业之间、区域之间搞好资源协作，减少资源投入和废弃物排放。

第五章 赣南等原中央苏区承接沿海产业的空间布局研究

第一节 江西承接沿海产业空间布局各利益主体的博弈分析

一 江西11地市政府博弈的行为特征

在经济全球化的大背景下，产业转移和产业升级已成为一种必然趋势。进入21世纪以来，有两股影响世界和中国经济格局的大潮：一是发达国家大量闲置资本加速向正在崛起的中国转移，二是中国沿海资本由于劳动力和资源的限制加速向迫切寻求发展的内地转移。湖南、湖北及江西等中西部地区接连举办"东部产业转移战略对话会"。两股浪潮为中西部地区的崛起和缩小经济发展梯度提供了历史性机遇。就国内而言，由于资源、成本和市场的影响，东西部地区各有"转出去"和"引进来"的动力机制，东西部地区如何实现产业梯度转移、优势互补和资源共享已成为目前学术界和各级政府极为关心的问题。

产业升级是经济持续发展的不竭动力。东部沿海产业向内陆地区转移，有"一只经济规律的无形之手"在起作用。资源紧缺是促使东部产业转移的直接原因。各地区的市场规模与自然资源禀赋的差异，共同决定了各地区经济发展的差异，同时也决定了产业在空间上发生集聚的动态演变过程。经过30年的改革开放，率先发展起来的东部沿海地区，经历了一轮规模宏大的"腾笼换鸟"进程。东部地区经过前期经济的高速发展,出现了土地、水、电等生产要素短缺,导致企业商务成本不断提高,而劳动力资源的短缺更是直接影响了企业的正常运营。拓展市场、培植新的经济增长点,成为东部产业转移的重要动力。另外中西部地区潜在的和现有的庞大市场,也是东部产业投资者的重要考虑变量。同时,进入21世纪以来,区域经济的"俱乐部收敛"现象日趋明显,区域经济发展不平衡问题受到极大的重视。随着成本提高以及市场开拓的需要,东部的劳动密集型产业迫切需要战略升级和竞争力提升。中国产业转移大潮加速涌向中西部地区,互补性产业转移已经成为区域经济合作的热点。产业在空间上的聚集现象是工业社会发展的结果,社会化大分工引起了规模经济效益的递增,递增的收益使分工进一步细化,从而形成了产业集群。产业转移往往表现为产业集群转移。一家企业转移成功了,许多同类企业便会向它集聚;一个项目成功了,就会引出一条长长的产业链。

中国是一个科层社会,并且是一个处于转型中的经济体。在我国区域经济运行的过程中,产业转移和承接产业转移的主体虽然都是企业,但是发挥关键作用、有实际决策权力的还是各级政府。在我国区域产业转移的内外互动中,地方政府出台的各种招商引资的政策,已成为东部地区产业转移的主要向导和决策性的经济变量。在我国所实行的绩效考核制度下,地方官员的"政绩"往往与经济发展指标相挂钩,推动本地区产业发展和经济增长就变成了各级政府的直接责任。当下,我国区域经济就是在各级政府按照自己的价值取向进行干预或直接参与的情况下发展整合的。在绩效考核的激励机制下,江西省辖下11地市的各级地方政府对管辖地区的经济增长和投资有着强烈的内在冲动和偏好。

即便是在一省的区域范围内,江西省辖下11地市的各个地区也存在体制和区域差异,这导致全省各地区间的市场有着较为严重的分割,难以形成全省统一的市场。由于信息的不对称,各级政府相对于其他政府和省政府都更加了解本地区具体的经济情况。自身利益的驱使会让各级政府制定能满足自身利益最大化的地方政策。中央在保留对地方政府组织制度控制权的同时,将对国有经济的控制权与剩余价值的索取权转移给地方政府。

在这种制度下，给定一个资源约束，必然会让各级政府为追求自身利益最大化而展开各种博弈。各级政府间由于存在一种"你升相当于我降"的相对位次变化的政治晋升博弈，致使地方政府对各自管辖地区基于各种经济指标的相对位次变化显得尤为关心。在一次政府博弈中，只要自己管辖地区的位次高于竞争者就算是一次博弈的胜利。由于地方政府具有强烈的地方利益取向，其行为又不受法律约束，再加上上文提及的政治晋升博弈的强烈激励，这促使地方政府为了获得外商投资和争夺沿海待转移产业，不惜以扭曲的行政行为来促进本地区经济的快速发展。这种各自谋求自身利益最大化的情形，必然会导致各地政府采取不合作的竞争策略，这种策略的直接后果是某一产业在各地市范围内重复建设，导致资源和劳动力的巨大浪费。

以江西省的光伏产业为例，在引入该产业时，各地政府竞相出台政策，新余、南昌、上饶、九江等地都大力引进光伏产业，造成该产业在江西省内分布零散，没能形成很好的集聚效应。加上资源瓶颈和物流瓶颈的限制，江西省内很多光伏企业处于亏损和开工不足的状态。

二 江西11地市地方政府、沿海地方政府与转移企业的博弈分析

在国内产业梯度转移的大背景下，东部开发区如何"腾笼换鸟"，中西部地区如何"筑巢引凤"，实现优势互补和资源共享，成为目前学术界的一个热点问题。产业转移有利于区域间产业分工的形成，这是一个具有时间和空间维度的动态过程，也是转出地和转入地进行产业结构调整和产业升级的重要途径。中国经济生活存在三大约束，即需求约束、成本约束和资源约束。对产业转出地而言，一些地方出于短期利益的考虑，并不鼓励企业外迁，产业转出地内部也存在各种障碍。调研统计显示，尽管已经具备东部产业向中西部转移的各种条件，但从目前来看，我国东西部产业转移大多是零星的，并且多是企业自发进行的。一些中西部地区和企业呼吁，东西部产业转移必须坚持以市场为基础，以企业为主体。与此同时，要突破"转出地"障碍，调动东部地方政府的积极性。探索东部和中西部互利共赢的机制，已成为当前我国推动东部和中西部产业转移的至关重要的问

题。虽然东部现有产业集群发展态势良好，但有一些传统产业、初级加工产业、劳动密集型产业和能源大量消耗型产业已进入产业衰退阶段。如果把这类产业转移到中西部地区，不仅能够缓解由劳动力流动带来的中国特有的"春运"现象，也便于东部地区腾出更多的空间去承接国外新兴的高科技、高附加值产业。

地方政府拥有区域经济发展最实际的决策权力，地方政府之间的竞争历来聚焦产业发展。东部众多企业急于西进寻找商机，对转入地企业来说，重要的是要做好"配套"文章。区域经济竞争依然聚焦资本与投资项目的争夺。如何有效承接东部产业转移，并与有关企业形成配套，合作开拓市场、提高企业技术管理能力，成为本地企业面对的首要课题。与东部企业家对话，可直接了解转移产业的要求，寻找合作共赢的机会。对于中西部地区的老百姓而言，东部产业转移则意味着更多的企业入驻，进而创造更多的就业机会。

通常对承接地来说，产业转移有利于经济发展，但对产业输出方来说，看法就比较复杂，特别是在现行的财税制度和地方政府考核评价体系之下。尽管东部沿海地区迫切需要将传统的高耗能、低效益的企业转移出去，从而获得产业转型升级的空间，但一些地方出于短期利益的考虑，往往并不鼓励企业外迁。国家大力推动东西部产业转移，市场层面也存在产业转移的需要，但是到目前为止，规模性的产业转移并未出现，一个重要原因就是东部地方政府动力不足，东西部之间缺乏产业转移的互利共赢机制。东部地区缺乏对企业外迁和对外投资的积极性，主要是源于这样的担心：一是大量建设资金外流、税源流失、财政收入减少，二是可能会出现外移产业"空心化"问题，三是短期内会影响当地的充分就业。在这种心态的支配下，东部地方政府对企业外迁大多持不积极、不鼓励的态度。

克鲁格曼的空间经济学指出，报酬递增、运输成本与要素流动之间的相互作用与权衡所产生的集聚力，会导致两个开始完全相同的地区演变成一个核心地区加一个外围地区的产业集聚模式。通过合作产生的这种模式会进一步产生"马太效应"，即发达地区进一步发达而落后地区进一步落后。在政治晋升的有效激励下，拥有独立自主权的地方政府便具备了理性

"经济人"的特性，从而使江西 11 地市地方政府、沿海地方政府与转移企业都获得了独立博弈主体的地位，也就是通常所说的"局中人"的地位。

企业是产业转移的主体，产业是资本流动的载体。地方政府的政策会影响企业的战略计划，具体而言，就是地方政府的政策会影响企业转移或承载的概率。故此，我们将从两个方面对各"主体"间的博弈进行分析。首先是江西省 11 地市地方政府与沿海地方政府之间的博弈。为了便于分析，分别用字母 A、B 代表江西各地市地方政府和沿海地方政府，假设江西 11 地市地方政府对将要承接的产业有两种选择：优惠 M 和不优惠 B。同时，沿海地方政府对于欲转出的企业也有两种策略选择：挽留 L 和不挽留 C。如果双方政府都能够从本地利益出发，即江西各地方政府对欲转进的企业提供优惠，沿海地方政府选择挽留欲转出的企业，则双方的收益分别为 8 和 6；如果江西各地方政府不提供优惠，沿海地方政府出于地方保护主义挽留欲转出企业则双方的收益分别为 6 和 8；如果江西各地方政府提供优惠政策而沿海地方政府采取不挽留的策略，则双方的收益分别为 10 和 5；最后一种组合是双方都选择不合作，即江西各地方政府不提供优惠政策且沿海地方政府也不挽留则双方的收益均为 0。该博弈共有四种战略组合，其收益矩阵如表 5 - 1 所示。

表 5 - 1 收益矩阵

A B	挽留 L	不挽留 C
优惠 M	(8, 6)	(10, 5)
不优惠 B	(6, 8)	(0, 0)

显然，上述静态博弈的纯战略纳什均衡的报酬为（8，6）对应的策略组合为（M，L），即江西各政府给予欲转移产业优惠，而沿海地方政府选择挽留。如果在某次区域竞争中，江西省各地方政府与沿海地方政府选择从自身利益最大化出发只进行一次博弈，则双方的投机主义思想会让此次博弈陷入"囚徒困境"，从而达不到江西与沿海地区整体经济利益的最大化。

其次是沿海地区企业与江西省各地方政府间的博弈。江西省各地方政府出台的种种政策会直接影响到沿海地区企业的战略决策，即影响到沿海地区企业选择进入或不进入江西地区的概率。一般，两个局中人（A 和 C）之间的博弈 G 可以表示为 G（A，C）= G [S_A，S_C，U_A（a，c），U_C（a，c）]，具体对应到本书就是，A 和 C 分别代表江西各地政府和沿海企业两个行为主体；U_A（a，c），U_C（a，c）分别表示当 A、C 两个行为主体选择特定策略（$a \subset S_A$，$c \subset S_C$）时，局中人可以得到的效用。在这里，我们假设两个参与人（江西省各地方政府和沿海地方政府）都是有限理性的，同时假设沿海地区企业有两种策略选择，即进入 R 和不进入 S，江西各地方政府也有两种选择，即承接 J 和不承接 K。基于上述的假设，我们可以构造两个博弈主体间的博弈支付矩阵如表 5-2 所示。

表 5-2　博弈支付矩阵

沿海地区企业 C	江西各地方政府	
	承接 J	不承接 K
进入 R	$\pi^d - \theta_i$，$\pi^d - \theta_i$	$\pi^m - \theta_i$，0
不进入 S	0，$\pi^d - \theta_i$	0，0

注：根据博弈论的观点整理而得。

需要说明的是，表 5-2 支付矩阵中的 θ_i^*（i = 1，2）是引入的真值。此时，沿海地区企业的战略决策如下：当 $\theta_1 \leq \theta_1^*$ 时会选择进入，当 $\theta_1 > \theta_1^*$ 时会选择不进入。因此，沿海地区企业采取进入战略的概率是 P（θ_1^*），与之对应的不进入的概率为 1 - P（θ_1^*）。相对应的江西省各地方政府会采取以下战略计划：当 $\theta_2 \leq \theta_2^*$ 时采取承接战略，当 $\theta_2 > \theta_2^*$ 时会选择不承接。同理，江西各地方政府选择承接产业的概率为 P（θ_2^*），不承接产业的概率为 1 - P（θ_2^*）。

根据以上的阐述，从沿海地区企业的角度来分析，当其选择进入的战略决策时，其期望收益是：

$$P(\theta_2^*) \times (\pi^d - \theta_1) + [1 - P(\theta_2^*)] \times (\pi^m - \theta_1)$$
$$= P(\theta_2^*) \times (\pi^d - \pi^m) + \pi^m - \theta_1 \quad (5-1)$$

当沿海地区企业选择不进入时,期望收益为:

$$P(\theta_2^*) \times 0 + [1 - P(\theta_2^*)] \times 0 = 0 \qquad (5-2)$$

由式(5-1)、式(5-2)可知,沿海地区企业选择进入的条件是:

$$P(\theta_2^*)(\pi^d - \pi^m) + \pi^m - \theta_1 > 0 \qquad (5-3)$$

因此可得:

$$\theta_1^* = P(\theta_2^*)(\pi^d - \pi^m) + \pi^m \qquad (5-4)$$

同理可得:

$$\theta_2^* = P(\theta_2^*)(\pi^d - \pi^m) + \pi^m \qquad (5-5)$$

在分布函数 $F(\theta_1)$ 已知的情况下,由式(5-4)、式(5-5)便可得到 θ_1^* 与 θ_2^* 的真实值,进而得到该博弈的贝叶斯均衡。至此,便完成了江西省 11 地市地方政府、沿海地方政府及待转移企业之间的博弈分析。

三 江西省 11 地市实现共赢的纳什均衡分析

现在我们再来分析这样一种情况,沿海地区已经选择将某一产业转移到江西省域范围内,在中国现行的行政体制下,出于政治晋升的考虑,这种零和博弈的存在会催生出强大的激励。以 GDP 为例,某市 GDP 的上升意味着其他市 GDP 的相对下降,这就使各地方市政府更加关注相对位次的变化。故当一个企业决定进入江西省域范围时必然会导致江西省辖下 11 地市的地方政府竞相出台各种政策以吸引该企业在自己所管辖的经济区域内投资。仍旧将两个地方政府作为博弈的局中人来分析,为了方便分析现在假定用字母 A、B 来表示江西省辖下 11 地市中的某两个市政府,同时假定这两个地方政府对于欲转入的沿海企业都有两种策略:竞争和合作。有必要说明的是,这里的合作策略是指 A、B 政府按照时间和自身工业化发展的实际情况顺次承接沿海地区欲转入的企业。如果对于一个外来企业,政府 A、B 都选择竞争,最后的收益组合为(1,1);如果政府 A 选择竞争而政府 B 选择合作,则收益组合为(3,0);如果地方政府 B 选择竞争而地方政府 A 选择合作,则最后的收益组合为(0,3);如若两个地方政府都选择合作的策略,则其收益组合为(2,2)。四种战略组合的收益矩阵如表5-3所示。

表5-3 收益矩阵

		政府 B 的决策	
		竞争	合作
政府 A 的决策	竞争	(1, 1)	(3, 0)
	合作	(0, 3)	(2, 2)

注:根据博弈论的观点整理而得。

同前文分析的沿海地区企业与江西各地方政府的博弈一样,有限次的博弈会让政府 A、B 陷入"囚徒困境",即都选择"竞争"的策略,由上面的收益矩阵可明显看出两地的最终收益不如采取"合作"策略所获得的收益(2,2)。

但是,在现实生活中,沿海企业会不止一次地向江西省区域内进行产业转移,这就会导致江西省各地方政府不止一次地"交锋"。基于这样的现实,我们将进一步分析另一种博弈情况:无限次重复博弈。在这种情况下,政府 A、B 能够对外宣布一个"投机策略",承诺实行他们的最优合作策略(合作,合作)。这种声誉机制会带来可信的共赢合作,使两个政府的整体利益有一个"帕累托改善",即共同实现区域整体利益的最优。在无限期重复博弈中,双方政府从自身长远利益出发,在产业转移的合作中建立信誉。如果有一方政府经常背弃协议就会诱发另一方政府采取自己的触发策略。我们不妨从任意一个时期(比如说 k)来检验一下博弈的进行情况:假设政府 A 宣称将会在第 k 期使用触发策略,那么政府 B 的最优策略便是选择合作,这样他的报酬便可以一直维持下去;如果政府 B 在第 k 期选择不合作的策略进行"欺骗",那么他的报酬是3,但在第 $k+1$ 期以后会下降到1,合作被破坏,"囚徒困境"会重新出现并一直持续下去。假设地方政府未来收益的贴现率为 σ,那么,k 期继续合作的现值为:

$$2 + \frac{2}{1+\sigma} + \frac{2}{(1+\sigma)^2} + \cdots = \frac{2(1+\sigma)}{\sigma}$$

k 期采取"欺骗"的不合作战略后的报酬为:

$$3 + \frac{1}{(1+\sigma)} + \frac{1}{(1+\sigma)^2} + \cdots = 3 + \frac{1}{\sigma}$$

如果 $\frac{2(1+\sigma)}{\sigma} > 3 + \frac{1}{\sigma}$，即 $\sigma < 1$ 时，持续合作是可信的。也就是说如果 σ 的取值不是太小的话，政府 A、B 的合作是合意的，双方长期的选择合作策略并一直遵守会提高双方政府的福利水平。从另外一个层面来看，如果一方政府接受沿海产业转移会使自身产业结构优化升级，则由赫希曼的不平衡增长理论可知，这种双方政府都选择合作的博弈最终会使先承接沿海转移的区域带动后发区域发展，达到一种双赢的局面。但是，在地方官员有任期的情况下，以上分析的无限期重复博弈也不具有很强的现实可操作性。现在，以两期博弈为例来考虑有限次政府博弈，上述静态博弈的纯策略纳什均衡为（竞争，不合作），"不合作"策略对于 A、B 政府来说都是严格占优策略。考虑一种 $\sigma = 1$ 的贴现因子的极限情况，则政府 A、B 重复博弈的战略选择为：政府 B 的策略，第一阶段选择"合作"，第二阶段选择"不合作"；政府 A 的策略为：第一阶段选择合作，如果第一阶段的收益为（2，2），第二阶段则选择竞争，否则选择合作。

下面我们来验证子博弈精炼纳什均衡，由上面的博弈不难发现，（合作，合作）策略组合是一个子博弈纳什均衡。（2，2）的支付结果是可以实现的。如果政府 B 在第一阶段选择不合作，那么政府 A 在第二阶段只有选择不合作，双方均只能得到 1 个单位的收益。这样看来，政府 B 在第一阶段选择不合作，而政府 A 在第二阶段也选择不合作，可以看作政府 A 对政府 B 的一种策略惩罚。而如果政府 A 宁愿在第二阶段牺牲自己的短期利益选择合作〔最后的支付组合为（0，3）〕，可以看作政府 A 对政府 B 的一种奖励。这种情况下，策略组合（合作，合作）是可以作为子博弈精炼纳什均衡结果出现的。

由上面的分析可知，为了使区域资源的配置达到帕累托最优，就要求沿海产业转出地政府以及承接产业转移的江西各地市的地方政府在产业转移时做到以下几点。①用政策推动地方政府之间的经济合作。产业转移有利于生产的专业化分工。通过对转入地与转出地进行产业链再造，可以扩大区域经济合作的增长效应。东部的产业升级为区域产业转移带来了机遇，正逐步把附加值比较低的轻型、劳动密集型的产业向周边产业成本比较低的地区转移，为东部地区承接高档次的国际产业转移腾出了空间，也使东部地区受到了经济更发达地区的辐射。就本书来说，对于产业承接地江西省而言，只有良好的产业基础，才能吸引相关大企业、大项目的进驻。精心打造承接产业转移的开发区，对于吸引"大企业、大集团、大项目"的落户尤为重要。发展园区经济、引进战略投资者、实现产业转移效应的最大化，是江西省各地方政府效用函数的目标。事实证明，如果主导产业没有快速成长起来，吸纳承接产业资本的能力就会大打折扣。②江西省各地政府的有关部门应提供信息指导，建立相应的经济合作组织。支持企业积极利用中央的各种政策，吸引企业和各类经营人才到本省创业，建立专业市场，创造双赢格局。鼓励东部企业采用多种形式，例如企业外包、虚拟生产、建立企业联盟等，增强企业的市场竞争力，促进区域产业结构优化。东部地区的企业可以参与江西省企业的兼并、收购从而进行产业转移，同时促进江西省内企业的改组改造和省内产业深化，从而促进区域经济的协调。③为区际产业转移提供合理的制度环境。我们不能攫取地方政府的利益，而是要建立一种区域合作协调机制，在满足个体理性的前提下达到集体理性，如对于东部各省内部来说，首先应考虑打破省内各市县之间的区域封锁和投资贸易壁垒。江西省在吸纳转移产业的过程中要创造合理的制度环境，以利于产业的顺利转移，如加快转移产业的审批程序、提供合理的政策环境等。也可以采取一系列的优惠政策，如无偿使用土地、较低税率、低息贷款等。当然，产业区域转移应遵循空间均衡和生态效率原则。空间均衡原则是指按照以人为本的发展目的，促进人口、就业、经济在一定的空间内协调分布，并与该空间的资源环境状况相适应。所以江西省应根据经济发展的实际需要和经济结构调整的方向，对转移产业采取严格标准，规定转移产业的类别，以利于江西省产业的升级改造和区域经济的协调发展。

对于江西省内而言，江西各地政府应有意识地创造相互合作的条件，避免陷入"囚徒困境"，从而实现"集体理性"。这就要求江西省政府以局外人的身份从长远的角度来看待沿海产业转移所带来的省内区域间的合作和资源的最优配置问题，整合各地市的比较优势，形成统一的协调机制，实行优势互补，力求从全局上把握江西省经济发展的整体动态均衡和长期经济增长。

第二节 赣南等原中央苏区承接沿海产业的空间布局战略构想

一 赣南等原中央苏区承接沿海产业的空间布局总体目标

承接产业转移既是赣南等原中央苏区推进经济发展的重要内容，也是江西各地区实现工业化和产业结构调整的重要手段。因此，分析当前江西省所处的经济发展阶段可知，承接沿海产业转移需要达到的总体目标应该是在产业结构优化升级基础上的经济发展，赣南等原中央苏区及江西省其他地市分工合作发展的格局基本建立起来，并使成为承接东部、辐射中部的重要平台和促进中部地区崛起的新支点。也就是各市县要通过承接本地产业链上缺乏的产业环节，从而填补本地产业链上的空缺环节，补充或延伸产业链，并调整和优化本地产业结构；或者通过植入本地没有的产业，以调整原本过度单一的产业结构，推进产业之间的协作发展，进而优化产业结构。同时，赣南等原中央苏区通过承接产业转移可以加速推进江西工业化的进程，并推进区域之间的协调发展。在当前我国要求转变经济发展方式和结构调整的总体战略转型下，江西需要的是新型工业化，江西的区域发展需要的是发挥特色资源优势以实现区域内部的协调发展。因此，只有推进以产业结构优化升级和区域协调发展为基础的产业承接本地经济才能实现科学和可持续的发展。赣南等原中央苏区在承接产业转移及其空间布局的过程中，要通过市场机制和政府的双重作用，实现以下目标。

第一，实现经济的稳定增长和发展水平的显著提高。赣南等原中央苏区承接产业转移的重要目的是改变江西省经济发展落后的状态，通过承接东部地区的产业转移，实现经济发展水平的提高和综合经济实力的明显提升,进而提高江西省在中部地区乃至整个中国的经济比重。努力实现城乡居民收入增长,加快城市化进程,使经济发展的质量和效益都得到提高,改变江西省落后的经济发展模式;实现江西省产业结构的改善和产业的升级,三产业协调发展,农业基础地位稳固,非农产业尤其是服务业比重进一步提高,医药、电子信息、汽车、航空、光伏、食品、陶瓷等优势产业在江西省的地位进一步凸显,高新技术产业加快发展,现代服务业体系日趋完善,初步形成更加健全、各具特色、分工合理、结构优化、竞争力较强的现代产业体系;整体经济实力有较大提升,经济持续快速地健康发展,综合竞争力明显增强,支柱产业持续壮大,战略性新兴产业快速发展,传统产业实力增强,现代服务业发展加快,现代产业体系基本确立。

第二,增强江西省的经济活力。赣南等原中央苏区承接产业转移的过程,不是单纯的引进产业,而是通过各方面的努力来增强江西省经济增长的活力,激发江西省自我发展的潜力。通过赣南等原中央苏区承接产业转移,江西省可以不断完善自身市场机制的建设,改善政府的行为方式,通过对国有企业的改制、重组或者兼并来退出竞争领域,引进市场主体,促进整个市场的竞争;通过赣南等原中央苏区承接产业转移,江西省要形成一批公有制经济在关键领域占主导地位、非公有制经济产业增加值比重提高的双赢局面;通过赣南等原中央苏区承接产业转移,江西省自主创新能力和产业竞争力显著增强,形成一批在国内外均有显著影响力的自主品牌、优势企业、产业基地和产业集群。现代产业体系进一步完善,主导产业竞争力明显增强,形成一批特色化、集约化发展的产业园区。

第三,园区承接与集聚能力显著增强。承接产业转移的体制和机制不断完善,发展环境进一步优化,为科学承接产业转移提供制度保障。全方位的开放合作格局基本形成,基础设施、市场体系、产业发展与粤港澳等东部发达地区实现对接,形成一批特色化、集约化、外向型发展的产业开发园区。外来投资规模不断扩大,在国家级承接产业园区的建设中取得了新突破,引进国际国内500强企业,着力培育工业产值超千亿元、百亿元的园区,赣南等原中央苏区建设了一批省级示范区:如赣州的"赣南承接产业转移示范区"、吉安市的"深圳产业园"、抚州市的"抚州海西产业园区"等。

第四,可持续发展能力增强。赣南等原中央苏区的产业转移承接,并不是仅仅承接东部地区落后和淘汰的产业,同时也要引进一些新的技术和管理理念。赣南等原中央苏区要通过承接产业转移,逐步改变原先粗犷式的增长模式,以技术手段的改进,达到提高能源利用率、降低单位GDP能耗水平、合理利用水资源、集约利用土地资源和降低污染排放量的效果,进而改善生态环境、提高可持续发展能力,形成宜业、宜居、宜游的良好生态环境。

第五,社会建设取得进步。赣南等原中央苏区通过承接产业转移,在经济增长的同时,不断提高社会保障水平和城乡居民的生活质量,教育、卫生、文化、体育等各项社会事业加快发展,人居条件进一步改善,人民生活水平持续提高。做好社会主义新农村建设,保证基本的教育、医疗及公共卫生体系的投入。赣南等原中央苏区在承接产业转移过程中要把促进就业作为承接产业转移的一项重要原则。

二 赣南等原中央苏区承接沿海产业的空间布局总体思路

(一) 指导思想

以邓小平理论、"三个代表"重要思想和科学发展观为指导,深入学习领会党的十八大和十八届三中全会精神,贯彻落实党中央和国务院的各项决策部署,以加快转变经济发展方式为主线,以产业园区建设为抓手,以体制机制创新为动力,以实现合作共赢、共同发展为目标,以整合区域优势资源、创新区域合作机制、协调区际利益关系为重点,紧紧抓住促进中部地区崛起和国际国内产业分工调整的重大战略机遇,牢固树立"发展为先、生态为重、创新为魂、民生为本"的理念,进一步解放思想、创新体制、优化环境,按照高起点规划、高品质建设、高水平承接、高强度投入、高效率服务、高效益产出的总体要求,全力推进承接产业转移与产业转型升级,促进培育战略性新兴产业与提升优势传统产业的有机融合,加强自主创新体系建设,推动要素资源合理流动,优化产业布局,实行错位发展,培育壮大主导产业，做大做强龙头企业，全力实施品牌战略，加快构筑以现代农业为基础、以战略性新兴产业为先导、以先进制造业和现代服务业为支撑的现代产业体系。

以科学承接、互利承接、绿色承接为导向，优化产业空间布局，突出产业承接发展重点，促进产业集群发展，推进产业园区转型升级；着力加强基础设施建设，提升配套服务水平，进一步优化产业发展环境；着力打造特色产业承接平台，优化区域生态环境，完善区域公共服务，增强产业承载能力；着力在承接中发展、完善自主创新体系，增强内生发展动力，加快产业调整优化升级；着力加强环境保护、发展循环经济，防止落后产能异地扩张，提高可持续发展能力，推进资源节约型和环境友好型社会建设；着力引导劳动力就近就地转移，促进产业和人口集聚发展，加快城镇化步伐；着力深化开放合作、打造承接平台，培育壮大特色优势产业，增强综合经济实力，积极推进工业化、信息化、城镇化和农业现代化协调发展，努力建设中部地区承接产业转移优秀示范区、人水和谐可持续发展先行区、跨区域合作与产业转型发展综合试验区，将示范区建设成为中部地区崛起的重要增长极、产业承接的新平台及全国重要的先进制造业和现代服务业基地。创新区域合作方式，推动区域联动发展，促进经济社会持续保持良好的发展态势，为兴赣富民、江西省全面转型和加速崛起提供强大的产业支撑，同时为中西部地区承接产业转移发挥先行示范作用。

（二）基本原则

按照梯度推进理论和区域经济发展规律，赣南等原中央苏区承接发达地区产业转移是缩小地区差距、实现区域经济协调发展的必然选择。但是，这种产业转移不是简单地把东部沿海地区的资源加工型、劳动密集型产业转移到赣南等原中央苏区，而是要在认真分析江西赣南等原中央苏区与沿海地区比较优势的基础上，以优势互补为前提，以优化产业结构为目标，把沿海地区的技术、资金、人才、信息等方面的优势与江西赣南等原中央苏区丰富的资源、巨大的市场潜力和特殊的区域优势结合起来，以促进江西赣南等原中央苏区特色产业的发展，形成规模经济、各取所长、优势互补、布局合理的经济发展新格局。

1. 坚持优势互补、产业错位发展

把承接产业转移与加强区域合作结合起来，创新合作方式。赣南等原中央苏区在规划承接产业空间布局时，需要从全省大局出发，不仅要优先发展重点区域的增长极，而且要充分考虑发挥各地区的区域特色和产业优势，合理确定产业承接发展重点，因地制宜地承接和发展优势特色产业。要注重不同地区产业间的互补发展，相同产业不能过度分散在多个区域，要促进整个产业的集群化发展，形成各城市、各县、各城市群、各园区间产业的专业化分工和协作关系。建立健全利益共享机制，通过不同区域间产业的错位发展，实现产业的互补和良性互动。这不仅有利于防止区域间的产业同构和同质化竞争，而且有利于提高区域间的资源配置效率，并优化产业结构。

2. 坚持市场主导、政府适度调控

在承接产业转移的过程中要认清承接产业转移是由市场和政府双方面发挥作用的结果。尊重市场规律，充分发挥市场配置资源的基础性作用，尊重各类企业在产业转移中的主体地位，加快完善统一开放、竞争有序的市场体系。单纯依靠市场机制可能会出现各种市场失灵的问题，这就要发挥政府作为市场监管者的职能，完善公共服务，加强规划引导和政策支持，着力改善产业承接发展的软硬件环境，通过搭建转移平台、构建转移通道等方式，建立和完善产业转移推进机制。

3. 坚持产业结构、区域布局合理化

赣南等原中央苏区主要包括 3 个地级市，每个地区所处的经济发展阶段不同，经济发展基础各有差别，产业发展水平和产业结构水平也各不相同。承接产业转移，要与各地现有的产业基础和资源优势结合起来。面对国内外产业转移的有利形势，赣南等原中央苏区各地都有承接产业转移的强烈需求，在进行承接产业的空间布局时，就必须考虑产业承接对承接地产业结构的影响。并不是所有类型的产业都适合不同发展水平的产业承接地。什么样的地区承接什么类型的产业、接纳什么样的产业技术，都要以促进地区产业结构合理化为基本前提。既要考虑到地区经济发展的需要，又要兼顾地区产业结构优化升级的需要。

4. 坚持产业集聚，产城融合发展

在承接产业转移过程中，应遵循产业价值链和产业集聚的客观规律。产业集群代表了本地区的产业形象，是提升地区产业整体竞争力的关键所在。要围绕支柱产业和优势产业，积极发展工业园区，着力引进产业关联度高、技术含量高的上下游企业，延伸产业价值链条，培育有市场竞争力的产业集群。城市是承接产业转移的空间载体，赣南等原中央苏区承接产业转移，要以产业集聚区建设为突破口，通过产业集聚，引导人口集聚，进而促进产城集聚，最终形成以"产"带"城"、以"城"促"产"的良性循环。实现产业集聚区和城市新区在空间上的叠合和功能上的复合，推动社会公共资源共享。

5. 坚持重点承接与协调发展相结合

坚持重点突破，以开发区和工业园区为重点，提升产业承接和劳动力吸纳的水平和能力，不断增强自主创新能力，加快传统产业升级改造，培育壮大优势主导产业，优先发展劳动密集型产业、战略性新兴产业和现代服务业，形成有较强竞争力的承接产业转移聚集区，实现劳动密集与产业密集的有机统一。一些资源丰富、工业发展基础较好、处于有利交通区位、产业配套体系较为完善的地区对转移产业具有更高的吸引力，应作为决策部门重点考虑的产业承接地区。同时，优势不是很明显的其他地区在承接产业转移的策略上应做适当调整，做好本地的产业承接工作，最终实现共同发展。

6. 坚持节能环保、可持续发展

承接资源、能源消耗量大的产业虽然在短期内可以促进承接地经济的发展，但是会破坏承接地的环境，不利于承接地的长期可持续发展。因而，赣南等原中央苏区在承接产业转移的过程中，要树立生态优先和循环发展理念，注重环境保护，设置污染门槛，积极承接和发展"两型"产业，严禁污染产业和低效益产业转入，引导和推动承接产业向现有开发区和产业园区集聚，构建循环经济产业链条，节约集约利用能源资源，提高产业承载能力，实现经济效益与生态效益的有机统一，不断实现节约型和环境友好型的社会目标。

三 赣南等原中央苏区承接沿海产业的空间布局战略规划

赣南等原中央苏区振兴发展，对全省乃至全国发展具有空间战略意义。赣南等原中央苏区承接沿海产业的空间布局，要有总体思路和原则要求，充分发挥毗邻长三角、珠三角和闽南三角的区位优势。赣南等原中央苏区地处珠三角和海西两大经济区的辐射交叉点上，是珠三角地区和闽东南、厦漳泉地区经济区的直接腹地和内地通向东南沿海的重要通道，也是连接长三角和珠三角地区的纽带。以长江经济带建设为契机，突出区域产业的分工和集聚效应，依托中心城市、交通线、港口和省域边界线，以园区为主要载体，推进产业集聚。在现有的产业发展基础上，根据产业的关联度、差异化、特色化和可持续性的实际情况，优化区域产业分工，合理配置资源，强化与珠三角、厦漳泉等沿海地区的经贸联系，打造"一核两翼三轴"的空间布局，与"龙头昂起、两翼齐飞、苏区振兴、绿色崛起"的全省发展格局形成呼应态势。增强中心城区功能，构建中心城区和城镇协调发展的现代城镇体系，最终形成产业布局合理、错位发展、功能完善、各具特色的空间开发格局。

（一）构建"一核两翼三轴"产业发展格局

1. "一核"即以赣州经济技术开发区为核心

以赣州经济技术开发区、综合保税区（含出口加工区）以及赣州高新技术产业园区等为龙头，以中心城区、赣县、南康、上犹、崇义为节点，推进赣县经济技术开发区、沙河工业园、水西有色金属产业基地、南康工业园和家具产业基地、赣州（崇义）硬质合金和硬面材料产业基地、上犹工业园、大余钨及有色金属深加工产业基地建设，推进集约化组团布局和专业化集群发展，重点承接和发展钨、稀土、铜铝深加工、机械制造、食品工业、新能源汽车、现代服务业、家具制造、玻纤及新型复合材料等产业，促进集约化组团布局和专业化集群发展，打造钨和稀土等高新技术产业和战略性新兴产业核心集聚区，建成全国稀土与钨产业战略基地，构建区域性现代物流、金融、旅游中心，加快形成江西对接珠三角、海西经济区的桥头堡,推动赣州尽快建设成为赣粤闽湘四省交界地区的区域性中心城市。力争到2020年,中心城区生产总值占全市比重超过50%。

2. "两翼"即形成吉安-抚州、龙岩-梅州两翼齐飞的发展格局

要加快产业承接转移步伐,形成吉安-抚州、龙岩-梅州两翼齐飞的发展格局,把龙岩建成联结闽东南地区的重要节点,把吉安建成联结长株潭城市群的重要节点,把梅州建成联结珠三角经济区的重要节点。

3. "三轴"即打造赣州-瑞金-龙岩发展轴、吉安-赣州-龙南发展轴及抚州-瑞金-梅州发展轴

沿赣龙铁路、厦蓉高速和泉南高速打造赣州-瑞金-龙岩发展轴,向东延伸至厦门、泉州等海西经济区重点城市,向西延伸至长株潭乃至成渝地区和北部湾国际区域经济合作区,打通西南大通道,形成井冈山-泰和-兴国-宁都-石城-宁化经济走廊;沿京九铁路、大广及赣粤高速打造吉安-赣州-龙南发展轴,连通广州、深圳等珠三角核心区;沿鹰瑞汕铁路、济广高速打造抚州-瑞金-梅州发展轴,连通鄱阳湖生态经济区和长三角经济区。

(二)引导产业向园区集中

为适应产业大规模、集群式的转移趋势,充分利用现有开发区和产业园区进行高起点规划建设,通过科学编制园区规划来引导产业和项目向园区集聚,以形成错位竞争、要素集约、配套完善、协调发展的产业集聚发展平台。加快建设以香港工业园为龙头的赣粤产业走廊和以台商创业园为龙头的赣闽产业走廊。着力推进赣州、龙南经济技术开发区工业承接主平台建设和发展,加快推进综合保税区(含出口加工区)、香港工业园、瑞兴于经济振兴实验区、"三南"承接加工贸易转移重点承接地、示范地等基础设施建设,不断完善园区功能。积极推动国家尽快批准设立赣州国家高新技术开发区、赣州综合保税区和赣州稀土产业园,支持符合条件的开发区扩区升级。在中心城区规划建设总部经济区,大力发展总部经济和研发中心。支持建立钨、稀土科技兴贸创新基地,推进各类特色产业基地、高技术产业孵化基地的建设。支持赣州经济技术开发区按照生态低碳要求建成

国家生态工业示范园区和循环经济示范园区。在石城、崇义、寻乌研究设立省级开发区或产业园区,享受工业园区优惠政策。加快推进钨、稀土科技兴贸创新基地的建设,通过委托管理、投资合作等多种形式,与东部沿海地区合作共建和发展产业园区,推进特色产业基地和高新技术产业孵化基地建设,形成错位竞争、要素集约、配套合理、协调发展的产业集聚平台。

（三）促进园区转型升级

按照"布局优化、产业集聚、用地集约、特色突出"的原则,加强开发园区管理,加快转型升级,将现有的开发园区建设成为承接产业转移的重要平台。

促进园区规范化发展。依据国民经济和社会发展规划、土地利用总体规划和城市总体规划,编制示范区产业开发园区总体发展规划,规范开发园区的设立、扩区和区位调整,实现有序发展。制定各类产业开发园区的建设规划,优化布局,集约发展,着力提高现有开发园区产业聚集度。为了适应发展需要,在符合国家相关政策和节约集约用地要求的前提下,支持开发园区的扩区和整合,支持园区向高新产业园区转型升级,支持符合条件的自治区级园区升格为国家级园区。

推动园区特色化发展。立足承接产业转移需要,依托自身优势,明确开发园区产业定位和发展方向,选准主导产业,推动关联产业和要素集聚,完善产业链,发展产业集群,打造园区品牌,着力培育一批特色鲜明的专业化园区。

实现园区集约化发展。完善项目进入机制与退出机制,以科技含量、环境影响、投资强度、产业效益为选资标准,提高入区项目的档次和质量。加强用地调控,节约集约用地,积极推行建设多层标准厂房,充分利用地上、地下空间,认真落实开发园区单位土地面积投资强度的要求,提高单位土地面积产出。推行公司开发管理模式,创新融资方式,实行市场化资本运作,拓宽融资渠道,高起点规划基础设施建设,完善园区配套设施,为产业转移提供公共服务平台。

(四) 完善三个承接平台

一是优化工业园区平台。工业园区是工业发展的基本平台，分布在县里的工业园区开发空间较大，应注重培育支柱产业，提升产业层次，形成各具特色的板块经济。二是完善产业基地平台。根据产业基础和比较优势，继续认定和建设一批特色产业基地，加快培育新的经济增长极。比如重点建设赣州纺织服装鞋帽玩具加工基地、盐化工基地、稀土深加工基地以及钨深加工基地等。三是创建产业对接工业园平台。依托国家级和省级开发区建设产业对接工业园，实现合作发展、利益共享。政府负责园区内外基础设施的规划和建设，外方负责招商引资和经营管理，引导沿海产业整体转移。如建设赣州（香港）产业对接工业园，集中发展服装、鞋帽、电子信息等产业。

第三节 赣南等原中央苏区承接沿海产业的空间布局安排

一 赣南等原中央苏区承接沿海传统产业的空间布局

（一）层次分析法概述

层次分析法（Analytic Hierarchy Process，AHP）是美国运筹学家匹茨堡大学教授 T. L. Saaty 于 20 世纪 70 年代初提出的一种层次权重决策分析方法。它将与决策总是有关的元素分解成目标、准则、方案等层次，并在此基础之上进行定性和定量分析。层次分析法有很多优势，其中最重要的一点就是简单明了，它注重层次本身，使得使用者能够直观地衡量指标的相对重要性。层次分析法不仅适用于存在不确定性和主观信息的情况，而且允许以合乎逻辑的方式运用经验、洞察力和直觉。在对多种方案进行比较、判断、评价和决策的过程中，主观因素往往占有相当的比重，层次分析法在一定程度上解决了这一难题。层次分析法的基本思路是将研究对象的各个属性或影响因素按重要性进行排序，经综合分析后确定最优方案。本书选择层次分析法，是基于层次分析法将决策的思维过程数学化，对决策结果直接计量的优势。

（二）层次分析法模型求解基本步骤

层次分析法解决问题的步骤如下：①对构成决策问题的各种要素建立多级递进的结构模型；②对同一等级（层次）的要素以上一级要素为准则进行两两比较，根据评定尺度确定其相对重要程度，并据此建立判断矩阵；③通过计算，确定各要素的相对重要度；④通过综合重要度的计算，对各种替代方案进行优劣排序，从而为决策者提供科学决策的依据。层次分析法流程如图5-1所示。

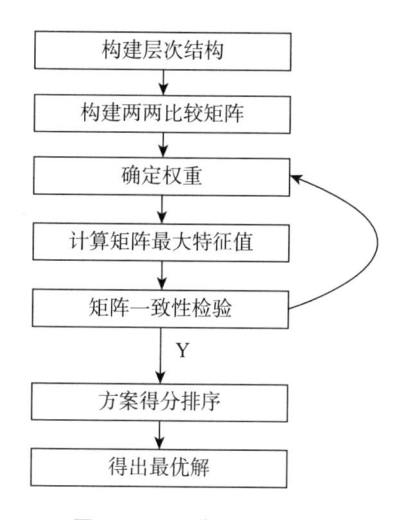

图 5-1　层次分析法流程

（1）构造判断矩阵。这是层次分析法建立模型后的一个关键步骤，其作用是将要素之间的关系进行量化处理，是模型计算的基础与前提。判断矩阵表示针对上一层次中的某个元素而言，评定该层次中各有关元素的相对重要性。在多因素、多目标的环境影响之下，既有定性因素，也有定量因素，有时还有一些模糊因素，各因素的重要程度不一致，也无明显的相关性。在这样的分析中，层次分析法对各因素的重要程度进行了定义，形式如表5-4所示。

表 5-4　判断矩阵的一般形式

A_k	B_1	B_2	...	B_n
B_1	b_{11}	b_{12}	...	b_{1n}

续表

A_k	B_1	B_2	...	B_n
B_2	b_{21}	b_{22}	...	b_{2n}
...	...	...	...	...
B_n	b_{n1}	b_{n2}	...	b_{nn}

注：依据层次分析法的原理。

其中，b_{ij}表示对于A_k而言，元素B_i对B_j的相对重要性的判断值。对于大多数复杂而重要的问题，往往要通过适当的方法才能导出它们的权重。AHP理论利用Delphi法，采用1~9等级标度法，针对准则A_k，得到两个元素B_i和B_j哪个更重要及重要多少的评判标准，标度含义如表5-5所示。

表5-5 标度含义

打分	两元素重要性比较
1	表示两个元素，具有同样重要性
3	表示两个元素，一个元素比另一个元素稍微重要
5	表示两个元素，一个元素比另一个元素明显重要
7	表示两个元素，一个元素比另一个元素强烈重要
9	表示两个元素，一个元素比另一个元素极端重要
2，4，6，8	上述两相邻元素判断的中值

注：利用Delphi法进行等级标度。

一般而言，判断矩阵中b_{ij}的数值是根据数据资料、专家意见及分析者的个人经验认识，经过反复研究后给出的。构造出的判断矩阵应当具有如下特征。

$$a_{ii} = 1 \qquad (5-6)$$

$$a_{ij} = 1/a_{ji} \qquad (5-7)$$

$$a_{ij} = a_{ik}/a_{jk} \qquad (5-8)$$

上式中，(i，j，$k=1$，2，…，n）

（2）层次单排序。层次单排序的目的是针对上层次中的某个元素，确定本层次中与之有联系的各元素重要性次序的权重值。它是本层次所有元素对上一层次某个元素而言的重要性序列的基础。层次单排序可以归结为判断矩阵的最大特征值 $\lambda\max$ 和特征向量 W 的计算问题,根据它们之间的关系 $AW = \lambda\max W$ 以及得到的特征向量计算出 $\lambda\max$。可应用和积法来近似求解和判断矩阵的最大特征值及其对应的特征向量。和积法步骤如下:①将判断矩阵的每一列元素进行标准化处理,$b'_{ij} = b_{ij} / \sum_{i=1}^{n} b_{ij}$ ($i = 1, 2, \cdots, n$);②对按列标准化后的判断矩阵再按行求和,$W'_i = \sum_{j=1}^{n} b'_{ij}$ ($i = 1, 2, \cdots, n$);③将向量 $W' = (W'_1, W'_2, \cdots, W'_n)^T$ 标准化,$W_i = W'_i / \sum_{i=1}^{n} W'_i$ ($i = 1, 2, \cdots, n$);④计算判断矩阵最大特征根,$\lambda_{\max} = \sum_{i=1}^{n} \frac{(BW)_i}{nW_i}$ [$(BW)_i$,表示 BW 的第 i 个分向量]。

(3) 一致性检验。为了考察 AHP 分析方法得出的结果是否基本合理,需要对判断矩阵进行一致性检验。层次分析法的关键在于确定各个指标权重,因此常常采用成对比较的方法。但是,要求实际给出的成对比较矩阵完全满足一致性是不现实的。一个"比较"一致的矩阵就可以估计每个指标的权重。那么如何判断一个矩阵是"比较"一致的?层次分析法定义了一致性指标 CI,计算公式为:

$$CI = (\lambda\max - n)/n - 1 \qquad (5-9)$$

一般来说,1 阶和 2 阶判断矩阵永远具有完全一致性,即 $CI = 0$。CI 值越大,表明判断矩阵偏离完全一致性的程度越大。CI 的值越小,表明判断矩阵越接近完全一致。一般判断矩阵的阶数 n 越大,人为造成的偏离完全一致性指标 CI 的值便越大;n 越小,人为造成的偏离完全一致性指标 CI 的值便越小。层次分析法引入了平均随机一致性指标 RI,平均随机一致性指标是多次重复进行随机判断矩阵特征值的计算后,取其算术平均值得到的。RI 与判断矩阵的阶数有关,一般阶数越大,出现一致性随机偏离的可能性也越大。已有学者得到了计算结果,如表 5 - 6 所示。在检验判断矩阵是否具有满意一致性时,必须将一致性指标 CI 与平均随机一致性指标 RI 进行比较,得出检验数 CR,即一致性比例。

$$CR = CI/RI \tag{5-10}$$

表 5-6 平均随机一致性指标（*RI*）

判断矩阵阶数	1	2	3	4	5	6	7	8	9	10
RI	0	0	0.58	0.9	1.12	1.24	1.32	1.41	1.45	1.49

注：通过多次重复进行随机判断矩阵特征值的计算后取其算术平均。

对于三阶以上的判断矩阵，当 $CR<0.1$ 时，即要求专家判断的一致性与无智能傻瓜（随机）判断的一致性之比小于10%时，可认为判断矩阵的一致性是可以接受的。反之，当 $CR>0.1$ 时，必须对判断矩阵做适当修正，以保持一定程度的一致性。

（4）层次总排序。结合同一层次所有层次单排序的计算结果，计算出对于上一层次而言，本层次所有元素的重要性权重值，这一步骤称为层次总排序。层次总排序需要从上到下逐层进行。对于最高层，其层次总排序就是该层的单排序。

（三）模型建立

江西赣南等原中央苏区涉及江西省49个地区，其中涵盖赣州市、吉安市、抚州市各县城以及鹰潭市、上饶市、宜春市、新余市、萍乡市的少量县城，本书重点将赣州市、吉安市、抚州市划为江西赣南等原中央苏区。为了从全省角度出发分析赣南等原中央苏区承接沿海产业转移空间布局安排，本书确定总体目标（模型最高层）为赣南等原中央苏区及江西省其他地市承接东部沿海地区产业转移的优势主导产业。主导产业的选取原则作为模型的第一中间层。根据赣南等原中央苏区及江西省其他地市产业基础及承接产业转移的状况，在遵循承接产业转移原则的条件下，把产业增长潜力、产业技术进步、产业关联效应、产业可持续发展能力、产业竞争力优势和产业吸纳劳动力能力6项指标作为赣南等原中央苏区及江西省其他地市主导产业的选取原则。模型的第二中间层应为主导产业的备选对象，根据上面得出的赣南等原中央苏区及江西省其他地市承接沿海产业转移的趋势，把纺织服装、服饰业，文教、工美、体育和娱乐用品制造业，有色金属矿采选业，医药制造业，非金属矿物制品业，印刷业和记录媒介复制业，农副食品加工业，木材加工和木、竹、藤、棕、草制品业，电气机械和器材制造业，化学原料和化学制品制造业，水的生产和供应业 11 大优势行业作为赣南等原中央苏区及江西省其他地市承接产业选择的重点对象。为探寻最适合上述优势行业发展的空间分布，将赣南等原中央苏区及江西省其他地市即江西 11 地市（南昌、上饶、九江、景德镇、萍乡、新余、鹰潭、赣州、宜春、吉安、抚州）作为模型的最底层。模型每一层的所有元素都与其下一层存在完全层次关系，由此建立起层次结构模型如图 5-2 所示。

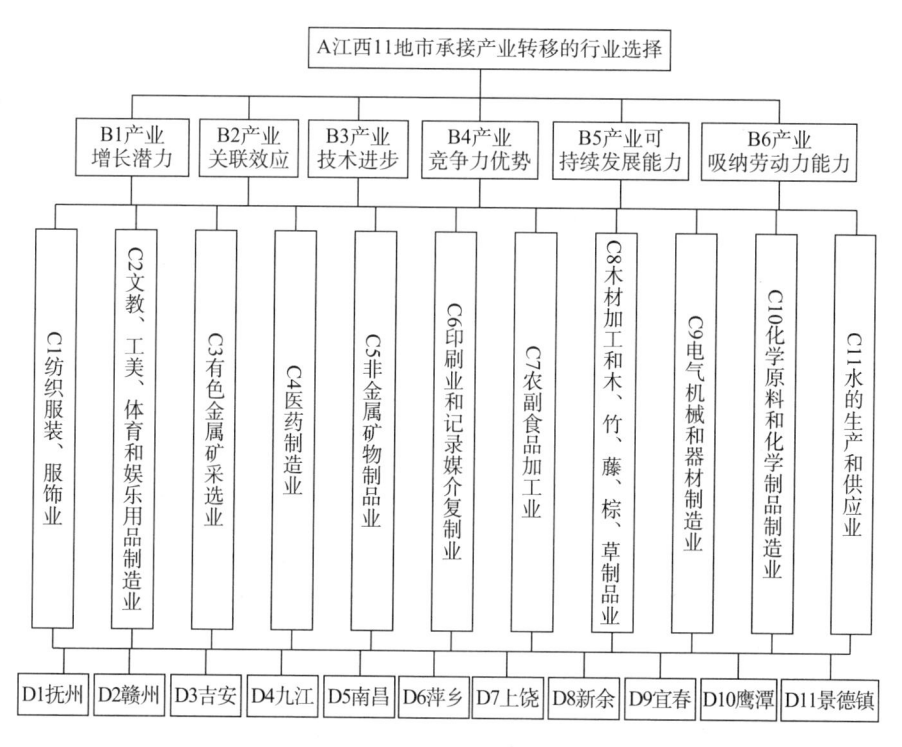

图 5-2　江西省 11 地市承接沿海产业转移的行业选择与空间布局层次结构模型

（四）模型计算与检验

根据层次分析的计算方法和建立的层次结构模型，采用大多数专家所使用的 1~9 等级法对每一层次的相关因素对于上一层次每个因素的相对重要性进行打分，由此构造出 18 个判断矩阵。按照上述模型计算方法对判断矩阵做层次单排序及一致性检验，以下是进行逐层分析的结果。

1. 选取原则的权重计算与一致性检验

选取指标在总体目标中的权重及排序如表 5-7 所示。

表 5-7　A-B 判断矩阵和权重排序

A	B1	B2	B3	B4	B5	B6	权重	排序
B1	1	3	3	1	1	3	0.2407	3
B2	1/3	1	2	1/3	1/3	2	0.1011	4
B3	1/3	1/2	1	1/3	1/3	2	0.0802	5
B4	1	3	3	1	1	5	0.2621	1
B5	1	3	3	1	1	5	0.2621	2
B6	1/3	1/2	1/2	1/5	1/5	1	0.0537	6

资料来源：经作者整理而得。

该判断矩阵的最大特征值为 $\lambda\max = 6.0994$，一致性指标 $CI = (\lambda\max - n)/(n-1) = 0.0199$，查表可知平均随机一致性指标 $RI = 1.24$，则随机一致性比例 $CR = CI/RI = 0.016 < 0.1$，表明该判断矩阵具有令人满意的一致性，无须调整。

2. 产业承接的权重计算及一致性检验

承接产业在总体目标中的权重及排序如表 5-8 所示。

表 5-8　B-C 承接产业选择的层次总排序

行业	B1	B2	B3	B4	B5	B6	权重	排序
	0.24072	0.10110	0.08024	0.26211	0.26211	0.05372		
C1	0.18822	0.05448	0.16230	0.14843	0.12969	0.15825	0.14524	1
C2	0.01691	0.04234	0.16230	0.14843	0.03856	0.18625	0.08039	7
C3	0.07482	0.06262	0.02518	0.12287	0.26412	0.03247	0.12954	2
C4	0.06011	0.15591	0.06395	0.04321	0.12634	0.06730	0.08342	6
C5	0.07482	0.06202	0.02518	0.03271	0.12634	0.06908	0.07170	9
C6	0.22151	0.02279	0.13434	0.03078	0.05568	0.06908	0.09278	4
C7	0.10364	0.05707	0.23783	0.13627	0.11780	0.02330	0.11765	3
C8	0.05760	0.01719	0.03286	0.13627	0.05093	0.08659	0.07196	8
C9	0.07025	0.21722	0.06526	0.13627	0.01887	0.06730	0.08839	5

续表

行业	B1 0.24072	B2 0.10110	B3 0.08024	B4 0.26211	B5 0.26211	B6 0.05372	权重	排序
C10	0.04075	0.17980	0.06526	0.04673	0.05228	0.02910	0.06074	10
C11	0.09137	0.12857	0.02554	0.01801	0.01937	0.21126	0.05819	11

资料来源：经作者整理而得。

3. 产业布局空间的权重计算及一致性检验

由于产业空间布局是相对于所选出的11大产业的重点产业而言的，因此只需对最底层（布局空间层）做层次单排序即可。11大重点产业在各个省份布局的权重分值及排序如表5-9所示。

表5-9　C-D层产业空间布局层权重排序

地区	C1 权重	排序	C2 权重	排序	C3 权重	排序	C4 权重	排序	C5 权重	排序	C6 权重	排序
D1	0.04724	7	0.02956	9	0.03506	8	0.02385	10	0.02288	10	0.01567	10
D2	0.11944	3	0.08485	5	0.28489	1	0.05354	5	0.07507	4	0.07023	6
D3	0.11215	4	0.19813	2	0.08799	5	0.10604	4	0.04882	7	0.10577	4
D4	0.27550	1	0.25446	1	0.16463	3	0.02396	9	0.10411	3	0.10886	3
D5	0.18498	2	0.04987	7	0.00000	10	0.13729	3	0.06867	5	0.29677	1
D6	0.04205	8	0.02102	11	0.00000	11	0.05076	6	0.36098	1	0.09985	5
D7	0.08281	5	0.13366	3	0.19815	2	0.04385	7	0.05898	6	0.03493	8
D8	0.04205	9	0.10289	4	0.02765	9	0.02820	8	0.04882	8	0.02422	9
D9	0.05270	6	0.06090	6	0.06188	6	0.30569	1	0.16908	2	0.19706	2
D10	0.01925	11	0.03661	8	0.04758	7	0.01326	11	0.01808	11	0.00000	11
D11	0.02184	10	0.02805	10	0.09217	4	0.21356	2	0.02451	9	0.04664	7
检验	CI 0.04255		CI 0.05385		CI 0.09117		CI 0.06864		CI 0.06332		CI 0.06882	
	RI 1.52000		RI 1.52000		RI 1.45000		RI 1.52000		RI 1.52000		RI 1.49000	
	CR 0.02799		CR 0.03543		CR 0.06288		CR 0.04516		CR 0.04166		CR 0.04619	

地区	C7 权重	排序	C8 权重	排序	C9 权重	排序	C10 权重	排序	C11 权重	排序
D1	0.02584	10	0.03447	8	0.01625	11	0.02063	10	0.02410	9
D2	0.10358	4	0.13740	3	0.04715	8	0.03172	8	0.21068	2

续表

地区	C7 权重	排序	C8 权重	排序	C9 权重	排序	C10 权重	排序	C11 权重	排序
D3	0.20475	2	0.16952	2	0.13267	3	0.08439	4	0.06014	6
D4	0.06800	6	0.09017	5	0.10801	4	0.05612	6	0.08703	4
D5	0.30687	1	0.06398	6	0.05550	6	0.02780	9	0.32630	1
D6	0.03932	7	0.01799	10	0.02182	10	0.15634	3	0.03298	8
D7	0.06914	5	0.09356	4	0.30715	1	0.03379	7	0.01846	10
D8	0.01402	11	0.02991	9	0.04892	7	0.20482	2	0.07801	5
D9	0.11258	3	0.31082	1	0.08187	5	0.06960	5	0.04367	7
D10	0.02796	8	0.01170	11	0.15301	2	0.01595	11	0.01561	11
D11	0.02796	9	0.04047	7	0.02764	9	0.29883	1	0.10303	3
检验	*CI*	0.0730	*CI*	0.11749	*CI*	0.0646	*CI*	0.0608	*CI*	0.0765
	RI	1.5200	*RI*	1.52000	*RI*	1.5200	*RI*	1.5200	*RI*	1.5200
	CR	0.0480	*CR*	0.07730	*CR*	0.0424	*CR*	0.0400	*CR*	0.0503

资料来源：经作者整理而得。

（五）结果分析

第一，根据要素选取原则的排序可以看出，江西赣南等原中央苏区及江西省其他地市在承接东部沿海产业转移时，产业空间布局的影响因素主要集中在产业增长潜力、产业关联效应、产业技术进步、产业竞争力优势、产业可持续发展能力和产业吸纳劳动力能力方面，已超出传统的社会因素、经济因素、技术因素和自然因素的范畴。表5-8显示：首先，产业竞争力优势（B4）和产业可持续发展能力（B5）最具重要性，两者的权重值均达到0.2621。产业竞争力的实质是产业的比较生产力，是某一地区的某一产业在生产效率、满足市场需求、持续获利等方面所体现出的综合能力。这说明产业竞争力和可持续发展能力是赣南等原中央苏区及江西省其他地市承接产业转移过程中的首要考虑因素。赣南等原中央苏区及江西省其他地市在承接东部沿海产业转移时，应甄别出那些最具市场竞争力和可持续发展能力的产业，它们将会是该地区最具有比较优势的产业，甚至会成为促进江西经济全面发展的主导产业。其次，产业增长潜力（B1）次为重要，权重达0.2407，产业的增长必须依托广阔的市场前景，即在不断扩大的市场需求的拉动下进行发展，唯有如此才能实现产业的快速发展，才能提高居民收入水平，转换消费结构，最终带动该地区经济的快速发展。因此，在承接产业转移时应把增长潜力大的产业作为地区的主导产业。再次，产业关联效应（B2）权重排序居中，是选择赣南等原中央苏区及江西省其他地市主导产业的一个重要基准。应选择那些与其他产业联系较密切、带动效应大的产业作为主导产业。最后，排序最末的是产业技术进步（B3）和产业吸纳劳动力能力（B6），权重分别为0.0802和0.0537。将这两个要素选取原则排在最后，主要基于以下原因：其一，赣南等原中央苏区及江西省其他地市承接的产业主要是劳动密集型产业，集中组装业务和服务外包业，技术含量较低，给各地区带来的技术进步极其有限，产业技术进步原则将不会被重点考量；其二，赣南等原中央苏区及江西省其他地市自身劳动力充足，劳动力成本低，承接东部沿海产业转移必然导致就业吸纳能力提高，吸纳劳动力的能力几乎可以不计为考量标准。

第二，根据所选原则层（B1至B6）的权重值，可以得出赣南等原中央苏区及江西省其他地市各产业的总权重值和承接排序。赣南等原中央苏区及江西省其他地市初选的11大重点产业具备的优势各不相同，纺织服装、服饰业（C1）的权重值最大，达到0.14524，其余各行业的权重值排序依次为：有色金属矿采选业（C3）0.12954，农副食品加工业（C7）0.11765，印刷业和记录媒介复制业（C6）0.09278，电气机械和器材制造业（C9）0.08839，医药制造业（C4）0.08342，文教、工美、体育和娱乐用品制造业（C2）0.08039，木材加工和木、竹、藤、棕、草制品业（C8）0.07196，非金属矿物制品业（C5）0.07170，化学原料和化学制品制造业（C10）0.06074，水的生产和供应业（C11）0.05819。可见，纺织服装、服饰业，有色金属矿采选业，农副食品加工业，印刷业和记录媒介复制业，电气机械和器材制造业等产业排序较前，权重值较高，赣南等原中央苏区及江西省其他地市在确定主导产业时，应首要考虑此类产业作为该地区主导产业发展的战略选择。

第三，本书主要运用区位熵这一指标，得出11大重点行业在赣南等原中央苏区及江西省其他地市空间布局的权重分值（见表5-10）。根据产业布局理论，各个产业由于自身的技术经济的要求不同，在布局上也会呈现出不同的特征，应选择最为适宜的空间重点发展；各地区应根据自身条件，扬长避短，发挥资源禀赋的比较优势，形成不同的产业结构层次。因此，从重点行业的空间布局层权重分值来看，主导产业应布局在基础条件较好、具备发展该产业比较优势的地区。表5-10中列出了各重点行业排序前五位的地市，以此作为赣南等原中央苏区及江西省其他地市11大重点行业的重点布局对象。

表5-10 优势行业空间布局的权重排序前五位

11大行业	第一位		第二位		第三位		第四位		第五位		权重累计
C1	D4	0.27550	D5	0.18498	D2	0.11944	D3	0.11215	D7	0.08281	0.77488
C2	D4	0.25446	D3	0.19813	D7	0.13366	D8	0.10289	D2	0.08485	0.77399
C3	D2	0.28489	D7	0.19815	D4	0.16463	D11	0.09217	D3	0.08799	0.82783
C4	D9	0.30569	D11	0.21356	D5	0.13729	D3	0.10604	D2	0.05354	0.81613
C5	D6	0.36098	D9	0.16908	D4	0.10411	D2	0.07507	D5	0.06867	0.77791
C6	D5	0.29677	D9	0.19706	D4	0.10886	D3	0.10577	D6	0.09985	0.80831
C7	D5	0.30687	D3	0.20475	D9	0.11258	D2	0.10358	D7	0.06914	0.79691
C8	D9	0.31082	D3	0.16952	D2	0.13740	D7	0.09356	D4	0.09017	0.80147
C9	D7	0.30715	D10	0.15301	D3	0.13267	D4	0.10801	D9	0.08187	0.78271
C10	D11	0.29883	D8	0.20482	D6	0.15634	D3	0.08439	D9	0.06960	0.81399
C11	D5	0.32630	D2	0.21068	D11	0.10303	D4	0.08703	D8	0.07801	0.80504

资料来源：经作者整理而得。表中各编号指代依次为：C1 纺织服装、服饰业，C2 文教、工美、体育和娱乐用品制造业，C3 有色金属矿采选业，C4 医药制造业，C5 非金属矿物制品业，C6 印刷业和记录媒介复制业，C7 农副食品加工业，C8 木材加工和木、竹、藤、棕、草制品业，C9 电气机械和器材制造业，C10 化学原料和化学制品制造业，C11 水的生产和供应业，D1 抚州，D2 赣州，D3 吉安，D4 九江，D5 南昌，D6 萍乡，D7 上饶，D8 新余，D9 宜春，D10 鹰潭，D11 景德镇。

第四，赣南等原中央苏区及江西省其他地市在承接东部沿海地区产业转移时，应基于自身良好的产业发展基础与条件。因此，可以得出承接产业的最优布局为（见表5-11）：赣州市应以纺织服装、服饰业，文教、工美、体育和娱乐用品制造业，有色金属矿采选业，医药制造业，非金属矿物制品业，农副食品加工业，木材加工和木、竹、藤、棕、草制品业，水的生产和供应业为承接重点；吉安市应以纺织服装、服饰业，文教、工美、体育和娱乐用品制造业，有色金属矿采选业，医药制造业，印刷业和记录媒介复制业，农副食品加工业，木材加工和木、竹、藤、棕、草制品业，电气机械和器材制造业及化学原料和化学制品制造业为承接重点；九江市应以纺织服装、服饰业，文教、工美、体育和娱乐用品制造业，有色金属矿采选业，非金属矿物制品业，印刷业和记录媒介复制业，木材加工和木、竹、藤、棕、草制品业，电气机械和器材制造业及水的生产和供应业为承接重点；南昌市应以纺织服装、服饰业，医药制造业，非金属矿物制品业，印刷业和记录媒介复制业，农副食品加工业及水的生产和供应业为承接重点；萍乡市应以非金属矿物制品业，印刷业和记录媒介复制业，化学原料和化学制品制造业为承接重点；上饶市应以纺织服装、服饰业，文教、工美、体育和娱乐用品制造业，有色金属矿采选业，农副食品加工业，木材加工和木、竹、藤、棕、草制品业及电气机械和器材制造业为承接重点；新余市应以文教、工美、体育和娱乐用品制造业，化学原料和化学制品制造业及水的生产和供应业为承接重点；宜春市应以医药制造业，非金属矿物制品业，印刷业和记录媒介复制业，农副食品加工业，木材加工和木、竹、藤、棕、草制品业，电气机械和器材制造业及化学原料和化学制品制造业为承接重点；鹰潭市应以电气机械和器材制造业为承接重点；景德镇市应以有色金属矿采选业，医药制造业，化学原料和化学制品制造业及水的生产和供应业为承接重点。

表5-11　江西11地市承接产业的最优布局

11地市	应承接产业
赣州	C1纺织服装、服饰业，C2文教体育用品制造业，C3有色金属矿采选业，C4医药制造业，C5非金属矿物制品业，C7农副食品加工业，C8木材加工和木、竹、藤、棕、草制品业，C11水的生产和供应业
吉安	C1纺织服装、服饰业，C2文教、工美、体育和娱乐用品制造业，C3有色金属矿采选业，C4医药制造业，C6印刷业和记录媒介复制业，C7农副食品加工业，C8木材加工和木、竹、藤、棕、草制品业，C9电气机械和器材制造业，C10化学原料和化学制品制造业

续表

11 地市	应承接产业
九江	C1 纺织服装、服饰业，C2 文教、工美、体育和娱乐用品制造业，C3 有色金属矿采选业，C5 非金属矿物制品业，C6 印刷业和记录媒介复制业，C8 木材加工和木、竹、藤、棕、草制品业，C9 电气机械和器材制造业，C11 水的生产和供应业
南昌	C1 纺织服装、服饰业，C4 医药制造业，C5 非金属矿物制品业，C6 印刷业和记录媒介复制业，C7 农副食品加工业，C11 水的生产和供应业
萍乡	C5 非金属矿物制品业，C6 印刷业和记录媒介复制业，C10 化学原料和化学制品制造业
上饶	C1 纺织服装、服饰业，C2 文教、工美、体育和娱乐用品制造业，C3 有色金属矿采选业，C7 农副食品加工业，C8 木材加工和木、竹、藤、棕、草制品业，C9 电气机械和器材制造业
新余	C2 文教、工美、体育和娱乐用品制造业，C10 化学原料和化学制品制造业，C11 水的生产和供应业
宜春	C4 医药制造业，C5 非金属矿物制品业，C6 印刷业和记录媒介复制业，C7 农副食品加工业，C8 木材加工和木、竹、藤、棕、草制品业，C9 电气机械和器材制造业，C10 化学原料和化学制品制造业
鹰潭	C9 电气机械和器材制造业
景德镇	C3 有色金属矿采选业，C4 医药制造业，C10 化学原料和化学制品制造业，C11 水的生产和供应业

资料来源：经作者由整理而得。其中，抚州市在初选的 11 大行业中所占权重排序均靠后，即不具备明显的产业承接优势，在此不予以列出。

二 东部地区产业转移趋势分析

东部地区各产业是否具有产业转移趋势是决定产业承接的基础原因，直接影响赣南等原中央苏区承接产业转移选择的科学性与可能性。所以研究赣南等原中央苏区承接沿海地区产业选择问题，应分析东部地区的产业转移趋势。

东部地区是我国主要的制造业基地，但随着经济的发展，全国统一市场逐步成形，要素成本全面提升，沿海区域原有的市场机制优势基本消失，粗放型的经济发展方式日趋失去竞争力，加上全球经济一体化的推动发展和产业结构全球性的重组与调整，产业转移优化产能结构已成为必然出现的经济潮流。在国内外市场规律的作用下，产业梯度转移趋势促进我国东部沿海地区部分产业正加快向中西部地区转移。同时我国经济发达的东部地区在经过多年的高速增长后,劳动力、土地、能源等要素的成本压力与经济增长之间的矛盾日益加剧,这是促使东部地区一些大中型企业将扩产项目转移至外地的重要原因。

赣南等原中央苏区是江西省承接东部沿海地区产业转移的前沿地带,区位条件优越,其中,赣南毗邻珠三角和海西两大经济区的辐射交叉点,是珠三角地区和闽东南、厦漳泉地区经济区的直接腹地和内地通向东南沿海的重要通道,也是连接长三角和珠三角地区的纽带。这种地理区位优势和交通条件为赣南等原中央苏区承接东部经济发达地区的产业转移及其配套服务提供了比其他地区更好的地理条件。赣南等原中央苏区应抓住沿海向内陆产业转移的难得机遇,积极承接来自沿海的产业转移。"十二五"时期,研究如何利用自身的区位优势、产业基础和综合成本优势,进一步积极主动地承接来自沿海的产业转移,对于促进江西全省经济实现跨越式发展具有重要意义。位于中部区域的赣南等原中央苏区承接沿海地区产业转移主要呈现以下特点。第一,中部地区引进资金主要集中在珠三角地区、长三角地区、京津冀等东部沿海发达地区。第二,中部地区有廉价劳动力,承接产业以第二产业为主,主要集中于承接传统的劳动密集型产业。第三,赣南等原中央苏区具有丰富的特色资源,比如赣南水能理论蕴藏量达216万千瓦,占全省的31.7%,可开发量达158.6万千瓦。另外森林覆盖率达76.2%,活立木蓄积量12000多万立方米,是全国18大重点林区之一。已发现的矿产有105种,现已探明的矿产资源种类达75种,铀矿储量全国第一,钨和稀土闻名海内外,素有"世界钨都"和"稀土王国"的美称等。基本以上的简要分析,本书选择东部沿海地区的工业产业为主要研究对象。

(一) 指标选取

为详细考察我国东部地区向赣南等原中央苏区产业转移的状况,本书选取发生产业转移趋势比较多的5省1市(福建、江苏、浙江、广东、山东、上海)作为样本,分析东部区域的产业转移趋势。

我们通常用产业区域集聚指数来衡量一个地区的产业转移趋势。区域产业集聚度可以用静态与动态两种方法加以测量,这两种方法意义与内涵各不相同。本书将综合运用这两种测量方法，计算分析东部5省1市各产业在全国范围内的转移趋势，使计算结果更加全面、准确。首先利用产业Hoover系数，即通常所说的区位熵来构建产品静态区域集聚指标，并将其拓展为动态模型来衡量产业集聚的发展态势。

（1）产业静态区域集聚指数。反映某一产业在某地区的现有生产能力和产值在全国所占的比重，是衡量目前产业生产分布的存量指标。

$$LQ_{ir} = \frac{Output_{ir}/Output_r}{Output_i/Output}$$

其中，LQ_{ir}即为区位熵，也即产业集聚指数；$Output_{ir}$表示产业i在区域r的产值；$Output_r$表示区域r所有产业的工业总产值；$Output_i$表示产业i在全国范围内的产值；$Output$表示全国范围内全国产业的工业总产值。

（2）产业动态区域集聚指数。反映某一产业在一定时间段内向某地区的集聚速度，体现产业生产的区域转移方向和速度。

$$D_{ij(o-t)} = \frac{b_{ij(o-t)}}{\sum_{j=1,2}^{n} b_{ij(o-t)}}$$

其中，$D_{ij(o-t)}$为在时间段（0~t）内产业i在区域j的动态集聚指数；$b_{ij(o-t)}$为在时间段（0~t）内产业i在地区j生产的增长速度；$\sum_{j=1,2}^{n} b_{ij(o-t)}$为产业$i$在时间段（0~t）内的全国平均增长速度①。

若$\sum_{j=1,2}^{n} b_{ij(o-t)}>0$，表明在时间段（0~t）内产业$i$在全国的生产是扩大的，则该产业为扩张性产业，产业$i$的生产在全国范围内是增加的；若$\sum_{j=1,2}^{n} b_{ij(o-t)}<0$，表明在时间段（0~t）内产业$i$在全国的生产是减少的，该产业为收缩性产业，产业$i$的生产在全国范围内是减少的。

当$\sum_{j=1,2}^{n} b_{ij(o-t)}>0$时，若$D_{ij(o-t)}>1$，则表明在时间段（0~t）内产业$i$

---

① 本书计算o~t的平均增速运用EXCEL中的power函数。函数写法：[POWER（报告期数值/基期数值，1/n）－1]×100%。

生产向地区 j 迅速集聚；若 $D_{ij(0-t)}<0$，则表明在时间段（0~t）内产业 i 生产从地区 j 向外部转移扩散；若 $0<D_{ij(0-t)}<1$，则表明在时间段（0~t）内虽然 j 地区产业 i 的生产纵向比较有所增加，但其增长速度小于全国平均增长速度，该产品也相对向外部转移。当 $\sum_{j=1,2}^{n}b_{ij(o-t)}<0$ 时，若 $D_{ij(0-t)}>0$，则 $b_{ij(o-t)}<0$，表明在时间段（0~t）内产业 i 生产从地区 j 向外部转移扩散；若 $D_{ij(0-t)}<0$，则 $b_{ij(o-t)}>0$，表明在时间段（0~t）内产业 i 生产向地区 j 集聚。

（二）数据分析及分析结论

选取江苏、浙江、山东、广东、福建、上海和全国2005年与2011年37个工业行业的相关数据分别计算产业动态和静态区域集聚指数。通过计算分析可知，若某产业的静态区域集聚指数大于1，同时动态区域集聚指数又小于1，说明该产业产值在其所在地区总产值中占有较大的份额，但增长速度变慢，产业即将开始向外转移。若动态区域集聚指数小于0.8，则说明该产业发展缓慢具有向外转移的趋势。

通过计算东部5省1市的37个产业的静态和动态集聚指数，我们确定了东部5省1市各自具有产业转移趋势的产业（见表5-12）。从中可见，具有转移趋势的产业，福建有6个、广东有9个、山东有8个、江苏有6个、浙江有17个、上海有15个。

表5-12 东部5省1市具有产业趋势的产业

地区	产业转移
广东（9）	家具制造业（2.054209，0.820719），造纸和纸制品业（1.253792，0.86971），印刷业和记录媒介复制业（1.966741，0.806571），橡胶制品业（1.382127，0.779543），金属制品业（1.643113，0.834557），电气机械和器材制造业（1.740991，0.725807），计算机、通信和其他电子设备制造业（2.993529，0.90151），燃气生产和供应业（1.649284，0.771709），水的生产和供应业（1.883282，0.987005）
福建（6）	农副食品加工业（1.059527，0.98568），家具制造业（1.585187，0.815167），橡胶制品业（1.534755，0.889415），非金属矿物制品业（1.359055，0.883181），计算机、通信和其他电子设备制造业（1.294094，0.842721），其他制造业（2.680119，0.896227）

续表

地区	产业转移
上海（15）	家具制造业（1.248761，0.407339），印刷业和记录媒介复制业（1.24089，0.329952），文教、工美、体育和娱乐用品制造业（1.207844，-0.01252），石油加工、炼焦和核燃料加工业（1.162659，0.591567），化学原料和化学制品制造业（1.081403，0.646343），塑料制品业（1.089408，0.517002），金属制品业（1.022378，0.322029），通用设备制造业（1.648471，0.483871），专用设备制造业（1.248114，0.771952），铁路、船舶、航空航天和其他运输设备制造业（2.067243，0.912636），电气机械和器材制造业（1.095156，0.562526），计算机、通信和其他电子设备制造业（2.482082，0.649078），仪器仪表制造业（1.231149，0.236816），燃气生产和供应业（1.329216，0.996909），水的生产和供应业（1.067264，0.81202）
江苏（6）	纺织业（1.461076，0.722057），纺织服装、服饰业（1.623652，0.978458），木材加工和木、竹、藤、棕、草制品业（1.13975，0.941313），黑色金属冶炼和压延加工业（1.022202，0.919293），金属制品业（1.285748，0.941934），通用设备制造业（1.241711，0.884748）
浙江（17）	纺织业（2.661233，0.703137），纺织服装、服饰业（1.623425，0.408602），皮革、毛皮、羽毛其制品和制鞋业（2.122394，0.419979），家具制造业（1.743042，0.802589），造纸和纸制品业（1.383029，0.772032），印刷业和记录媒介复制业（1.1823，0.65854），文教、工美、体育和娱乐用品制造业（1.99291，0.686994），化学原料和化学制品制造业（1.12884，0.994673），橡胶制品业（1.246311，0.787856），塑料制品业（1.879606，0.657512），金属制品业（1.363257，0.710884），通用设备制造业（1.42618，0.621367），电气机械和器材制造业（1.470662，0.772832），仪器仪表制造业（1.381701，0.824964），其他制造业（1.51615，0.458154），废弃资源综合利用业（1.889806，0.525263），电力、热力生产和供应业（1.195673，0.838902）
山东（8）	有色金属矿采选业（1.182612，0.687716），农副食品加工业（1.628722，0.712356），食品制造业（1.237101，0.826865），木材加工和木、竹、藤、棕、草制品业（1.240033，0.913407），造纸和纸制品业（1.506806，0.769468），非金属矿物制品业（1.145373，0.745875），通用设备制造业（1.078256，0.865195），专用设备制造业（1.181674，0.839643）

资料来源：《中国工业经济统计年鉴》和各省的统计年鉴。

由此可知，我国东部地区劳动密集型产业的转移趋势十分明显，传统的工业制造业面临越来越大的成本压力，大部分的工业行业都有明显的转移趋势。但由于东部 5 省 1 市采用的是外向型经济的发展模式，其"高投入、高消耗、高排放、不协调、难循环、低效率"的粗放型经济增长方式并未得到真正的改变。但生产要素价格的提高、生产条件的变化、国家宏观政策的限制和产业结构优化升级的内在需要，使得作为价格上涨被动接受区域的东部省市，其相关企业经营成本大幅上升，同时，产能又无法得到充分的释放,这就迫使一部分企业进行转移,推动产业转出,寻找生产的合适区位。面对需要依靠原材料、劳动力、土地等经济要素投入的传统加工制造业在东部地区的市场容量日趋缩减问题,这些企业必将转向市场前景广阔的中西部区域。因此以上具有产业转移趋势的产业中,其相关企业可能并未表现出转移的意愿行为。但在成本压力和市场拉力的诱因下,转移必将发生。为此,首先,应从江西省总体出发,针对以上东部企业的产业转移趋势进行分析,结合自己的优劣势,选择并确定全省总体的承接产业和承接模式。其次,根据赣南等原中央苏区自身实际情况,再结合全省总体的承接产业和承接模式,选择实际可行的承接产业和承接模式。

（三）江西优势产业分析

江西承接沿海产业应与本地主导优势产业关联密切,应承接对地区综合实力、长期可持续发展有很大提升作用,同时又能带来结构优化升级的产业。

（四）研究方法与数据选择

研究方法主要是产业梯度系数分析法。产业梯度的概念源于区域经济学中的梯度概念。从区域经济学的角度来看,梯度是区域间经济发展差距在地图上的表示。产业梯度是指由于区域间资源禀赋不同,从而导致产业层面上的经济差异。区域间的产业梯度使产业转移成为可能。本书通过分析江西省各产业所处的产业梯度来确定江西省各产业发展的相对水平。戴宏伟最先用区位熵（LQ）和比较劳动生产率（CPOR）的乘积来衡量区域产业梯度水平,并称之为产业梯度系数,用公式表示为：

$$产业梯度系数 = 区位熵 \times 比较劳动生产率$$

$$区位熵：Q_{ij} = \frac{e_{ij}/e_i}{E_i/E}$$

$$比较劳动生产率：L_{ij} = \frac{e_{ij}/E_j}{l_{ij}/L_j}$$

其中,Q_{ij}表示地区i产业j的区位熵；L_{ij}表示地区i产业j的比较劳动生产率；e_{ij}表示地区i产业j的总产值；e_i表示区域i所有产业的工业总产值。

E_j表示全球范围内产业 j 的总产值；E 表示全国范围内所有产业的工业总产值。l_{ij}表示地区 i 产业 j 部门的从业人员数；L_j表示全国范围内产业 j 部门的从业人员数。

从中可以看出，区位熵主要反映出产业的专业化程度。区位熵大于1则说明该地区该产业的专业化程度较高，区位熵越大，专业化程度越高。区位熵无法反映劳动生产率的区域差异给产业成长带来的影响，而比较劳动生产率可以将这种产业现象表现出来。比较劳动生产率又称相对国民收入，反映了产业技术的水平。

综合来看，产业梯度由产业专业化水平与劳动生产率共同决定，因此，可以用两者的乘积来衡量产业梯度系数。该方法弥补了区位熵方法无法准确表示区域间劳动生产率差异引起的偏差的缺陷，且比较劳动生产率数据较易获取，系数计算方法较简便。目前，该方法在国内区域产业梯度转移研究中使用比较广泛。

熊必琳等（2007）在此基础上改进了产业梯度系数的计算模型。熊必琳等认为戴宏伟提出的产业梯度系数遗漏了一个很重要的要素——资本。一般来说，资本和劳动力是互为替代关系的要素，而产业梯度系数无法准确反映资本与劳动力组合的差异，会使区域产业梯度的比较产生一定的偏差。因此熊必琳等人在提出的计算公式中加入了比较资本产出率。这样，在总体技术水平保持不变的情况下，产业就有可能在新的区域保持原有生产函数，实现低成本、高利润的目标。经济效率可以用资本的盈利能力表示，技术效率可以用全员劳动生产率表示，这样，就能从资本和劳动力（包括技术）两方面反映区域产业的资源配置能力，有力地保障了产业的向上发展动力。

$$比较资本产出率：K_{ij} = \frac{e_{ij}/e_i}{k_{ij}/k_j}$$

其中：K_{ij}表示地区 i 产业 j 的比较资本产出率，k_{ij}表示地区 i 产业 j 的平均资本额，k_j表示全国范围内产业 j 的平均资本额。

比较资本产出率主要用于比较某地区某产业资本的盈利能力与全国平

均的水平关系,是某地区某产业增加值与全国该产业增加值的比值除以该地区产业平均资本与全国平均资本的比值,如果比较资本产出率大于1,则说明该地区该产业的资本盈利能力高于全国平均水平。因此,改进的产业梯度系数为:改进产业梯度系数(T_j^*) =区位熵(Q_{ij}) ×比较劳动生产率(L_{ij}) ×比较资本产出率(K_{ij})。

(五) 结果分析

根据以上计算模型,以2012年《江西统计年鉴》中2011年的有关数据为基准,分别计算出江西省工业各行业的产业梯度系数,如表5-13所示。

表5-13 江西省工业各行业的产业梯度系数

		区位熵	比较劳动生产率	比较资本产出率	改进产业梯度系数	产业梯度系数
1	有色金属冶炼和压延加工业	4.533879	1.563625	1.750612	12.41059	7.089287
2	有色金属矿采选业	2.800071	0.920757	1.372161	3.537683	2.578184
3	纺织服装、服饰业	1.437387	1.247948	2.711428	4.863716	1.793784
4	文教、工美、体育和娱乐用品制造业	1.272743	1.373885	2.540921	4.443061	1.748602
5	医药制造业	1.834216	0.932953	1.693563	2.898087	1.711237
6	印刷业和记录媒介复制业	1.164215	1.436325	1.406107	2.351279	1.672191
7	非金属矿物制品业	1.579683	1.048731	1.424785	2.360388	1.656662
8	非金属矿采选业	1.270073	1.256464	1.443404	2.303385	1.5958
9	电气机械和器材制造业	1.081117	1.109997	1.406379	1.687706	1.200037
10	木材加工和木、竹、藤、棕、草制品业	1.314787	0.850495	1.583703	1.770927	1.118219
11	化学原料和化学制品制造业	1.268702	0.860175	1.515049	1.653382	1.091306
12	农副食品加工业	0.887051	1.162185	2.205029	2.273203	1.030918
13	水的生产和供应业	1.102228	0.917589	0.870567	0.880485	1.011392
14	黑色金属矿采选业	0.994221	0.967704	2.613309	2.514294	0.962111
15	家具制造业	0.762818	1.256811	2.72392	2.611473	0.958719
16	纺织业	0.939245	0.943813	2.356987	2.089403	0.886472
17	皮革、毛皮、羽毛及其制品和制鞋业	1.217255	0.706619	2.638146	2.269164	0.860136
18	金属制品业	0.636488	1.319082	2.059077	1.728759	0.83958

续表

		区位熵	比较劳动生产率	比较资本产出率	改进产业梯度系数	产业梯度系数
19	其他制造业	0.982448	0.832374	2.099786	1.717131	0.817765
20	黑色金属冶炼和压延加工业	0.89145	0.917	1.405209	1.148702	0.81746
21	橡胶和塑料制品业	0.759494	1.069303	2.580106	2.095379	0.812129
22	造纸和纸制品业	0.826014	0.981736	1.913901	1.552035	0.810927
23	食品制造业	0.912526	0.873603	1.733585	1.381987	0.797185
24	废弃资源综合利用业	0.830249	0.951007	1.582096	1.249181	0.789573
25	电力、热力生产和供应业	0.814862	0.660535	1.186103	0.638414	0.538245
26	橡胶制品业	0.508666	1.054906	1.585156	0.850587	0.536595
27	烟草制品业	0.754632	0.694935	1.236453	0.648421	0.52442
28	饮料制造业	0.653298	0.766481	1.08039	0.540995	0.500741
29	铁路、船舶、航空航天和其他运输设备制造业	0.635696	0.75762	0.923258	0.444655	0.481616
30	石油加工、炼焦和核燃料加工业	0.546338	0.872097	1.557516	0.742093	0.47646
31	通用设备制造业	0.455996	0.970229	1.772277	0.784092	0.44242
32	化学纤维制造业	0.421255	0.851647	0.569522	0.204322	0.358761
33	专用设备制造业	0.408356	0.786456	1.748228	0.561451	0.321154
34	仪器仪表制造业	0.489579	0.567139	0.997815	0.277053	0.277659
35	计算机、通信和其他电子设备制造业	0.422187	0.654617	2.080393	0.57496	0.276371
36	燃气生产和供应业	0.466081	0.558667	0.839667	0.218636	0.260384
37	煤炭开采和洗选业	0.329766	0.458608	1.437916	0.217461	0.151233

资料来源：依据《江西统计年鉴》计算整理而得。

从表5-13可以看出江西省工业各行业的产业梯度系数总体不高，全省37个行业中，有13个行业的产业梯度系数大于1，23个行业的改进产业梯度系数大于1，而产业梯度系数与改进产业梯度系数均大于1的产业仅有12个，分别是：有色金属冶炼和压延加工业（12.41059，7.089287），纺织服装、服饰业（4.863716，1.793784），文教、工美、体育和娱乐用品制造业（4.443061，1.748602）有色金属矿采选业（3.537683，2.578184），医药制造业（2.898087，1.711237），非金属矿物制品业（2.360388，1.656662），印刷业和记录媒介复制业（2.351279，1.672191），非金属矿采选业（2.303385，1.5958），农副食品加工业（2.273203，1.030918），木材加工和木、竹、藤、棕、草制品业（1.770927，1.118219），电气机械和器材制造业（1.687706，1.200037）与化学原料和化学制品制造业（1.653382，1.091306）。

从表5-13可以明显地看出，江西省优势产业的形成主要是利用了省内丰富的矿产资源，其具有生产成本较低、市场竞争力较强的优势。同时，这些产业大多为劳动密集型产业，需要大量的劳动力资源，能够在一定程度上解决本地就业问题。因此这些产业在适应市场需要、满足市场需求的同时还具有良好的发展前景，逐渐成为江西省经济发展所倚靠的优势特色产业，这些优势产业将是江西省产业承接的重点。

1. 江西省优势产业分析（具有比较优势的产业）

省内某些产业在发展过程中凭借江西省在区位、资源以及成本等方面的比较优势已经积累了一定的产业基础，成为具有优势的主导产业，比如：矿产资源的开采、冶炼及压延加工等行业。江西矿产资源极为丰富，是我国矿产资源配套程度较高的省份之一。在目前已知的150多种矿产中，江西就有140多种，其中已探明储量的有89种，储量居全国前五位的有33种。尤其是有色、贵重金属和稀土矿产等在全国占有明显的优势。铜、银、金、钽、铷、铯、铊、硫铁矿、粉石英等含量居全国第一位，储量占全国总储量的80%以上。铜、钨、铀、钽、稀土、金、银被誉为江西的"七朵金花"。江西矿产资源开发历史悠久，但总的来说，开发利用程度还不高，潜力很大。目前，铜、钨、稀土等的开发规模较大，其中铜的开发利用较为充分，已建成了亚洲最大的铜矿——德兴铜矿和全国最大的铜冶炼基地——贵溪冶炼厂。因此，省内与这些自然资源有关的开采、冶炼、加工行业相对于其他行业来说具有较为明显的竞争优势，产业基础较好。有色金属冶炼和压延加工业、有色金属矿采选业、黑色金属矿采选业、非金属矿物制品业、非金属矿采选业、金属制品业、黑色金属冶炼和压延加工业，以上7种行业的改进梯度系数均大于1，有较强的竞争优势。江西四季分明，气候温暖，光照充足，雨量充沛，为亚热带湿润气候，是发展多熟制农业和密集、配套、互补型农业的良好区域，有利于建设优质农产品供应基地。江西省全省总水资源量为1416亿立方米，人均拥有水量和耕地亩均占有水量均高于全国和长江流域平均水平。丰富的水资源为江西发展工农业生产提供了极为有利的条件。江西还有众多的溪流、湖泊和水库，全省具有集中开采价值的地下水资源亦达68亿立方米/年，以鄱阳湖平原最为丰富，可开采量达31亿立方米/年。在地下水资源中，全省许多市、县都有地下热水及矿泉水。初步查明，全省热水总流量为3600吨/小时，地热资源有效热能相当于273.1万吨标准煤。

江西省劳动力资源丰富，劳动成本相对低廉，发展劳动密集型产业，有利于提高江西省就业率。比如纺织业，家电、电子信息、装备制造业等产业在江西省都有很大的市场发展与包容空间。如表5-13所示，纺织服装、服饰业产业梯度系数为1.793784，电气机械和器材制造业产业梯度系数为1.200037，表现出一定的竞争优势。

2. 以培育新兴产业为主的产业选择

江西因其资源与劳动力优势，承接劳动密集型产业能够提高江西劳动就业率，从而促进经济发展。但选择劳动密集型产业并不意味着要排斥技术、资本密集的新兴产业。因此，江西省需要培育战略性新兴产业。通常，战略性产业在发展壮大的过程中对其他产业起着先导性的引导作用，产业规模也可能在其发展过程中占国民经济较大的份额，也就是说战略性产业是具有市场前景与成长潜力、适应经济技术发展、符合未来经济技术发展方向的，在未来经济发展过程中将成为经济主导与支撑的产业。积极发展战略性新兴产业不仅能拉动江西省的经济增长，扩大就业，还能使江西省转变经济发展方式、增强科技创新能力。江西省2009年出台的《江西省十大战略性新兴产业发展规划》确定的十大战略性新兴产业为：节能环保、新能源、新材料、生物和新医药、新一代信息技术、航空产业、先进装备制造、锂电及电动汽车、文化暨创意和绿色食品。根据新的规划，江西省政府2014年在省十大战略性新兴产业发展规划新闻发布会上提出，十大战略性新兴产业销售收入年均增幅将达18%；到2017年，力争实现销售收入22565亿元，年均增长18%，比2012年翻一番以上。其中：节能环保产业达到1800亿元，年均增长20%；新能源产业达到1600亿元，年均增长16.5%；新材料产业达到3400亿元，年均增长14.5%；生物和新医药产业达到3000亿元，年均增长25%；航空产业达到800亿元，年均增长31.6%；先进装备制造业达到2820亿元，年均增长15%；新一代信息技术产业达到1500亿元，年均增长21%；锂电及电动汽车产业达到145亿元，年均增长16.3%；文化暨创意产业达到3500亿元，年均增长20%；绿色食品产业达到4000亿元，年均增长15%。据悉，围绕十大战略性新兴产业，新规划共提出了885个未来五年内需要建设的重点项目，总投资近5980亿元，涉及智能终端、智能制造装备、节能汽车、生物制造等60多个重点领域。本书将在下一节中，详细分析战略性新兴产业的发展，将以全国为视角，对战略性新兴产业进行宏观布局。

从本节表5-13中可以发现，其中的医药制造业的区位熵、比较劳动生产率、比较资本产出率、改进产业梯度系数和产业梯度系数分别为1.834216、0.932953、1.693563、2.898087和1.711237，表明医药产业在江西省具有较强的比较优势。

3. 江西承接沿海产业转移的主导产业选择与空间布局

通过对表5-12与表5-13进行综合比较研究发现，表5-13中有13个产业的产业梯度系数大于1，分别是有色金属冶炼和压延加工业（7.089287），纺织服装、服饰业（1.793784），文教、工美、体育和娱乐用品制造业（1.748602），有色金属矿采选业（2.578184），医药制造业（1.711237），非金属矿物制品业（1.656662），印刷业和记录媒介复制业（1.672191），非金属矿采选业（1.5958），农副食品加工业（1.030918），木材加工和木、竹、藤、棕、草制品业（1.118219），电气机械和器材制造业（1.200037），化学原料和化学制品制造业（1.091306），水的生产和供应业（1.011392）。其中只有非金属矿采选业、有色金属冶炼和压延加工业在表5-12中未表现出明显的转移趋势，因此对于江西承接沿海产业转移的主导产业选择有（11个）：纺织服装、服饰业，文教、工美、体育和娱乐用品制造业，有色金属矿采选业，医药制造业，非金属矿物制品业，印刷业和记录媒介复制业，农副食品加工业，木材加工和木、竹、藤、棕、草制品业，电气机械和器材制造业，化学原料和化学制品制造业，水的生产和供应业。

三 战略性新兴产业空间布局研究

上一节主要研究了江西全省及赣南等中央苏区工业产业的主导产业选择与布局，承接的产业主要为劳动密集型产业，但如果只着眼于劳动密集型的产业，经济将难以实现跨越式的发展。承接产业转移之所以能够促进承接地的经济发展，在很大程度上是因为转移的产业将会给转入地带来一定的技术溢出、结构优化和扩大就业等效应。温家宝总理在2009年9月8日主持召开国务院常务会议，审议并原则上通过了《关于加快培育和发展战略性新兴产业的决定》。会议确定了战略性新兴产业发展的重点方向、主要任务和扶持政策；确定了节能环保、新一代信息技术、生物、高端装备制造、新能源、新材料和新能源汽车七个产业为我国战略性新兴产业发展的重点领域。2012年7月9日，国务院以国发〔2012〕28号印发了《"十二五"国家战略性新兴产业发展规划》。战略性新兴产业规划出台之后，在推行过程中能否与地方发展的实际相结合，能否成为地方发展真正的内生动力，成为对战略性新兴产业实施层面的最大拷问。各省份为了加快产业结构调整，实现经济增长方式的转型，纷纷出台了战略性新兴产业发展规划。但各省份规划的战略性新兴产业在空间布局上存在很大的重复性与相似性。因此战略性新兴产业的发展布局不再局限于经济相对落后的区域等待经济发达区域的产业转移问题。各区域应有一个统筹协调的意识，重视区域合作，着眼发挥各区域比较优势，借助区域市场来协调地区间的专业化分工，实现区域产业分工效益，创建大经济地带、大经济区、省域经济区等。加之我国战略性新兴产业的发展尚处起步阶段，区域政府应该配合国家政策发挥宏观调控作用，以实现区域产业的科学选择与合理布局。

（一）战略性新兴产业的定义

对于战略性新兴产业的界定，很多学者给出了自己的看法。冯赫（2010）、陈爱雪（2013）在对相关产业（主导产业、先导产业、支柱产业、新兴产业和战略产业等）概念加以梳理的基础上，分别定义了战略性产业和新兴产业，两人均肯定了战略性新兴产业的"新兴性"，同时冯赫还强调战略性新兴产业的主导性、先导性以及支柱性功能。陈爱雪认为战略性新兴产业对国民经济全局和长远发展具有重要意义。牛立超等（2011）则着重强调战略性新兴产业的全局性、长远性、导向性和动态性四大特征。

在产业经济学里，从产业地位的角度，可以将产业分为"一般性产业"和"战略性产业"；从产业发展进程的角度，可以将产业分为"传统产业"和"新兴产业"。

战略性产业是指一国依据自身经济发展水平以及经济技术的发展方向，确定对国民经济发展有重要意义的产业部门。通常，战略性产业在发展壮大的过程中对其他产业具有引导作用，产业规模也可能在其发展过程中占到国民经济的较大份额，是起着支撑作用的支柱性产业。

值得注意的是战略性产业是一个相对概念，不同的国家或地区在其特定发展阶段都可能有不同的战略性产业部门。如2008年金融危机后，世界各国纷纷根据本国科技发展实力，调整和规划了战略性新兴产业。本书也正是基于此背景来研究战略性新兴产业发展的。

新兴产业是相对于传统产业而言的，是指在高新技术基础上，运用新技术、新智力所形成的具有高附加值的产业。新兴产业具有高智能、高投入、高风险、高回报等特征。与战略性产业一样，新兴产业是一个动态概念，在未来产业的应用技术进入成熟期后，便不属于新兴产业的范畴。

简而言之，战略性新兴产业的概念强调的是具有战略意义的新兴产业，是对国民经济发展具有重要战略意义、与新兴科技深度融合、尚未形成规模，但将成为未来主导与支撑的产业。战略性新兴产业是一个动态的、不断发展与更新的概念，随着技术的不断创新和变革，战略性新兴产业的内容和重点领域将出现新的调整和变化。2016年是"十三五"规划的开局之年，也是国内经济新常态下继续深化经济结构调整的关键时期。在此背景下，战略性新兴产业在经济发展中的地位将进一步凸显，各项扶持政策也将更为有力地促进新兴产业的发展，战略性新兴产业有望成为填补传统产业下滑"空缺"、稳增长的重要力量。2015年以来国务院陆续发布了云计算、智能制造、电子商务、大数据等细分领域的有关文件，以促进新兴产业发展。未来，战略性新兴产业政策体系将进一步细化落地，产业发展将进入全面深入推进期，如图 5-3 所示。

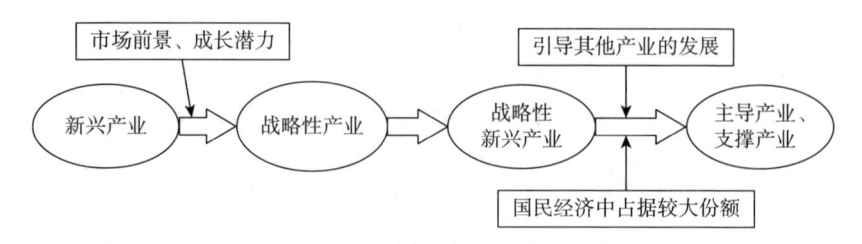

图 5-3 新兴产业、战略性产业、战略性新兴产业、主导产业和支撑产业的演进

（二）战略性新兴产业发展背景与现状

2008 年以来的国际金融危机，对世界经济尤其是依赖虚拟资金及资源的国家产生了深远的影响，导致后金融危机时代世界各国经济力量失衡，国际分工体系面临重新调整。美国、欧盟、日本、韩国等发达国家认识到本国经济发展的缺陷和实体经济的作用，当今世界正在进入一个密集创新和新兴产业崛起的时代。学术界普遍认为，后金融危机时代将迎来全球经济的全面复苏，新兴技术与现有产业体系交会即将引发的第四次工业革命将会是新一轮经济增长周期的动力，战略性新兴产业将会是未来经济增长中各国激烈争夺的制高点。

金融危机爆发后，美国在推动"再工业化"的同时，也发动了一场以新能源为主导的新兴产业革命。2009 年 2 月，美国政府颁布了总额达 7870 亿美元的《美国复苏与再投资法案》，重点发展新能源，大力支持生命科学和生物技术等产业的发展。3 月，美国能源部提出总额为 32 亿美元的"节能与环保专项拨款计划"，通过"固定拨款"或竞标方式，资助美国各地区实施节能和环保计划。2009 年 7 月颁布的《美国创新战略：驱动可持续增长和高质量就业》提出，开发混合动力汽车、下一代生物燃料和洁净煤技术等新能源产业，计划 10 年投资 1500 亿美元，创造 500 万个就业岗位。

日本将重点培育五大战略性产业。日本经济产业部 2010 年 6 月公布的产业政策纲领性文件——《产业结构展望 2010 方案》显示，日本将着力改变支柱产业单一的状况，重点培育基础设施相关产业、环保和能源产业、文化创意产业、尖端技术产业以及包括医疗、护理、健康和生育等在内的社会公共产业的五大战略性产业，力图形成稳定的"多极化"产业结构。此外，在"3.11"大地震之后，日本提出的"环境能源基础创新计划"和"低碳社会行动计划"，制定的《能源合理利用法》和《石油代替能源促进法》，进一步推动了新能源产业的发展。

欧盟将低碳产业作为新兴产业的核心。欧盟也明确表示要在2013年前投资1050亿欧元支持欧盟区的"绿色经济"；英国公布了《低碳转型发展规划》。21世纪以来，欧盟将低碳经济的发展看作新的工业革命，将低碳产业列为新兴产业的重点，以发展高效能、低排放型的经济。欧盟投入了大量的科研经费，制定了碳排放指标和机制，大力推广低碳项目；并推出了全方位的政策和措施，统领成员国大力发展低碳产业。欧盟委员会"欧盟2020战略"将未来10年经济发展的战略目标确定为发展教育、提高就业能力、建设"流动欧洲"和进一步提升绿色经济竞争力。

2009年1月，韩国发布国家《新增长动力规划及发展战略》，将绿色技术、尖端产业融合、高附加值服务这三大领域共17项新兴产业确定为新增长动力。7月，韩国公布《绿色增长国家战略及五年行动计划》，提出"绿色增长"的经济振兴战略，指出要发展绿色环保技术和可再生能源技术，以实现节能减排、增加就业、创造经济发展新动力的三大目标。通过建设绿色环境，积极培育和发展"绿色科技"，推动传统产业"绿色化"，并进一步发展新的绿色产业，促进产业结构优化升级。

后金融危机时代世界经济格局的调整使我国的经济发展的同时面临着机遇和挑战。为迎接未来全球经济发展竞争，2010年9月8日国务院通过了《关于加快培育和发展战略性新兴产业的决定》，战略性新兴产业被寄望成为承担经济转型的重要抓手。"十三五"时期我国将把战略性新兴产业作为重要任务和大事来抓，要重点培育形成以集成电路为核心的新一代信息技术产业、以基因技术为核心的生物产业以及绿色低碳、高端装备与材料、数字创意等突破10万亿元规模的五大产业。按照市场主导、创新驱动与重点突破思路，立足当前，着眼长远，将战略性新兴产业规模的年均增长率保持在20%以上。2015年，战略性新兴产业增加值占国内生产总值比重为8％左右，力争到2020年达到15％，并使部分产业和关键技术跻身国际先进水平。

战略性新兴产业规划出台后，在推行过程中能否与地方发展的实际相结合，能否成为地方发展真正的内生动力，成为对战略性新兴产业实施层面的最大拷问。各个省份为了加快产业结构调整，实现经济增长方式的转型升级，纷纷出台了战略性新兴产业发展规划，表5-14根据互联网及各省份的战略性新兴产业"十二五"规划整理了中国主要省份战略性新兴产业的发展规划。

通过分析表5-14可知，各省份规划的战略性新兴产业在空间布局上存在很大的重复性与相似性。比如几乎所有省份都将新能源与新材料作为其重点发展的新兴产业，趋同化现象尤为突出。各地新兴产业的规划没有一个统筹协调的意识，极易造成资源浪费、盲目规划、产能过剩等问题。此外旅游、文化、绿色食品等也成为一些省份的战略性新兴产业的发展方向。各地区应结合区域产业发展现状，依据地区优势合理规划，选择地区战略性新兴产业。重视区域合作，着眼发挥各区域比较优势，借助区域市场协调地区间的专业化分工，实现区域产业分工效益，创建大经济地带、大经济区和省域经济区。我国战略性新兴产业的发展尚处于起步发展的阶段，区域政府应配合国家政策发挥宏观调控作用，实现区域产业的科学选择与合理布局。

表5-14 主要省份战略性新兴产业规划

地区	新兴产业规划发展领域
北京	新能源、新一代信息技术、生物医药、节能环保、新材料、先进装备制造、新能源汽车、航空航天
上海	新一代信息技术产业、高端装备制造、生物产业、新能源产业、新材料产业
广东	高端新型电子信息、半导体照明、生物医药、节能环保、新材料、航空航天、海洋
江苏	新能源、新材料、生物技术和新医药、节能环保、新一代信息技术和软件、物联网和云计算、高端装备制造、新能源汽车、智能电网、海洋工程装备
浙江	生物产业、新能源产业、高端装备制造业、节能环保产业、海洋新兴产业、新能源汽车、物联网产业、新材料产业及核电关联产业

续表

地区	新兴产业规划发展领域
山东	新能源汽车、新材料、新医药、新一代信息技术、海洋技术、新材料、海洋经济、新能源、节能环保、高端设备制造、海洋
辽宁	先进装备制造业、新能源、新材料、新医药、信息产业、节能环保、海洋产业、生物育种和高技术服务产业
湖北	新能源、节能环保、电动汽车、新材料、生物医药、信息产业
河南	新电子、新能源、新材料、新医药
黑龙江	新能源、新材料、节能环保、生物、信息、现代装备制造
江西	光伏、风能与核能、新能源汽车及动力电池、航空制造、半导体照明、新材料、生物产业、绿色食品、文化创意
湖南	先进装备制造、新材料、文化创意、生物、新能源、信息、节能环保
陕西	太阳能光伏产业、环保产业和现代服务业、新能源、生物育种等产业
重庆	通信设备、新能源汽车、软件及信息服务、风电装备、智能仪器仪表、轨道交通装备、生物医药、新材料
四川	新一代信息技术、生物产业、新能源、新材料、节能环保、高端装备制造
安徽	电子信息、节能环保、新材料、生物产业、新能源、高端装备制造、新能源汽车、现代煤化工产业、煤层气产业
天津	航空航天、石油化工、装备制造、电子信息、生物医药、新能源、新材料、国防科技
福建	高端通信设备、生物医药、半导体照明（LED）和太阳能光伏、节能环保技术及装备
河北	新能源、光伏发电、风力发电、电子信息产业、医药产业、新材料
山西	先进装备制造（煤机、汽车、铁路装备、重型机械）、现代煤化工、新材料
吉林	生物医药、生物化工、电子信息、新材料、新能源、新能源汽车、先进装备、制造业、节能环保、文化、旅游
云南	现代生物、光电子、高端装备制造、节能环保、新材料、新能源产业
广西	新材料、新能源、节能环保、海洋经济、生物医药、新一代信息技术、新能源汽车、生物农业、先进装备制造、健康产业
贵州	新材料、装备制造、生物医药、电子信息、新能源
新疆	新能源、新材料、先进装备制造、生物、信息、节能环保、清洁能源汽车
甘肃	新能源、新材料、生物医药、节能环保、航天
内蒙古	风电光伏、核电、清洁煤、稀土
宁夏	新能源、新材料
海南	高新技术、生物、新能源、新材料
青海	新能源、新材料、装备制造
西藏	太阳能

资料来源：各省份的战略性新兴产业"十二五"规划。

(三) 战略性新兴产业布局指标体系建立

研究战略性新兴产业的内涵认为，战略性新兴产业对经济未来发展、增长方式转变、促进产业转型升级有全局性和指导性的意义，同时也将成为一个国家或区域的主导或支柱性的高技术产业。由此可以看出，战略性新兴产业的空间布局有其特殊性。

战略性新兴产业空间布局应突出三个方面的内容：①从整个产业链角度全局规划产业选择与布局，重视区域间价值活动的协同发展；②产业布局要体现区域比较优势，分析不同区域的地域特色，科学进行产业布局与产能规划；③产业的选择应适应区域未来发展方向，以作为未来主导产业、先导产业为目标。新兴产业布局受区域产业基础、产业规模、科学技术发展、市场机制、政府等多方面因素的综合影响。其中科技资源和市场机制是体现产业新兴性和高科技性特点的重要方面，由此本书基于科学性、数据可得性和指标可比性将战略性新兴产业的空间布局指标体系划分为产业规模实力、创新科研能力、产业外向度和发展环境4个维度，如表5-15所示。

表 5-15 战略性新兴产业空间布局指标体系

一级指标	二级指标
产业规模实力	主营业务收入（亿元）
	利税（亿元）
	年均企业单位数（个）
	新增固定资产（亿元）
创新科研能力	有效发明专利（个）
	研发机构数（个）
	R&D人员全时当量（人年）
	R&D内部经费（万元）
	新产品销售收入（万元）
产业外向度	出口交货值（亿元）
	出口交货值占主营业务收入（%）

续表

一级指标	二级指标
发展环境	高技术产业新增固定资产（亿元）
	高技术产业新增固定资产政府资金占比（%）
	GDP（亿元）

注：依据科学性、数据可得性和指标可比性划分。

其中值得一提的是，战略性新兴产业与高技术产业皆属科技创新要求高、对经济发展有很强带动作用的高技术含量产业，因此两者在产业涵盖上有较高的重复性。战略性新兴产业和高技术产业出现的时代背景不同，前者在金融危机后出现，后者则在20世纪80年代开始盛行。由此高技术产业发展状况与区域战略性新兴产业的发展有很强的关联性。

（四）战略性新兴产业空间布局的实证研究

国内现有研究成果中，关于战略性新兴产业的研究，大多集中在对其内涵特征、存在问题以及政策建议进行定性探讨，而对战略性新兴产业集聚度、区域分布和空间布局进行定量测算的文献较少，这主要是由于我国战略性新兴产业统计调查体系尚未建立，测算工作还存在一定的困难，难以对战略性产业进行较为全面的整体布局研究。

航空航天产业是国家战略性新兴产业之一，体现了国家综合实力，反映了地区经济技术实力和工业化发展水平。航空工业产业链长、辐射面宽、连带效应强，引领和带动信息技术、通信技术和新材料新能源技术的突破与创新，并与生物技术、微纳米技术等新兴技术交叉融合，催生出新的产业和经济增长点，对科学技术和国民经济的发展具有巨大的带动作用。正因为如此，航天产业被很多专家学者称为"战略产业中的战略产业"，其技术创新的先导性之强、所带动行业之多是其他任何产业都无法替代的。就航天产业本身而言，其包括航天飞行器的研制和发射、地面设备和终端的研制生产、航天飞行器相关的运营与服务等。而航天技术可以带动和促进的产业就更多，包括信息技术、计算机软件、卫星通信、遥感、测绘、定位导航、农业改良、新能源、空间材料和生物医药等。

在国家"十二五"发展纲要中，航空航天产业被列入七大战略性新兴产业中的高端装备制造业。航空航天产业作为国家战略性产业，不仅是国防现代化的重要物质和技术基础，而且是国家先进制造业的重要组成部分和国家科技创新体系的重要力量。当前，传统航空航天大国都在拟定新的发展规划，积极扶持航空航天产业的发展，新兴国家也将航空航天产业作为自己未来发展的重要方向。因此本节以航天航空制造业为例，采用上节战略性新兴产业空间布局指标体系，实证分析航空航天制造业的空间布局。

本书选取我国31个省（自治区、直辖市）2008~2012年的相关指标数据作为样本，以《中国高新技术产业统计年鉴》为主要数据来源，并结合2014年《中国统计年鉴》，运用SPSS 19.0统计软件对数据进行标准化处理，然后采用因子分析和聚类分析对航天航空制造业的空间聚类进行实证分析。

1. 主成分分析

（1）布局样本初选。收集31个省（自治区、直辖市）航空航天制造业2008~2012年的主营业务收入，取均值并降序排列。选出陕西、辽宁、四川、天津、江苏、江西、北京、黑龙江、贵州、上海、广东、河南、湖北、湖南、安徽、河北、山东、甘肃18个省（市）样本，该18个样本2008~2012年的年均主营业务收入合计达1601.911亿元，约占全国年均总量的96%，可以代表我国航空航天器制造业的总体发展水平。

（2）数据收集与标准化处理。收集、整理18个省（市）的14个指标数据，对样本数据进行Z-score标准化处理。设x_{ij}为第i个样本的第j个指标，x_{ij}经过Z-score标准化处理之后的评价值为z_{ij}。其中$\bar{x}_j$为指标j的均值，s_j为指标j的标准差。

$$z_{ij} = (x_{ij} - \bar{x}_j)/s_j$$

（3）KMO和Bartlett的检验。KMO统计量为比较样本相关系数和样本偏相关系数，用于检验是否适合做主成分分析。KMO统计量取值在0和1之间，该值越大，表示越适合做主成分分析和因子分析，一般要求该值大于0.5，方可应用主成分分析或者相关分析。本书运用SPSS 19.0对数据进行 KMO 和 Bartlett 检验，得出 KMO 检验值为 0.511＞0.5，同时统计值显著性水平为 0.000＜0.0001，说明样本数据满足主成分分析条件。

（4）因子提取。运用主成分法提取公因子。假设变量为因子的纯线性组合，第一成分有最大方差，后续成分可以解释的方差逐个递减。确定因子个数，以特征根＞1 为依据，选取前三个因子作为公因子。最终得到的累计贡献率达到 84.407%，接近 85%，可以用这 3 个主成分（F1、F2 和 F3）代替原来 14 个指标对各地区航天航空制造业发展状况的衡量，如表 5－16 所示。

表 5－16　解释的总方差

成分	初始特征值 合计	方差的占比（%）	累积（%）	提取平方和载入 合计	方差的占比（%）	累积（%）	旋转平方和载入 合计	方差的占比（%）	累积（%）
1	7.138	50.987	50.987	7.138	50.987	50.987	6.654	47.531	47.531
2	3.499	24.992	75.979	3.499	24.992	75.979	3.275	23.392	70.923
3	1.180	8.428	84.407	1.180	8.428	84.407	1.888	13.484	84.407
4	0.726	5.184	89.591						
5	0.508	3.625	93.217						
6	0.379	2.706	95.922						
7	0.223	1.592	97.514						
8	0.159	1.134	98.648						
9	0.101	0.725	99.373						
10	0.044	0.316	99.689						
11	0.025	0.177	99.866						
12	0.012	0.088	99.954						
13	0.005	0.038	99.992						
14	0.001	0.008	100.00						

注：提取方法为主成分分析法。

（5）因子旋转和公因子命名。原始变量的信息在 4 个主成分中比较分散，难以给出公因子具有经济意义的解释。因此，用方差最大旋转因子进行旋转，旋转法具有 Kaiser 标准化的正交旋转法，最终旋转在 5 次迭代后收敛，公因子荷载量出现较明显的分化趋势，如表5-17所示。

表5-17　旋转成分矩阵（因子荷载矩阵）

指标	主成分 F1	主成分 F2	主成分 F3
主营业务收入	0.854	0.035	0.489
利税	0.669	0.045	0.622
年均企业单位数	0.780	0.371	0.337
出口交货值	0.642	0.653	0.308
出口交货值占主营业务收入比重	0.001	0.838	0.212
新产品销售收入	0.813	-0.026	0.065
有效发明专利	0.954	-0.205	-0.015
研发机构数	0.833	0.147	0.171
R&D人员全时当量	0.909	-0.154	0.046
R&D内部经费	.929	-0.178	-0.026
高技术产业新增固定资产	-0.034	0.891	0.159
高技术产业新增固定资产政府资金占比	0.682	-0.544	0.066
GDP	-0.188	0.880	-0.183

注：提取方法为主成分分析法。

主成分F1在主营业务收入、利税、年均企业单位数、新产品销售收入、有效发明专利、研发机构数、R&D人员全时当量、R&D内部经费、高技术产业新增固定资产政府资金占比等指标上有较高的荷载量，以上指标多反映制造业规模基础及科研能力的情况，因此将此主成分定义为产业规模与科研创新因子。

主成分F2在出口交货值、出口交货值占主营业务收入、高技术产业新增固定资产总值中政府资金占比、GDP等指标上就有较高荷载量，以上指标多反映航空航天制造业的出口以及产业基础，因此将此主成分定义为产业基础及出口因子。

主成分F3航空航天制造业新增固定资产等指标有较高荷载量，因此将此主成分定义为成长潜力因子。同时发现该因子在主营业务收入和利税指标中的荷载量也比较大，表明产业成长潜力与产业规模具有很大相关性。

2. 聚类分析

使用 K 均值聚类法[①]对观测值进行快速样本聚类,确定聚类的变量和聚类数,将上文因子分析中得出的三个公因子引入聚类分析,设定聚类数目为 3,得出聚类中样本分布如表 5-18 所示。

表 5-18 聚类分配

聚类中分配表		
聚类	1	5
	2	7
	3	6
有效		18
缺失		0

注:使用方法为 K 均值聚类法。

通过一维方差分析进行均值多重比较,选择邓肯法(Duncan)[②],可以得出三个聚类在各个公因子上的优势度比较。表中正值、负值分别用 A 和 B 表示,A 表示优势度明显,B 表示没有优势。表格的最后一行是均数方差齐次性检验概率水平,$p > 0.05$ 说明各组方差具有齐次性(见表 5-19 至表 5-21)。

表 5-19 3 个类对产业规模与科研创新因子的重视程度比较

类别	N	产业规模与科研创新因子		类别
		1	2	
3	6	-0.501122(B)		3
2	7	-0.284442(B)		2
1	5		0.999565(A)	1
显著性		0.654	1.000	显著性

[①] K 均值聚类法是先随机选取 k 个对象作为初始的聚类中心,再计算每个对象与各个种子聚类中心的距离。

[②] 邓肯法(Duncan)是指一系列的 Range 值,逐步进行计算比较得出结论。

表 5-20　3 个类对产业基础及出口因子的重视程度比较

类别	N	产业基础及出口因子 1	产业基础及出口因子 2	类别
1	5	-0.609296（B）		1
2	7	-0.2561（B）		2
3	6		0.806527（A）	3
显著性		0.486	1.000	显著性

表 5-21　3 个类对成长潜力因子的重视程度比较

类别	N	成长潜力因子 1	成长潜力因子 2	类别
2	7	-0.768761（B）		2
1	5		0.351225（A）	1
3	6		0.604200（A）	3
显著性		1.000	0.604	显著性

资料来源：表 5-19、表 5-20、表 5-21 是依据邓肯法整理而来。

多重比较表显著性差异的判读：第 3 栏列出了在显著水平 0.05 上的比较结果。在同一列的平均数表示没有显著性差异，反之则具有显著性的差异。表 5-19 显示：3 个类对产业规模与科研创新因子的重视程度比较中，类 1 与类 2、类 3 间差异显著，类 2 与类 3 间差异不显著。表 5-20 显示：3 个类对产业基础及出口因子的重视程度比较中，类 3 与类 1、类 2 间有显著性差异，类 1 与类 2 间差异不显著。表 5-21 显示：3 个类对成长潜力因子的重视程度比较中，类 2 与类 1、类 3 有显著差异。由以上 3 表综合得出各类在各公因子上的优势度比较，如表 5-22 所示。根据实证结果划分出聚类成员整理各省（市）的布局，如表 5-23 所示。

表 5-22　各类在各公因子上的优势度比较

案例的类别号	类 1	类 2	类 3
产业规模与科研创新因子	A	B	B
产业基础及出口因子	B	B	A

续表

案例的类别号	类1	类2	类3
成长潜力因子	A	B	A

资料来源：根据表5-19、表5-20、表5-21整理而得。

表5-23　布局模式

类1	陕西、辽宁、北京、黑龙江、贵州
类2	四川、天津、江西、湖北、湖南、安徽、甘肃
类3	江苏、广东、上海、河南、河北、山东

3. 结论分析

由聚类分析结果可知，类1主要包括：陕西、辽宁、北京、黑龙江、贵州。该类在产业规模与科研创新因子以及成长潜力因子中较之类2有较明显的比较优势。

陕西的航空产业是优势明显的战略性产业，陕西也是我国名副其实的航空工业第一大省，是全国唯一具有两个整机生产企业的省份，行业资产规模、生产总值、人才总量和科技成果占全国1/3左右。西安阎良是中国著名的航空城，有大飞机、支线飞机和通用飞机的整机制造、培训和维修能力，是重要的航空产业资源聚合地，也是未来航空产业拉动周边城市建设的源头。这里拥有发展航空产业得天独厚的优势，全国唯一研究设计大中型飞机的研究院——中国第一飞机设计研究院，全国最大的飞机制造企业——西飞集团公司，全国唯一的飞行试验研究、鉴定中心——中国飞行试验研究院等均位于陕西省内，形成了集飞机设计、生产制造、试飞鉴定和科研教学为一体的完整的航空产业体系，是全国航空产业体系最完整的地区；另外西安、北京、上海三地的航天液体动力研制力量实施了专业重组，组建了新的航天六院，成为国内唯一集运载火箭主动力系统、轨道控制动力系统及空间飞行器推进系统研究、设计、生产、试验为一体的航天液体动力研究院。陕西同时拥有一批航空领域高等学府，每年可为其提供2万余名航空专业人才。

辽宁九大新兴产业发展中包括了航空航天产业的4大重点发展领域：飞

机复杂零部件制造、装配与装备技术，飞机科研生产数字化技术，无人化成套装备及功能部件，先进遥感技术。辽宁省拥有非常完整的航空航天器产业生产制造体系，属于我国航空航天器装备生产制造大省。例如沈阳国家级航空高技术产业基地，辖区内拥有中航工业沈阳发动机研究所、沈飞集团和空气动力研究所等一批国家级航空领域重点企业和科研院所以及众多国家和省部级航空领域重点实验室。同时沈阳将通过"三基一园"建设，把航空航天产业打造成沈阳经济发展新的增长点和最具竞争潜力的新兴支柱产业。沈阳市计划以民用航空国家高技术产业基地建设为载体，依托沈飞、黎明等骨干企业，重点围绕航空航天产业的研发、制造、维修、服务、运营和培训等产业体系，大力推进中航工业民用航空产业化基地、南航集团北方维修基地、中一太客商务航空总部基地和北部通用航空产业园基地的建设。

北京拥有航天一院、二院、三院、五院、七院、九院、十院等一批国家级航天器技术研究院；拥有美国古德里奇、PPG，法国泰雷兹、佐地亚哥、STTS，加拿大FTG，瑞士华格等一大批国外知名航空航天器领域科研机构。2010年计划投资70亿元以建设中航工业北京航空产业园发动机产业基地，规划建筑面积约27万平方米，发动机公司总部、航空发动机研究院、航空发动机客服中心、航空发动机核心零部件优异制造中心等项目将陆续进驻。

以上皆为实力雄厚的航天航空制造业省市，拥有大量科研机构及颇具规模的制造企业，建成了非常完整的航空航天器产业生产制造体系，都是我国的航空航天器装备生产制造大省，处于航天航空制造业的领先地位。

黑龙江省哈尔滨市依托辖区内的中航工业哈尔滨飞机工业集团有限责任公司、哈尔滨东安发动机集团有限公司、哈尔滨玻璃钢研究院等国家级重点航空产业骨干企事业，也逐步形成了较为完善的航空产业集群。

贵州的航空航天产业发展迅猛，带动了全省工业发展和经济转型。"十一五"期间，贵州建成了安顺航空城、贵阳经济技术开发区和贵阳高新技术开发区3个国家级装备制造业产业园区，中国航天科工集团、法国航空航天与防务安全集团（SAFRAN）、赛峰集团等多家中外知名航空航天企业在黔落户。贵州省"十二五"发展规划也将航天产业摆在了重要位置，表示要依托省内航空工业基础，加大对民用航空产品和实用性航空产品的研发力度，以通用飞机研制和生产为突破口，大力发展航空装备产业。依托省内航天工业基础，大力发展以航天高新技术产品为重点的航天装备产业。贵州航天工业有限责任公司以贵阳高新区和遵义航天军转民特色产业区为平台，加大产品开发和市场开发力度，一批具有自主知识产权的产品取得了较好的市场业绩并表现出较大的发展潜力，民用产业累计收入144.85亿元，是"十五"期间的3.26倍。

表5-24列明了陕西、辽宁、北京、黑龙江、贵州5个省（市）2008~2012年新产品销售收入、有效发明专利、研发机构数和R&D人员全时当量指标数据，并整理得出其分别在18个省（市）中的排序位数（表示为数值后括号中的数值）。如表5-24所示，以上5个省份的新产品销售收入、有效发明专利、研发机构数以及R&D人员全时当量等指标在18个省份中排位皆属于中上水平，陕西的各个指标都尤为突出，是我国航空航天制造业的领先区域。

表5-24　航天航空制造业科研情况

	新产品销售收入（万元）	有效发明专利（个）	研发机构数（个）	R&D人员全时当量（人年）
辽宁	1332501（1）	141（2）	6（6）	2510（4）
陕西	874111.26（2）	243（1）	38（1）	8228（1）
贵州	263343.76（6）	95（4）	20（2）	2998（2）
北京	220189.22（7）	58（6）	5（8）	1352（8）
黑龙江	162758.08（8）	123（3）	6（7）	2072（5）

资料来源：依据各省份2009~2013年统计年鉴整理而得。

类2包括：天津、四川、江西、甘肃、湖南、湖北、安徽7个省市。类2区域3个公因子相较于其他两类虽无明显优势，但各个指标大多集中在样本的中上等水平。

不同于西安、沈阳等传统的航空城市，天津发展航空产业的时间并不长。从2007年开始，天津加快构筑高端产业高地，不断推动产业结构优化升级，并将其作为重点培育发展的高新技术产业。短短几年间，空客A320总装线、中航直升机、彩虹无人机、长征火箭、通信卫星等一批航空航天产业龙头项目纷纷"空降"津城，成为天津市航空航天产业发展的战略支点，天津成为全国唯一兼有航空与航天两大产业的城市。航空航天产业集聚区正在加速形成。天津被确立为中国航天在21世纪重点发展的四大基地之首。目前，天津市已形成以临空产业区（航空城）、航空制造业和开发区西区、滨海高新区航天制造业为核心的航空航天产业集聚区，已入驻空客（天津）总装有限公司、西飞国际（天津）航空制造有限公司、中航直升机有限公司、天津航天长征火箭制造有限公司等近50家航空航天制造企业，吸引了古德里奇、佐地亚哥、泰雷兹、华格、索科墨和汉斯公司、英德拉、FTG、吉富中国投资、PPG、汉莎航空货栈、空客物流中心、天津航天神舟科技、神州通用等上百家航空配套企业，形成了由飞机总装和零部件配套制造业带动，高端航空金融租赁、航空物流、航空培训、商务会展以及航天技术服务、航天投资融资等配套企业聚集的雏形，产业链条正在不断完善，显示出了天津市航天航空产业的强大发展潜力。

四川是我国西部最重要的工业经济区，中国航空工业近1/4的产业布局在四川，民航、空军不少也布点在四川。近年来，四川航空产业发展迅速，为国家贡献了以歼10为标志的诸多航空装备。民用航空制造步伐加快，通航运营多点开花，航空经济总量持续攀升。四川拥有众多科研院所和生产制造基地，产业体系完整，整体实力雄厚，技术优势明显，军民结合特色突出，发展潜力巨大。长期以来，四川航空工业始终保持着良好的发展态势，整体研究水平、技术手段、制造能力、人才资源等均处于全国先进水平，都是四川先进制造业的重要组成部分。其中中航工业集团及所属的企业、研究院所是四川航空产业发展最主要的骨干力量。

江西省目前拥有洪都航空工业集团有限责任公司（简称"洪都集团"）、洪都航空工业股份有限公司（简称"洪都航空"）、昌河飞机工业（集团）有限责任公司（简称"昌飞"）、九江红鹰飞机制造有限公司（简称"九江红鹰"）等多家航空制造企业，同时还拥有602所（中国直升机设计研究所）、650所（洪都飞机设计研究所）和南昌航空大学等多家航空科研院所和试验基地。洪都集团、昌飞、九江红鹰都具备飞机整机制造能力，使得江西成为我国唯一拥有3个飞机整机制造企业的省份。洪都集团和昌飞都是中航工业所属的特大型骨干企业，都具有雄厚的科研开发和生产加工实力。九江红鹰是由波兰斯维德尼克公司和九江红鹰科技发展有限公司共同投资6000万美元兴建的一家民用直升机制造企业，主要生产、总装和销售SW-4等型号的直升机。九江红鹰科技发展有限公司于2010年2月制造的首架直升机已成功试飞。该项目投产后，年产直升机可达39架，航空工业聚集效应明显。要发展航空工业就必须投产为其聚集创造条件。2010年年初，国家发改委正式批复南昌航空产业国家高技术产业基地，使得江西的航空产业有了一个聚集的载体。南昌航空产业国家高技术产业基地由"一城二园区"构成，将重点研发制造大飞机大部件、先进教练机、系列直升机、农用飞机和无人机等航空产品，以形成特色鲜明的航空高技术产业基地。

根据工业和信息化部《关于开展创建"国家新型工业化产业示范基地"工作的通知》（工信部规〔2009〕358号）的要求，甘肃决定开展2015年度国家新型工业化产业示范基地（以下简称"示范基地"）的申报和创建工作。"十二五"规划中，甘肃兰州经济技术开发区确定了建设国家新型工业化产业示范基地的目标，兰州经济技术开发区将突出发展航空航天高端装备制造产业、新材料产业、核产业等领域，构建航空航天高端装备制造产业集聚区。甘肃2012年下发了《加快推进国家新型工业化产业示范基地发展工作方案》（以下简称《方案》），确定了军民结合产业3大园区的发展重点，其中安宁园区未来将重点发展航空航天高端制造业。安宁园区拟定以发展航空航天高端制造为主，在航空航天高端装备制造产业领域重点发展机外照明、机载计算机、航空驱动电机、航空电器等航空航天装备与部件。安宁园区以中航工业集团兰州飞行控制有限公司为依托，突出发展航空工业自动飞行控制系统及部件产品，研制和生产覆盖直升机、无人机等多类飞行器的航空产品，形成以高新航空技术为主的产业格局；同时以中航工业集团兰州万里航空机电有限公司为依托，突出发展以航空电机等为核心的航空高端装备产品，覆盖飞控、液压、燃油等航空领域。

湖南航空产业基础雄厚，有331厂、608所、5712厂、中航起落架、中南传动等一大批新中国成立初期建设的国家航空工业骨干企业，也有山河科技、鑫轮刹车等一批新型明星企业。湖南在中小型航空发动机、直升机减速传动系统、飞机起飞着陆系统和航空材料等领域均处于国内领先地位，人才基础雄厚，现有中南大学、湖南大学、国防科大等近百所高等院校，大部分设有可支撑航空产业发展的相关专业。其中拥有涉及航空研发制造的科研机构有89家、国家和省重点实验室106家、工程技术中心63家、国家重点学科44个、博士后科研流动站71个、博士点136个，并拥有包括49名两院院士、43名长江学者在内的42余万名科技人才队伍。

2009年湖北省通过《湖北省临空经济和通用航空产业发展专项规划（2009~2020年）》规划打造临空经济和通用航空产业的"一区两基地"，即天河机场武汉孝感一体化临空经济区和襄樊、荆门两个通用航空基地。在"一区两基地"中统筹规划建设八大产业园，实现产业发展集群化、集群发展园区化，即发展航空运输物流园、临空现代服务园、临空高新技术园、临空现代农业园、通用航空综合保障服务园、通用航空研发制造园、特种飞行器研发制造园、航空旅游生态和农用航空产业园。荆门航空产业园规划总投资约为195亿元，近期（2010~2015年）规划投资约为110亿元，远期（2015~2025年）规划投资约为80亿元。经过10~15年的建设，基本建成以多用途轻型水陆两栖飞机和浮空飞行器研制生产为主导的特种飞行器研发制造园、以航空生态旅游和航空作业为特色的航空生态旅游以及农用航空产业园，使荆门成为中部地区独具特色的通用航空基地。2015年湖北打造通用航空市场，各类航空企业达26家，年总产值120亿元以上，在航空仪表、航空座椅、复合材料、激光应用、飞机维修、无人机等方面具有较强技术优势。中航工业集设计、制造、维修与运行服务于一体的浮空飞行器、滑翔伞等特种飞行器项目统一布局湖北，将显著提升湖北航空工业的科技水平。力争到"十三五"末形成1000亿元产业规模，基本建成全国重要的航空产业基地。

安徽七大战略性新兴产业发展确定了23个重点方向，其中高端装备制造业主要包括航空航天、海洋工程装备与高端智能装备。安徽芜湖市重点发展航空及配套设备产业，着力把芜湖建成我国重要的航空维修和配套设备产业基地、国内领先的通用航空产业园区，打造具有国际竞争力的汽车及装备制造首位产业。芜湖航空产业园位于芜湖市东南部，东承经济发展活力最强的长江三角洲，西接正在崛起的中部地区，南倚皖南山系，北望江淮平原。按照"一次规划、分期建设、滚动发展"的原则，以芜湖宣城机场和芜湖产业技术基础为依托，重点引入通用航空产业与临空服务产业，使其成为推动产业园高端化定位和对外开放的关键动力。芜湖产业园航空及配套设备产业骨干企业迅速成长壮大，产业核心竞争力不断增强，拥有天航科技集团、双翼航空装备科技有限公司、安徽华东光电技术研究所、中航华东光电有限公司、芜湖航天特种电缆厂、上海打捞局芜湖潜水设备厂、空军5720厂等一系列在行业内领先的企业和研究所。芜湖航空产业园重点引入通用航空产业与临空服务产业，通用航空产业包括通航整机及零部件制造、大飞机（C919）配套制造、通航运营、通航维修及航空特种设备及器材等。芜湖地区教育发达，现有包括安徽师范大学、安徽工程大学、安徽工程科技学院机电学院在内的11所本、专科院校，并拥有院士工作站12个；省级及以上工程（技术）研究中心59个，其中国家级4个；省级及以上企业技术中心111个，其中国家级8个；省级及以上重点（工程）实验室16个；省级及以上质检中心5个，其中国家级2个。安徽航瑞航空发动机项目在芜湖航空产业园开工建设，该项目是芜湖市把航空动力装备作为未来产业升级的重点发展方向，打造通用航空产业链，落实"十三五"规划和《中国制造2025》的又一个重要举措。该项目由安徽航瑞航空动力装备有限公司投资26.8亿元，分三期建设，规划至2017年、2019年，分别形成年产活塞类航空发动机1.5万台、涡轮类航空发动机1000台的规模。

类3区域包括江苏、广东、山东、上海、河南、河北。该区域在产业基础及出口因子与成长潜力因子中，相较于其他两类有较明显的优势。类2区域发展迅速，多因其较优越的地理位置，因而出口外向趋向较高。

江苏省位于中国大陆东部沿海中心，地处长江三角洲，东濒黄海，西连安徽，北接山东，东南与浙江和上海毗邻，拥有南京、扬州、泰州三个沿江城市和常州、无锡、苏州三个沿沪宁线高新技术城市，以及连云港、盐城、南通三个沿海城市，是我国交通运输最便利的省份之一。在航天航空制造领域，江苏拥有南京航空航天大学、南京大学、南京航空技术学校等众多相关院校，中航工业集团公司所属的607所（中航雷达与电子设备研究院，地处苏州）、614所（中国航空动力控制系统研究所，地处无锡）、716所（江苏自动化研究所，地处连云港）以及中国电子科技集团公司的14所、28所、55所、58所，其中南航大无人机研究院是国内专门从事关键技术研究的单位，其研制能力国内领先；2010年6月，镇江新区与美国捷科投资有限公司签订总投资额达1.9亿美元的航空部件项目和航空电器项目。并在"十二五"期间，镇江新区先后引进近30个涉航项目，产品涉及通用飞机整机、飞机机体结构件、飞机内饰、救生系统、地面检测设备、客舱座椅等，6个项目的产品为C919大飞机配套。园区先后成为江苏省飞机零部件高技术特色产业基地、江苏省镇江航空材料科技产业园、江苏省航空航天产业产学研协同创新基地、江苏省航空特色产业集群、江苏省航空产业军民结合协同创新服务基地。2014年，全区航空航天产业完成营业收入74.09亿元，完成工业固定资产投资40亿元，新引进总投资亿元以上项目6个，培育高精特新专业化企业10家，建设国家级、省级创新平台4个，关键技术领域拥有专利10件，新增省级以上品牌2个，引进培育高端领军人才团队3个、人才30人。2010年底，中航集团投资200亿元开建航空科技城；2011年1月，中国航空工业集团公司在江宁开发区空港工业园建立国内最大的航空轻型动力产业基地；2011年1月，投资近3亿美元的"国内最大航空铝合金板项目"在镇江市京口工业园正式开工建设；2011年2月，美国ERICKSON空中起重机联合公司与中国昆山航空产业园、中航直升机有限责任公司等6家航空企业共同签署了S-64特种直升机项目合作备忘录。

广东省着重发展卫星高技术产业，尤其是小型应用卫星研制及其产业化。另外广东省内有2000余家卫星导航应用产业相关的软件研发企业、生产商、技术提供商、运营服务企业、元件供应商及产品销售代理商等，珠江三角洲是我国卫星应用产业链企业聚集地。"十二五"规划中，广东省航空制造产业以珠海通用航空制造项目为契机，分段发展飞机整机制造及相关配件产业。2015年之前，全省着力发展飞机整机生产，形成产业聚集，把航空制造产业打造成广东实力产业。由于广东有着优越的地理位置和雄厚的产业基础，其航空产业的发展趋势不容小觑。

山东省位于中国东部沿海、黄河下游，境域包括半岛和内陆两部分，山东半岛突出于渤海、黄海之中，同辽东半岛遥相对峙；内陆部分自北而南与河北、河南、安徽、江苏 4 省接壤。其省会城市济南北连首都经济圈，南接长三角经济圈，东西连通山东半岛与华中地区，是环渤海经济区和京沪经济轴上的重要交会点，是环渤海地区和黄河中下游地区中心城市，也是山东半岛城市群和济南都市圈的核心。山东航空产业的真正起步可以说是从 1994 年山东航空公司成立开始，历史并不长，但发展势头良好，省内已初步形成包括轻型通用飞机、机载设备、航空维修以及飞船卫星设备设施等在内的产业体系。山东省拥有包括滨州沾化大高通用航空城的滨奥飞机制造有限公司、青岛黄岛开发区海利直升机制造有限公司、原航空部济南特种机构研究所和潍坊天翔航空工业有限公司等众多颇具规模的企业和研究机构。

上海市战略性新兴产业规划的高端装备制造三个方向中，民用航空制造业即是其中之一。上海航空产业发展迅速，ARJ21-700 支线飞机 30 架批产，商用飞机发动机研发中心成立，航电系统集成完成产业化。2012 年，上海产业规模已达到 200 亿元，初步形成了大型客机的总装和研发基地。2009 年第一批拟推进的大型客机总装和研发基地、商用飞机发动机研发中心等重点项目，主要集聚在浦东、闵行、宝山等区域。根据上海市建设国家级航空产业基地的规划布局，上海民用航空制造业重点建设应遵循园区专业化集聚、资源合理化配置、产业集约化衔接、发展梯度化推进的原则，聚焦"一个基地"、建设"五个区域"——将上海总体打造成国家级民用航空产业基地，建立浦东张江南区、浦东机场南端、闵行紫竹、宝山大场和浦东临港五大民用航空产业区。

河南省"十二五"规划中将航空装备及卫星应用产品定为其高端装备制造的主要规划方向。河南省依托在豫军工企业，加大制造和实验检测设备的投入，提高研发能力和制造水平，重点发展航空航天基础条件、机载系统、场站设备以及航空材料等。《郑州市关于发展通用航空产业的意见》

(以下简称《意见》)指出,到2020年,郑州市培育5~8家规模化的通用航空公司,形成覆盖全市的通用机场体系和辐射周边的航线网络,将其建设成为全国公务机运营基地和全国领先的通用航空经济示范区。按照《意见》,郑州市开通上街机场到周边机场的航线,将逐步形成以上街机场为核心的通用航空运营网络。

河北省"十二五"规划指出要积极发展通用飞机及航空配套装备等产业,并建设通用航空、直升机等产品研发和生产基地。2011年11月,河北省政府与中国航天科技集团公司在石家庄签署战略合作框架协议。围绕"十二五"期间河北省国民经济和社会发展规划纲要以及中国航天科技集团公司发展规划,双方确定在运载火箭及航天器制造与试验领域、战略性新兴产业、航天特色高技术服务业、传统产业优化升级、技术创新体系建设和创新人才培养五个方面开展重点合作。河北平泉打造产值达500亿元的航空新城,2013年3月中国航天科技集团公司携手廊坊市政府、华夏幸福基业打造航天科技产业园。"十三五"河北交通发展路线图已敲定——通过"六个对标",补齐交通"短板",实现新突破,打好翻身仗。到"十三五"末,实现县县通高速、市市通高铁、市市通连港口、市市有机场,基本形成现代化综合交通体系。河北省将在机场建设上推进跨越发展,大力发展运输机场和通用机场。到2020年,全省运输机场力争达到9个,与广东、浙江相当;通用机场超过30个,总数超过广东,居全国第二位,建成全国通用机场大省。

4. 布局方案与规划设计研究

航空航天产业是国家战略性新兴产业,体现了国家的工业实力,反映了地区经济技术实力和工业化发展水平,具有技术水平高、资本密集、产业价值链长、带动经济发展能力强等鲜明特点。基于18个省份航空航天制造业的实证分析与优势特色比较,设计产业空间方案,发挥各区域自身产业优势,使各区域形成相互协调、高效布局、全面完善的产业链与产业结构布局。

根据地理区位优势,形成一条以广东、上海、江苏、山东、河北等沿海城市或沿海开放城市为主的航天航空产业集聚区,利用其优越的地理优势——完善先进的交通设施、密集的城市群以及高速发展的经济、高度密集的技术人才集聚区等，形成沟通良好的集聚群落，从而发挥其集聚效应，对其他区域起到推动产业空间扩展的集聚作用，着重产业技术研发与形成技术人才培育机制，力争成为产业辐射与扩散的核心源头。

辽宁、陕西、北京、黑龙江、贵州等省（市）具有较为坚实的产业基础，多已形成颇具规模的产业园区。这类区域着重发展如整机生产、航空发动机以及大推力火箭制造和卫星制造等要求核心高技术的产业。

四川、天津、江西、河北、湖南、安徽、甘肃等发展迅速的中部区域，濒临东部沿海区域，受到中部良好地区辐射力和扩散效应，成为产业扩散的主要承接地。同时协调整个产业的分工布局，着重规划形成分支产业配套区，默契配合主干产业集聚城市，重点规划发展航天器零部件、机载专用设备等航空器制造分支产业。

三大产区之间通过产品、技术和服务等要素之间的有效互动，相互支撑，共同发展，以构建功能齐全、分工明确、协调机制完善统一的产业链与全面完整的产业布局网络。充分发挥各省优势，合理利用区域资源，建立长效的合作机制，持续推进我国航空航天器制造业上游、中游、下游之间在人才、资金和市场等领域的价值协同。

我国战略性新兴产业的发展尚处于起步阶段，区域政府应当配合国家政策发挥宏观调控作用，以实现区域产业的科学选择与合理布局。在发展战略性新兴产业时，应从以下几个方面着手。

（1）不同区域制定差别化产业政策，避免因重复建设以及地方政府间的恶性竞争，造成不必要的资源浪费，甚至影响区域产业的发展。本章构建的战略性发展指标体系其目的就在于分析不同区域发展状况，科学规划产业布局，使不同产区之间通过产品、技术和服务等要素的合理活动，相互支撑，共同发展，形成有效的产业链，实现产业专业化分工，发挥产生规模效应，促动经济发展。中央政府在区域产能规划中要发挥引导作用，同时充分发挥市场的基础协调功能。各区域政府则应积极将中央战略举措切实转化为地方行动方案。

（2）建立产业政策合作机制，促进区域间不同产能区的横纵向的联合。

以加强区域空间结构整体规划协调、基础设施与生态环境建设协调、产业布局与分工协调为重点，推动不同地区之间的产业转移和集聚；健全合作机制，通过多个层面的努力共同推动地区之间开展一系列有益的合作，鼓励和扶持各地区积极开展经济合作、技术交流、人才对话等活动。

（3）充分发挥市场机制在区域协调过程中的积极作用，政府科学行使行政职能，促进形成协调机制和企业合作机制。避免因政府过分干预经济资源分配而造成中部地区资源的重复建设和恶性竞争。

第四节 本章小结

通过初步分析发现，在中国不同省份战略性新兴产业规划产生一定的趋同化现象后，本书提出为合理利用资源，避免浪费、盲目规划和产能过剩等问题，应重视区域合作，着眼发挥各区域比较优势，借助区域市场协调地区间的专业化分工，实现区域产业分工效益，创建大经济地带、大经济区和省域经济区等。本章在界定战略性新兴产业内涵的基础上，全面分析产业客观规律和区域发展状况，围绕产业规模实力、创新科研能力、产业外向度以及发展环境4个维度，构建了战略性新兴产业空间布局指标体系。根据构建的产业布局指标体系，以航天航空产业为例，运用因子分析法和聚类分析法，对我国航天航空器制造业的布局和规划进行了应用性研究和空间划分与区域规划设计，并对战略性新兴产业布局与规划的实证研究做了初步的探索与研究，为其他战略性新兴产业的规划研究提供了参考。

第六章 案例分析：赣南工业园承接沿海产业的布局与选择剖析

第一节 赣南工业园区概况

赣南工业园区是赣州市委、市政府为加快新城区建设、促进工业经济发展、培育新的经济增长点，于2000年5月在"赣州高新技术产业开发区"和"黄金岭经济技术开发区"两个省级开发区合并的基础上成立的。区域面积119平方公里，辖三个乡镇，有近10万人，地处赣州市新城区，是大赣州政治、经济和社会格局的重要组成部分。中共黄金开发区委员会和黄金开发区管理委员会是正县级机构，具备县一级党委和政府职能，受市委、市政府委托全权负责处理辖区内经济、政治、文化、社会管理事务。赣南工业园区以发展工业特别是高新技术产业为主，同时发展与之相配套的旅游业、商贸流通等服务业，致力于建成赣州改革开放的先行区、工业发展的重要基地和现代化新城区。

经过几年的发展，赣南工业园区的区位优势更加明显，基础设施日臻完善。105国道、323国道以及赣粤高速公路、昆厦高速公路贯境而过，国际4C级标准的黄金机场，现已开辟至北京、上海、广州、深圳、厦门等多条航线；京九铁路使开发区成为与港澳台及东南亚连接的前沿腹地，韶赣龙（韶关-赣州-龙岩）铁路也即将开通。交通枢纽地位日益凸显。区内基础设施配套，水电供应充足，生产要素齐全，已建成两条220万伏输电线路和两座220千瓦变电站，昌赣22万伏变电线路接通华中大电网，建成日供水10万吨及正在建设的日供水30万吨自来水厂各一座。区内生活设施完善，人居环境优美，中心城区已初步形成集行政中心区、旅游休闲区、高级住宅区、高校园区、工业园区和精品果业区六个重点区域于一体的功能互补、布局合理的发展格局。

区内工业门类齐全，赣州高新技术产业开发区、黄金岭经济技术开发区经过数年的开发建设，初步形成了相对完整的产业集群和产业链，拥有电子信息、机械、医药、生物、食品、新材料、纺织等近百家企业。拥有一批实力雄厚、科技含量较高、前景广阔的重点龙头企业，包括：年产值20亿元、外销皮鞋2100万双的港资企业——"华坚国际鞋城"；年加工铜材7万吨，同时开发半导体、光电子材料的台资企业——"江西华夏金属线制品有限公司"；年生产20万台（套）汽车变速箱的"江铃工业区"等。拥有"赣南建材大市场"、"赣州南北蔬菜水果水产土特产大市场"、"家具大市场"和"汽车交易市场"四大专业市场群，总建筑面积50多万平方米，是江西省最大的市场群，为赣粤闽湘边际地区建材、汽车和农产品的集散地。赣南工业园区是赣州市招商引资、主攻工业的主要平台，具有广阔的发展空间。

赣南工业园区今后的发展将紧紧围绕"区域中心城市化、工业园区现代化、农业产业示范化、办事效能特区化"的目标，创新发展理念，创优发展环境，以大招商求大跨越，以大开放促大发展。工业园区将坚持"互惠互利、双赢并举"的原则，提供优质、方便、快捷的服务，与投资者共谋大业、共求发展。

第二节　赣南工业园区承接沿海产业转移现状的SWOT分析

本节运用SWOT分析法对赣南工业园区承接沿海产业转移的现状进行分析。SWOT分析方法最早由美国旧金山大学的管理学教授在20世纪80年代提出，随着国际上企业竞争战略理论的发展而逐渐完善。SWOT分析方法是一种企业内部分析方法，即根据企业自身的既定内在条件进行分析，此方法是用来确定企业自身的竞争优势、竞争劣势、机会和威胁,从而将公司的战略与内部资源、外部环境有机地结合起来的一种科学的分析方法。S(Strengths)是优势、W(Weaknesses)是劣势,O(Opportunities)是机会、T(Threats)是威胁。按照企业竞争战略的完整概念,战略应是一个企业"能够做的"(即组织的强项和弱项)和"可能做的"(即环境的机会和威胁)之间的有机组合。

运用SWOT分析法,可以对研究对象所处的情景进行全面、系统、准确的研究,从而根据研究结果制定相应的发展战略、计划以及对策等。SWOT分析方法从某种意义上来说隶属于企业内部分析方法,即根据企业自身的既定内在条件进行分析。著名的竞争战略专家迈克尔·波特提出的竞争理论从产业结构入手对一个企业"可能做的"方面进行了透彻的分析和说明,而能力学派管理学家则运用价值链结构分析企业的价值创造过程,尤其注重对公司的资源和能力的分析。这种分析方法不仅适用于企业战略的制定,对于政府政策的制定、地区经济发展战略调整的可行性分析也同样适用。

一 赣南工业园区承接沿海产业转移的优势

(一)区位条件优越

赣州是珠江三角洲、闽东南三角区的直接腹地,也是内地通向东南沿海的重要通道,成为沟通长江经济区与华南经济区的纽带,自古就是"承南启北、呼东应西、南抚百越、北望中州"的战略要地。赣州市人民政府驻章贡区,距省会南昌市423千米,距广东省广州市465千米,距福建省厦门市452千米。同时,赣州处于深圳、广州、长沙、南昌、厦门和汕头六大城市的中间,最有希望发展成为区域性的中心城市。其主要承接来自长三角、珠三角和闽三角沿海省份的产业转移,具体地说,主要源于浙江、广东和福建。居于长三角的上海和江苏虽然也是江西承接产业转移的重要来源地,但所占比重不大。长珠闽之所以是江西承接产业转移的主要来源地是因为地理空间上临近,来自长珠闽的企业在江西投资,一方面可以利用较低的劳动力成本进行生产,另一方面可以利用与沿海省份毗邻的便利条件把产品顺利地销售到东部地区和海外市场。

（二）特色资源丰富

赣南水能蕴藏量理论值为216万千瓦，占全省的31.7%，可开发量为158.6万千瓦；森林覆盖率达76.2%，活立木蓄积量12000多万立方米，是全国18大重点林区之一；已发现的矿产有105种，现已探明的矿产资源种类达75种，铀矿储量全国第一，钨和稀土闻名海内外，素有"世界钨都"和"稀土王国"的美称。此外，赣南拥有厚重的历史文化、神奇的自然风光和浓郁的客家风情，是中华人民共和国的"摇篮"。旅游资源得天独厚，全市拥有国家级历史文化名城1座、国家级文物保护单位5处、国家级自然保护区2处、国家森林公园9个、国家级4A级旅游景区15处、国家级风景名胜区1处、省级风景名胜区8处和省级文物保护单位49处。

除了拥有丰富的自然资源，赣南还拥有丰富的人力资源，有劳动力成本低、资源储量多、利润空间大等优势。对于劳动密集型产业来说，由于发展和生产规模的扩大，以及沿海对一般日用品的消费比重逐渐下降，沿海的投资收益呈递减趋势；同时，赣州劳动力比沿海地区便宜很多，加上要素供给条件和政策宽松，从而能够大规模地接纳沿海地区的劳动密集型和资源密集型产业，进而推动赣州沿海产业转移的进程。

（三）产业基础良好

赣南工业园区已初步形成稀土和钨深加工及其应用、新能源汽车及其配套产品、铜铝有色金属、电子信息、现代轻纺、生物制药、新型建材等产业集群。通过不断加大产业整合和资源集约化配置力度，着力培育支柱产业，稀土、钨产业和脐橙产业在国内外有较大影响，离子型稀土矿生产能力和分离能力占全国同类型产品水平的一半以上，已成为全国最大的稀土氧化物和稀土金属生产基地以及全国稀土产品加工中心，规模以上企业实现的主营业务收入约占全国同行业的1/3；钨矿采矿生产能力和选矿生产能力分别占全国钨矿山的一半和1/3，赣州市已成为我国钨砂集散地和钨产品的冶炼加工基地，而钨产业已成为赣州市工业的第一大支柱产业，规模以上企业实现的主营业务收入占全国同行业的1/3以上。种植业方面，据统计，2014年脐橙种植面积达174万亩，居世界第一，产量达133万吨，居世界第三、亚洲第一，2015年赣南脐橙产量达到300万吨，成为单一区域种植面积和年产量均居世界第一的脐橙主产区。

从具体的行业来看，劳动密集型产业是产业转移的重点，纺织业，纺织服装、服饰业，黑色金属冶炼，有色金属冶炼，甚至计算机、通信和其他电子设备制造业，电气机械和器材制造业等也显著转移到了赣南工业园区。江西人力资源丰富，人工成本仅为东部地区的一半或2/3，这为沿海劳动密集型的加工工业转移到江西创造了条件。赣南具有丰富的矿产资源和良好的产业基础，从而为资本密集型产业的发展提供了条件。资本密集型产业、纺织业等劳动密集型产业兼而有之。外商投资主要集中在电气机械和器材制造业等高科技产业，这说明外资对江西产业结构优化升级起了重要推动作用。港澳台资本主要分布于计算机、通信和其他电子设备制造业和纺织业等。国有资本在有色金属冶炼、非金属矿物制品业等资源密集型行业的投资有所增加，但诸如纺织业、黑色金属冶炼和压延加工业等产业退出的特征非常明显，说明这些产业的市场化特征越来越显著。

（四）交通条件优化改善

目前，赣州交通便利，铁路、公路、水路、航空运输方式齐全。赣州"二纵三横一联一斜一环"的高速公路网正在形成，赣龙铁路扩能及赣韶铁路等"两纵一横"铁路网加速构建，高速公路网正在形成，赣州黄金机场成为赣、粤、闽、湘四省交界地区最大最先进的民用机场，被国家民航总局列为"国家中小城市航空通达性试点城市"，航班可以通达国内50多个城市，初步形成了立体化、网络化、快速化的综合交通运输体系，赣州有望成为全国高速公路、铁路和航空最发达的地级市之一，成为我国连接中西部地区和东南沿海地区重要的区域性综合交通枢纽。

（五）承接产业转移环境良好

赣州全市设有2个海关、2个检验检疫机构和34个外汇管理局，开通了至深圳、广州、厦门等地的"铁海联运"，并加入了"粤港澳快速通关系统"。此外，赣州市全面完成了"两集中、三到位"改革，保留的行政许可事项全部集中在行政服务中心办理，所有行政许可证和非行政许可事项纳入全省网上审批系统办理，使得政府行政效能进一步提升。科研团队建设成果显著，表现为建立了钨资源高效开发及应用技术工程研究中心、国家钨与稀土产品质量监督检验中心等国家级产业研发平台，组建了赣南地调大队院士工作站、博士后工作站，并且正在积极推进国家级稀土、钨产业（工程）技术研究中心建设，产业公共服务平台建设成效显著。营商环境进一步改善，近年来，赣州被评为中部、粤商、浙商、深港企业最佳投资城市中国魅力城市、长江中游十大魅力城市、中国金融生态城市，2012年被评为中国最佳投资城市。

为了吸引更多的外部资金进入，更好地承接外部产业转移，政府近年来对投资环境做了进一步的优化。一是出台了《赣州市鼓励外商投资若干规定》和《关于完善和推动投融资体制改革的意见》等更实、更硬、更有操作性的政策文件，支持工业投资和重大项目建设，确保了工业投资项目的决策更加科学、协调更加通畅、调度更加有力、效果更加突出；二是加大市本级财政对工业投资项目的扶持力度；三是设立了金融服务办公室，加强了对各个金融机构与企业之间的沟通和协调，加大金融对工业的支持力度；四是鼓励民资、外资设立商业信用担保投资公司以扩宽企业融资渠道。这一系列的政策调整对赣州市承接外部产业具有实质性的推动作用。

总之，赣南工业园区抓住沿海地区向内陆产业转移的机遇，围绕自身具有的禀赋优势和产业基础，引进了一批投资规模大、科技水平高和示范带动强的工业项目，促进了江西工业经济的快速增长。赣南区位优势显著，劳动力资源丰富，基础设施不断完善，产业配套能力逐步增强，投资环境不断改善，综合竞争优势明显，在承接产业转移中处于有利的地位。要抓住东部产业转移的机遇，积极承接来自沿海的产业转移，对于提升江西的制造业水平、实现江西经济发展方式的转变有重要意义。

二 赣南工业园区承接沿海产业转移的劣势

（一）政府角色定位不准

赣南工业园区仍然存在政府角色定位不准的问题。政府参与园区规划、土地征用、基础设施和厂房建设的全过程，即政府扮演了园区开发商的角色。园区框架基本形成后，政府又一心忙于招商引资，对园区公共事业和服务行业却疏于规划和建设，园区居民的生产生活没有得到妥善安排，而大部分工业园区内还缺乏与各工业园区相配套的服务设施，这些配套产业的发展还依赖于政府制定相关规划和政策。政府的过度干预，减弱了企业活力，束缚了企业的发展。赣南工业园区基础设施仍然较为薄弱，承接产业转移所受的瓶颈制约依然比较严重；体制机制亟待创新，科技创新能力不足；资源环境约束强化，转型发展压力加大。具体来讲，赣南地区稀土资源丰富，因此稀土的开采成为其创收产业之一。但近年来，由于稀土开采所带来的环境问题日趋严重，如植被破坏导致水土流失严重，固体废弃物的污染以及水体、大气和土壤污染问题十分严峻。目前，社会建设和管理面临许多新问题：产业发展层次较低，战略性新兴产业发展滞后；资源环境约束日益强化，经济转型发展压力加大；园区服务业不发达；工业化、城镇化水平不高，统筹城乡区域发展差距较大的能力需要加强。

（二）经济发展整体水平不高

在经济规模上，赣州市在全国排名并不靠前，而且整个地区的教育文化卫生水平也远不如东部发达地区，人口整体素质不高，基础设施建设不够完善，与东部地区的经济发展显然不在同一层次。在经济体制上，由于中部地区信息、经济基础等条件的落后，管理、人才激励、金融机制不够完善，对资金、人才、技术等生产要素的吸引力严重不够，经济增长不够明显，发展后劲不足，这一切都阻碍了中部地区产业的承接水平，承接仅限于"拿来"，只能"受血"而不可"造血"，从而对于整体经济的内部带动作用不明显。

（三）支柱产业相对薄弱

虽然中部部分地区实施了支柱产业发展战略，但受长期以来短缺经济和重复建设的影响，整个中部地区的经济发展缺乏个性，产品、产业结构趋同，支柱产业发展速度较慢，规模效益和产业化经营效益不强，对经济拉动作用较小，资源优势仍难以转化为竞争优势和经济优势。赣州市也不例外，赣南工业园区的劣势也较为明显。同时，产业配套能力不强，第三产业尤其是新兴产业发展滞后，一些产业集群、企业集群的态势还处于成长阶段，尚未形成经济带和块状区，集聚效应不够明显。同一产业在工业园区中的分布较为松散,如轻纺工业。官员为争政绩,在招商引资中各自为政,给工业园区带来产业定位不清晰和产业结构雷同等问题。园区产业分布过于分散,不便于相关产业集群化发展,限制产生集约经济,不利于形成园区品牌。

(四) 产业转移成本过高

从人力成本来看,赣南尽管有丰富的廉价劳动力,但单位劳动力的生产率和劳动者素质较低,缺乏高级管理和技术人员。从原料成本来看,中部地区蕴含着丰富的资源,但由于加工工艺低下等原因,并没有将资源优势转化为成本优势。加之各种费用摊派和高额税负,更增加了额外成本。从物流成本来看,中部地区虽然区位优势明显,但是交通道路建设等基础设施不完善等原因加大了物流成本。同时,现代物流业刚刚起步,发展水平很低,第三方物流发展优势并没有凸显,数字物流又对中部地区物流发展提出了挑战。

三 赣南工业园区承接沿海产业转移的机遇

(一) 制造业的第四次产业转移

从大环境来看,制造业的第四次产业转移为赣南带来了机遇。由于产业转移的输出地、输入地等都发生了较大变化,国际科技与产业转移具有了新的特征。在这一阶段,美、日、德等国大力发展新材料、新能源等高新技术产业,将产业结构重心向高技术化、信息化和服务化方向发展,进一步把劳动、资本密集型产业和部分低附加值的技术密集型产业转移到海外。亚洲新兴经济体承接了美、日、德等国家转移出来的重化工业和微电子等高科技产业,并且把部分失去比较优势的劳动密集型产业和一部分资本技术密集型产业转移到中国和东南亚国家,带动了这些国家经济发展和产业结构的升级,促进了其工业化进程。中国内地成为第四次国际产业转移的最大受益者。

(二) 政府宏观调控的引导

政府宏观调控引导给中部地区带来了新机遇。国家正积极引导和推动加工贸易产业向中西部地区转移,形成了东部沿海城市加工贸易企业向中西部地区梯度转移的新趋势。2007年11月22日,商务部出台了《关于支持中西部地区承接加工贸易梯度转移工作的意见》,对东部地区企业包括台资企业转移起到巨大的导向作用。2008年4月,商务部公布第二批加工贸易梯度转移重点承接地的名单,中部地区多个省市名列其中。2008年下半年,国家发改委制定的《促进中部地区崛起规划(初稿)》,对中部地区的发展给予政策上的支持。构建中原经济区战略的提出,如果能上升到国家战略层面,也将大大加快东部地区向中部地区的产业转移。2016年12月,国务院批复《促进中部地区崛起"十三五"规划》,为中部地区的区域加快发展指明了方向。

2013年6月,国家发改委批复同意设立赣南承接产业转移示范区。设立赣南承接产业转移示范区,既是顺应国内外产业转移新趋势、探索中部地区承接产业转移新模式的客观要求,也是加快赣南等原中央苏区振兴发展、提升自我发展能力的重要途径。这对于进一步密切珠三角、海西经济区和鄱阳湖生态经济区的经济联系,优化东中部产业分工,培育壮大特色优势产业,推进赣南等原中央苏区全面振兴和跨越式发展具有十分重要的意义。

(三) 赣南工业园区的利好条件

当前和今后一个时期,赣南工业园区发展面临着许多利好条件。经济全球化、区域一体化加快推进,国内外产业结构调整和转移深入展开,给其发展提供了广阔空间;国家实施扩大内需和城镇化发展战略,推进经济结构战略性调整,促进工业化、信息化、城镇化、农业现代化同步发展,为示范区发展提供了强大动力;皖江城市带等承接产业转移示范区建设深入推进,在体制机制创新等方面取得了积极成效,为示范区发展提供了有益借鉴;国家文件明确赣州市执行西部大开发政策,财政部、海关总署、税务总局发文对设在赣州市的从事鼓励类产业的企业按减15%的税率征收企业所得税。贯彻实施和建设一批重大项目,为示范区承接产业转移创造了良好条件,为其发展提供了有力支撑。

四 赣南工业园区承接沿海产业转移的威胁

赣南工业园区承接产业转移示范区加快发展还面临着诸多因素的制约

和挑战。随着全球经济进入深度调整期，国际国内产业分工深刻调整，东部沿海地区产业转移势头放缓，国内经济增长条件和动力发生了深刻的变化。另外，中西部地区承接产业转移的步伐在迅速跟进，各地特色优势各有千秋，区域间承接产业转移的竞争日趋激烈。赣南工业园区应该迅速跟进竞争潮流，在众多区域中脱颖而出。

（一）东部欠发达地区的竞争

虽然中部地区承接产业转移基础较好，具有较强的承接能力，但是面对东部地区有限的产业转移资源，东部欠发达地区、中西部省份都在发挥自身优势积极承接，使得中部地区在承接产业转移中面临着激烈的区域竞争。

东部欠发达地区如山东西南部、江苏北部、广东北部等地与东部沿海发达地区的政治、经济、文化、地理等方面有着密切的联系，这就使得这些区域在承接本区域发达地区产业转移的过程中具有独特的优势。同时，各地区从促进本地区区域经济协调发展的角度出发，出台的支持产业转移政策更有针对性和实效性。

（二）生态环境可持续发展的挑战

经济发达地区有一部分资源耗费较大、污染较为严重的企业，由于当地的资源缺乏或者受到严格的环境法规的限制，为了生存发展而向中西部地区转移。这些产业会对欠发达地区的生态环境造成破坏或形成当地资源的恶性开采，严重影响中西部地区的可持续发展。赣南工业园区在承接产业转移的过程中，要接受生态环境可持续发展的挑战，处理好保护生态环境与发展经济的关系。

第三节 赣南工业园区承接沿海产业行业选择及空间布局研究

一 赣南工业园区承接沿海产业转移现状分析

赣南工业园区地处赣州市新城区。赣州，位于江西省南部，是江西省的南大门,是江西省面积最大、人口最多的地级市,与广东省相邻,距离较近,处于中国东南沿海地区向中部内地延伸的过渡地带,是中国内地通向东南沿海的重要通道之一,是珠江三角洲、闽南三角区最大、最近的共同腹地,也是连接长江经济区与华南经济区的纽带,具有明显的东进西出、南接北承的区位优势,是中部地区承接东南沿海产业转移的第一城,在承接沿海城市产业转移方面起着很大的作用。

在现有统计资料中,关于产业转移的引进内资情况没有直接的统计数据,因此,本书根据赣州市利用外资的相关数据来说明赣州市承接产业转移的情况。2012年底,赣州累计引进外资企业2994家,累计合同金额98.62亿美元,实际引进外资金额累计达85.76亿美元;累计引进省外5000万元以上项目912个,投资总额达1653.2亿元,实际利用省外5000万元以上项目资金1477.75亿元。2012年,赣州市新批外商投资企业129家,合同金额12.19亿美元,实际利用外资10.74亿美元,绝对规模居全省设区市第2位;引进省外5000万元以上资金项目165个,实际利用省外5000万元以上项目资金377.2亿元,同比增长22.92%。2015年1月至7月,赣州市共有31家外资企业实现增资扩股,累计合同增资金额达2.66亿美元,同比增长36.51%。其中增资合同外资金融500万美元以上的有25家,增资金额2.55亿美元,分别同比增长31.58%和67.96%。截至2016年底,赣州市实际利用外资15.15亿美元,实际利用省外项目资金676.75亿元。2014年,赣州经济开发区荣获"最具投资价值奖"。

由此可见,近年来赣州市经济迅速发展,尤其是工业园区快速发展。目前地区工业园区已经成为地区经济快速发展的中流砥柱,同时也成为地区发展外向型经济的主要阵地。2012年,《国务院关于支持赣南等原中央苏区振兴发展的若干意见》(以下简称《若干意见》)的出台给赣南企业吃了颗"定心丸",企业正抓住有利时机进行投资发展,因其区位优势和产业集聚优势明显,客商争相进驻赣南工业园区,激发"抢滩效应"。赣南等原中央苏区的工业园区已初步形成稀土和钨深加工及其应用、新能源汽车及其配套产品、铜铝有色金属、电子信息、现代轻纺、生物制药、新型建材等产业集群。赣州市还积极推动国家离子型稀土资源高效开发利用工程技术研究中心、稀土产学研合作创新基地及稀土应用高新技术产业化基地建设，积极做好承接沿海产业转移的前期准备，引领园区转型升级。《国务院关于大力实施促进中部地区崛起战略的若干意见》（国发〔2012〕43号）明确了"支持设立赣南承接产业转移示范区"的要求，并编制《赣南承接产业转移示范区规划》。设立赣南承接产业转移示范区，既是顺应国内外产业转移新趋势、探索中部地区承接产业转移新模式的客观要求，也是加快赣南等原中央苏区振兴发展、提升自我发展能力的重要途径。同时对于进一步密切珠三角、海西经济区和鄱阳湖生态经济区的经济联系，优化东中部产业分工，培育壮大特色优势产业，推进赣南等原中央苏区全面振兴和跨越式发展也具有十分重要的意义。

二　赣南工业园区承接沿海产业转移特点

（一）以现有产业为主

马歇尔认为，企业、机构和基础设施在某一区域内的联系能够带来范围经济和规模经济，从而带动一般劳动力市场的发展和专业化技能的集中，并促进区域供应者和消费者之间强化相互作用、共享基础设施以及实现其他区域外部性。赣南工业园区在一些产业，尤其是稀土和钨深加工及其应用、新能源汽车及其配套产品、铜铝有色金属、电子信息、纺织以及脐橙等产业方面已经形成了稳定的供销渠道，对市场有一定的把握，而且交通条件便利，也便于开拓市场。所以，赣南工业园区是承接沿海地区稀土和钨深加工及其应用、新能源汽车及其配套产品、铜铝有色金属、电子信息、纺织以及脐橙等产业以及相关产业的较好选择之一。赣南工业园区承接这些产业，可以将其发展成为重点产业和龙头产业，进而带动其他产业共同发展。

（二）以需求作为支撑

事实上，需求水平是产业在区域间转移的重要影响因素。对于广大的中部地区而言，想要吸引东部沿海发达地区的产业向其转移，具备良好的市场需求是其重要的自身条件之一。如果存在交易成本，对靠近需求的区域意味着边际成本的降低。赣南工业园区是连接长三角和珠三角地区的纽带，生产的产品既需要满足江西省的需求，也可以借助长三角和珠三角的平台将产品销往中西部欠发达地区和东部发达地区，甚至海外，比如医药、生物、食品等产业。这些产业在赣南工业园区既有一定的产业基础，各省份需求量相对也较大。积极承接这些需求量相对较大的产业，以需求为支撑，园区产业才能长久生存下去。

三 赣南工业园区承接沿海产业的基础条件

（一）地理位置优越，交通便利

赣南工业园，是赣州市委、市政府为加快新城区建设、促进工业经济发展、培育新的经济增长点而建立的，由"赣州高新技术产业开发区"和"黄金岭经济技术开发区"两个省级开发区于2000年5月合并成立的。地处赣州市新城区，105国道、323国道以及赣粤高速公路、昆厦高速公路贯境而过，国际4C级标准的黄金机场，现已开辟至北京、上海、广州、深圳、厦门等多条航线；京九铁路使开发区成为与港澳台及东南亚连接的前沿腹地，韶赣龙（韶关－赣州－龙岩）铁路也即将开通。黄金开发区交通枢纽地位日益凸显，地理位置优越，同区地处珠三角和海西两大经济区的辐射交叉点上，是珠三角地区和闽东南、厦漳泉地区经济区的直接腹地和内地通向东南沿海的重要通道，也是连接长三角和珠三角地区的纽带，素有"江西南大门"之称。另外，赣南工业园区已成为赣、粤、闽、湘四省边际地区环境优美、人气旺盛、商务繁荣、创新活跃、产业蓬勃发展的经济区域，是赣南具有现代化、国际化特色的开放型经济发展平台。

（二）特色资源丰富

赣南工业园区是典型的亚热带湿润气候，四季分明，热量丰富，雨量充沛，年均气温18.9℃，年均无霜期287天，年均降水量1605毫米。山清水秀，环境宜人，物产丰富，文化底蕴深厚，自然、人文旅游资源丰富；区内处于劳动年龄的人口达到532.6万人，劳动力资源总量年均增长速度为4%；赣南气候适宜、生态良好，适合粮食种植以及柑橘、蔬菜、油菜等农作物生长；同时，蕴藏储量丰富的稀土资源，已发现的矿产有105种，现已探明的矿产资源种类达75种，赣南水能理论蕴藏量216万千瓦，占全省的

31.7%，可开发量 158.6 万千瓦；赣南工业园区内水电供应充足，生产要素齐全，已建成两条 220 万伏输电线路和两座 220 千瓦变电站，昌赣 22 万伏变电线路接通华中大电网，建成日供水 10 万吨及正在建设的日供水 30 万吨自来水厂各一座。森林覆盖率达 76.2%，活立木蓄积量 12000 多万立方米，是全国 18 大重点林区之一；作为中国革命摇篮的赣南苏区有着深厚的红色文化传统和众多革命历史。

（三）基础设施条件良好

赣南工业园区积极响应赣州市委、市政府"对接长珠闽、建设新赣州"的发展战略，紧紧围绕"赣州市高新技术产业聚集区、全市招商引资的主平台、全市财政收入的重要增长极、赣州市中心城区工业企业退城进园的主载体、赣州市中心城市的新城区"的发展定位，解放思想，真抓实干，全区经济保持了快速健康发展的势头。在整合工业园一期、二期规划的同时，完成了工业园三期土地利用规划和控制性详细规划的编制，核心工业区框架面积由 10 平方公里扩展到 37 平方公里。园区内已经形成了比较完善的园区道路、水、电网络，初步形成了以电话、互联网为主的现代通信网络，逐渐形成了教育、医疗卫生、文化、社会保障等社会服务网络，基本形成了以商贸、生产资料、金融、人才为主的市场网络。国家级出口加工区已获国务院批准，并已投入建设。

（四）产业基础较好

赣南工业园区已初步形成稀土和钨深加工及其应用、新能源汽车及其配套产品、铜铝有色金属、电子信息、现代轻纺、生物制药、新型建材等产业集群。赣南工业园区内工业门类齐全，尤其是赣州高新技术产业开发区，初步形成了相对完整的产业集群和产业链，进一步明确了产业发展定位，助推产业集群发展，即以稀土和钨深加工为主，以生物食品和装备制造为辅的产业体系，全力打造新材料科技城。此外，还重点推进了循环经济产业基地、机械电子产业基地、新材料产业基地、脐橙科技产业园五大工业平台的建设。2015 年涉及高新技术的重点工业项目 19 个，总投资 17.7 亿元。红旗电缆、天绿生化、上海玖思 3 个项目投产，友力磁材、赣州铝业、腾远钴业二期、欧博空调、百惠酒业、联伟锻造二期、三晟建材 7 个项

第七章　赣南等原中央苏区承接沿海产业的布局与选择政策研究

第一节　完善赣南等原中央苏区承接沿海产业布局与选择的制度环境

一　构建赣南等原中央苏区与江西省其他地市实现共赢联动的协调机制

区域间政府横向合作研究集中在区域经济方面。早在20世纪50年代，缪尔达尔就指出市场的力量通常倾向于增加，而不是减少区际不平等。赫希曼则进一步补充道，区域间增长的不平衡性，是增长本身不可避免的伴随情况和条件。因此，如何减少资源禀赋和空间区位上的劣势以及由市场的盲目自发性带来的区域发展上的贫富差距，发挥区域政府或其他区域组织在调控区域经济社会发展上的重要作用，引起了很多学者的浓厚兴趣。

赣南等原中央苏区与江西省其他地市在产业转移中实现共赢联动是存在困难的，赣南等原中央苏区与江西省其他地市合作的挑战在于它需要摒弃传统的零和博弈和地方保护思维模式，以一种更加宽广的视野去思考和实践结构性的变革和制度创新。从区域合作的本质来看，区域合作带来的成本制约了合作的达成，区域合作成败的关键在于是否能构建有助于合作实现的制度安排。

（一）赣南等原中央苏区与江西省其他地市合作的成本分析

（1）排他成本或防范成本，即每个行为人能否在保护自己产权的同时不侵犯他人的产权。区域合作各方一般是接壤或临近地区，产业结构及资源禀赋相似，在主导产业发展问题上互补性不足，行政区划对经济布局的分割严重，没有形成跨行政区合力的产业集群，在产业合作中往往只能形成单中心而非多中心。因此区域合作的主体——各地方政府在产业合作中排他性较强，形成合作存在一定困难。

（2）机会成本，即为了合作并进入陌生领域所失去的独立权力和独立发展机会的机会成本。区域合作建立在资源共享、优势互补的基础上，各地方政府均要求以自己为中心形成产业集聚，而自身经济不具备很强辐射力的城市，心甘情愿地为区域中其他地区做嫁衣提供产业配套具有很大难度。区域发展中讲求传统产业发展的比较稳妥，各地方政府为政绩工程或短期效益，往往不愿进入陌生发展领域。

（3）信息成本，即为了寻求合作而需要付出的信息努力。寻求和合作伙伴的过程并非一朝一夕之事，而是需要深入调研得出相关合作的可行性报告结论。很多时候，有合作意向的政府机构双方会互派团队，设置常驻办事处进行走访考察，因此产生了信息成本。包括常驻人员办公费用、文件资料费、会议招待费、信息网络建设费用、通信费等，成本种类多而复杂。

（4）监督成本。地方政府合作中各方达成合作协议后，没有明确独立的第三方监督主体，各方均不愿首先投入合作成本，往往因为担心对方不履行或履行不到位而不作为，从而导致合作战略流于形式而致使自己白白损失先投资本。为了防范合作组织内部成员偷懒行为、侵害组织利益行为和监督对方对契约的执行，需要区域合作中的各方分担这一部分成本。

（5）谈判成本。共患难易同富贵难，区域合作中各方往往在合作初期能互相协调，但在利益分配面前都不愿吃亏，利益分配问题往往成为再次合作的障碍，这就需要合作双方再次回到谈判桌上进行新一轮谈判和洽谈，这一过程的特殊之处为区域合作主体的决策者即地方官员任期届满换人后，原合作政策往往不能继续落实。

另外需要考虑的是，赣南等原中央苏区与江西省其他地市在合作中，不仅涉及同一行政级别政府之间的协调，而且涉及不同行政级别政府之间的协调,而不同行政区内不同行政级别的政府如果要进行协调,其"协调成本"(交易成本)就会很高,完全有可能导致合作效益远远小于合作成本,最终结果就是合作各方的不合作,或者先合作而后不合作。

(二)赣南等原中央苏区与江西省其他地市实现共赢联动的协调机制的基础——建立互信机制

(1)实现信息共享。首先,在市场机制领域以及政府宏观调控领域都要保证合作各方的知情权、平等参与权和话语权,在公共事务的协商和论辩的过程中实现公共利益。其次,突出政务公开的现实性和技术性,减少信息壁垒,使信息公开落到实处。合作双方加强信息技术的普及和升级,减少信息公开透明化的阻碍。最后,加强信息沟通,实现区域决策联动。合作区域之间保持信息及时互通,有问题及时交流以便提高解决问题的效率和提升合作的深度和广度。

(2)加强政府间互信。信任可以节约大量的信息成本,可以减少契约成本,可以帮助合作双方明确产权,可以降低监督成本。和谐社会、以人为本的新公共治理理念已深入人心,但政府的效率和公信力低下成为构建服务型政府的瓶颈。政府的公信力下降不仅表现在公众对于政府信任度的降低,而且还表现在政府之间职能部门的不信任和相互推诿。在区域合作中,需要突出信赖保护原则,尤其是保障合作各方的协议在执行过程中不因地方政府官员人员更迭而流产或变动。

另外,为了避免因官员频繁更换对区域经济社会发展的消极影响,在官员晋升制度上可以尝试有的地方政府已经出台的县级主要干部在任8年以上无重大过失均可自动晋升的政策,除此之外,政府出台的地方性政策法规的连续性还需要进一步加强。

(3)加强政府间区域认同。利用行政力量加强区域间的经济、社会、人文交流可以吸引更多的注意力,可以增加在争夺区域优惠政策时的砝码。政府间的年度峰会、部门会议本身就是一种行政文化的融合,相对于以前行政区相互分割、老死不相往来,甚至与邻为壑、地方保护而言,这是一种进步。各地区政府之间不能搞区域歧视,提升区域认同感对于促进合作谈判进程以及客观定位自身优劣势以互补有推动作用。

（三）赣南等原中央苏区与江西省其他地市实现共赢联动的协调机制的推动——建立对话协商机制

（1）坚持主体多元化。首先，要明确合作主体职能。在强调省政府对全省市场进行资源配置时，有必要赋予省以下政府相应的区域调控权，使地方政府调控成为介于中央宏观调控与以经济杠杆为手段所进行的间接调控之间的中间环节，统一大市场和区域经济的建设者和维护者。高效合作的前提是在政府职能规制的基础上明确政府的行为边界，防止狭隘的地方利益膨胀，扭曲市场信号，误导资源和要素的流向。另外，要在明确主体的基础上充分协商对话，降低防范成本。

区域之间的合作依靠单纯某一种协调机制、措施或机构来实现是不可能的。因此，在协调的不同层面，需要共谋协商与合作，形成百花开放、不拘一格对话合作的局面，既要有政府间、部门间的合作，也需要非政府组织之间的协调与合作，培养各种行业协会、商会、企业联盟等民间社会组织和中介组织，促进形成政府、志愿组织和企业参与的三层次多元合作机制，如利用目前的市长联席会议推进政府间协商对话、出台鼓励第三部门发展的政策，以及为企业间市场公平竞争创造良好环境等。

（2）开展形式多样的对话交流。推动赣南等原中央苏区与江西省其他地市发展高峰论坛、双边协议、多边协议、经贸洽谈会、部门会议等形式的多元务实对话，解决合作存在的瓶颈及障碍。针对基础设施建设、旅游合作、跨区污染治理、治安联防等内容，有针对性地开展对话协商。形式多样的对话合作为本地区和其他地区的合作提供良好的平台，能够及时准确地捕捉到区域发展结合点来促进区域合作。

（3）建立争端解决机制。在一个省内以开展经贸合作为主要目的组织形式，成员间进行经贸合作不可避免地会遇到地区利益冲突、地方保护主义；合作各方政府间的矛盾和争端协调必须有一个相对完善能够提供有效救济的争端解决机制，对区域发展中的利益冲突及时协调。这种机制包括协商、仲裁、诉讼三种主要形式。借鉴国际、区域经济组织的通常做法，争端解决机制的构建应考虑以下几个方面：第一，将由独立第三方仲裁（例如专家组）作为首要的解决争端的方法和程序；第二，为了保证争端及时、有效得到解决,应该对争端解决程序规定具体的期限;第三,发挥上级行政机关的行政调解职能。

(四)赣南等原中央苏区与江西省其他地市实现共赢联动的协调机制的核心——合理利益分配的动力机制

(1)坚持合作收益合理分配。双方合作最原始的动力是合作所能产生的预期收益,所以建立合理的利益分配机制将决定合作是持续进行的重要保障,也是维持合作秩序和保持合作长期性的基础。分配问题首先应尊重市场规律,发挥市场在社会资源配置和利益调节中的决定性作用,利用市场的价格、供求、竞争等机制来调整利益分配格局;其次是建立利益补偿机制,如果某市为其他市的产业集群建设提供了大量的原材料、人力资源等,应该给予合理的利益补偿来维持合作的可持续性;最后,完善相关的法律法规,用法律来对合作各方进行约束,所有所设利益分配规定要合情合理合法。

(2)坚持成本分摊及补偿原则。第一方面是公平原则。对合作成本进行分摊,只有对在合作中付出成本的个人和群体以合理的补偿,才能促进合作的持续。合理制度的制定难就难在"度"上,需要进行深入细致的调研实践从而制定出相对公平合理的体制。在地方政府合作成本分摊遵循公平原则过程中,必须落实好两个基本原则。一是要"经济公平"。在分摊成本时应该以各方从合作中的受益情况为依据,那些在合作中受益较多的一方承担较多的成本费用,而不一定是平均分摊。二是要"社会公平"。在分摊合作成本的时候,不能忽视合作各方的经济社会发展水平以及相应的成本负担能力。各个地方的经济水平、资源、基本建设、招商引资的能力各有不同,双方优势互补,达成协议,建立起经济合作关系。第二方面是受益原则。这是社会公平的体现,对于维系地方政府良好合作必不可少。地方政府合作应负担的成本要根据它从合作得到的收益来进行分配,也就是谁受益、谁付款;谁预期享受合作带来的好处多,谁就理所当然支付的成本多。当然,预期收益成本的核算需要精确并且核算方法要由合作双方认同。第三方面是责任原则,即谁负责的问题。对责任而言,又可分为三种小类型:一是基于本身职责而应该承担的责任,即承担主体必须履行而且要正确履行，否则要承担失职、失误或过错的责任；二是基于法律法规规定而产生的法律责任，即法律法规加以规范的、强制性的责任，无论承担主体意愿怎样，都要无条件地承担，不履行规定义务或出现过错都要受到法律制裁；三是建立在同情和自愿基础上的道义责任，这是对社会责任的承担。责任原则是分配成本的较好方式，谁有责任谁支付，与责权一致的原则相符合。第四方面是能力原则。着眼于地方政府合作的大局，以实现社会福利最大化为目标，根据承担主体的权利能力、组织程度、经济状况等进行分配，支付力更强的政府应承担更多的成本，使分配更加合理公平。

（3）建立激励强化机制。毫无疑问，财政和经济激励是地方官员激励最重要的组成部分之一。为什么国家之间可以通过双边和多边贸易协定达成市场开放和自由贸易，而同在一国之内的各地区一直不能达成类似的协定？国家之间出现贸易纠纷只能诉诸效力有限的国际法或多边协调机制，而中国的地区贸易纠纷可以诉诸中国法律，也可以诉诸强有力的行政协调，那么同处于一个政党系统领导和协调的地方官员为什么不能坐在一起达成一个双边或多边贸易协定？虽然政策界和理论界关于杜绝地方保护主义的呼声自20世纪80年代中后期就一直不绝于耳，但迄今，我们尚未见到任何关于协商开放地区市场的明显努力。答案是行政区间的政府处于竞争之中，对竞争的激励大于对合作的激励。我国地方官员同时处于两种竞争之中，既为地区的经济产出和税收而竞争，同时又为各自的政治晋升而竞争。这就使地方官员在考虑竞争利益时不仅需要计算经济收益，而且还要计算晋升博弈中的政治收益，两者的总和才真正构成对他们行为的激励。作为政府官员，政治收益的计算也许更为重要。近年来，我国各地在外资引进中的"恶性竞争"也可以用地方官员的晋升激励来解释。

单一的 GDP 增长指标如今在官员晋升考核中影响力逐渐弱化，中央政策的变化减少了对经济发展的束缚。这也有效地促进了地方政府、行政官员在推进区域一体化进程中的动力与积极性。

（五）赣南等原中央苏区与江西省其他地市实现共赢联动的协调机制的保障——监督机制

（1）坚持决策执行监督反馈。决策的反馈监督建立在信息公开共享的基础上,决策执行的评估可以提升反馈监督的层次。目前目标-手段链的决策实施是决策执行的主要方式。首先应明确在市长联席会的领导下各合作方的责任单位,其次合力建设江西产业转移与产业建设信息网,开设执行反馈专栏,聘请高校学者及其他专家对决策进行评估,及时更新决策执行的最新情况,对政策执行进行追踪或调整。

(2)建立第三方监督。区域合作需要在政府规制的基础上,加强独立第三方监督。首先是在发挥专家组的决策参谋咨询作用的基础上,对决策执行的效果、效率进行评估,听取专家组对区域政策执行及其效果的意见及建议。其次是发挥行业协会等第三部门的力量,但是应确保第三部门的独立性。最后是充分发挥新闻媒体的力量,对合作的共识进行强化,对不合作的行为要利用新闻监督力量及时曝光、及时惩罚。

(3)坚持违约惩罚措施。在实行激励强化合作动力的同时,也必须制定相应的惩罚机制,以此来约束参与行政一体化的各个地方政府行为,保证各地方政府能积极贯彻和执行区域发展合作的相关决议,实现区域共同发展的目标。区域利益惩罚机制是指对不执行或消极执行区域决策委员会制定的区域共同发展决议的地方政府进行处罚,对采取机会主义者予以一定的惩戒。

二 产业转出地与产业转入地博弈均衡——完善与沿海地区政府合作机制

经济博弈论是研究经济决策主体的行为发生直接相互作用时所进行的决策以及这种决策的均衡问题,是在局中人追求自己的利益最大化假定下,研究这些理性个体的行为选择。产业转移及产业转移工业园建设,必须建立在区域内各地政府对共同利益高度认同的基础上,即双方都认为通过产业转移和转移工业园建设会为其带来预期的经济和社会收益。但是,在实际操作过程中,由于利益诉求的不同,转出地政府和转入地政府成了博弈的当事人,二者在决策过程中形成博弈对手。

(一)转出地政府与转入地政府对园区利益诉求的差异

赣南等原中央苏区与沿海地区存在较大的差距,在对待产业转移问题上，必然与沿海地区政府存在态度上的差异，这便在利益诉求上体现了不同。一是对园区功能定位不同。主要表现在两地建设目标的取向上，转入地希望把工业园培育成当地经济增长极，成为产业集聚平台；转出地则大多把产业转移工业园定位为当地劳动力密集、高耗能、高污染企业向外推的去处，有的地区仅将其定位为一个投资项目。二是产业园区规划取向不同。如一个园区规划的产业有：电子及通信设备装配制造、钟表制造业、文具玩具制造、农产品加工、服装鞋业制造及箱包加工等。这种规划导致产业分散，技术水平参差不齐，产业之间的各个环节很难共生。之所以出现这样的结果，其实是两地产业差异、两地政府对产业园区未来期望值不一致而形成的妥协。三是工业园区建设重视程度不同。一般来说，由于对产业经济利益的要求不同，产业转出地政府对园区建设速度和引进项目的迫切性和实际行动比不上转入地政府。

（二）转出地政府与转入地政府间利益博弈

根据转出地政府与转入地政府在产业转移中不同利益诉求，对转出地政府与转入地政府之间的博弈做出以下假定。

（1）博弈参与人有且仅有两个，即转出地政府和转入地政府。

（2）作为博弈参与人都理性地追求自身效用最大化，即双方政府扮演着投资者、管理者的角色，追求各自的经济效益、环境效益和政绩的最大化。

（3）转出地政府与转入地政府共建产业转移园是非强制性合作，即双方政府采取自愿合作方式，不受上级政府的约束。

（4）双方政府都具有完全信息。在现实中，政府之间有机会相互接触，通过到实地考察、开学习交流会等进行信息沟通。

由于利益诉求的不同，转出地与转入地政府之间就出现以利益争夺为中心的博弈行为。其博弈重点有以下几个方面。

第一，经济效益博弈。这是影响产业转移的重要因素之一，有以下几种博弈形式。一是税源争夺。转出地企业迁出或到外地投资，就意味着税收资源在转出地和转入地政府间重新进行一减一增的分配。二是产业选择的博弈。在建设产业转移工业园过程中，转出地出于产业结构调整与提升的考虑，往往只希望转出那些经济效益低的企业，为当地培育新的产业让出空间；而转入地则希望能引进一些规模大、资金和技术起点高的企业，一步到位培育未来当地经济的增长极。三是产业园区投入与效益的博弈。转出地政府在剔除扶持落后地区发展，承担社会责任因素后，更多的是把工业园区建设当成资源性开发投资项目并获取预期收益。而转入地则希望尽可能多地从转出地获得扶持资金，帮助当地更快发展，把工业园建成支撑当地经济增长的重要基地。

第二，资源效益博弈。一般来说，产业转移工业园地点选择都要求有一定的基础资源要素，而且转出地与转入地都能够对转移产业工业园提供互补的要素资源贡献。双方政府博弈的重点在于：产业转移工业园的建设和发展，能否以最小代价充分使用对方提供、而本方所缺乏的要素资源。转出方最希望的是低价取得转入方土地、劳动力、能源和原材料等资源。转出方政府的博弈心态源于当地发展的压力。因为，如果不能采取有效的措施帮助一部分资源依赖型企业退出，让它们继续滞留在不适合它们发展的行业内，长期低效率使用本地有限资源，不仅会影响行业效率，而且会使今后的产业调整更加困难。转入方则希望在谈判中，能使转出方提供更多的建设资金、投资资本、技术、人才和管理等资源。

第三，环境效益博弈。转出地政府基于"高投入、高消耗、高污染、低产业"粗放型增长方式带来的严重资源、环境问题，要求转移产业工业园建成后，给劳动密集、资源消耗大的企业寻找出路，以减轻转出地的资源与环境压力。转入地政府则对转出地这类企业又爱又怕。引进企业有助于形成产业集聚和新的经济增长点，但他们清楚地知道，转出地转移的产业大多属于劳动密集型、资源消耗型的企业，这将对转入地造成巨大环境压力，不利于当地经济的可持续发展。因此，在产业转移园建设过程中，转出地政府追求产业发展空间拓展及产业结构升级，与转入地政府追求的经济总量提升及环境保护的目标出现一定的冲突，就必然在转出地与转入地政府政策制定和执行过程中产生博弈。

第四，声誉政绩博弈。两地利益的争夺博弈，还表现在政绩上，双方政府都希望通过转移产业工业园的建设，在区域内展现执政的业绩，在当地留下好的口碑和声誉，而现行干部考核、升迁等政绩体系和制度安排进一步强化了双方政府官员博弈行为的动机。

(三) 转出地与转入地政府间利益博弈分析与结论

根据博弈的假定和博弈内容,双方政府对共建产业转移工业园可以选择合作或者不合作,这取决于合作带来的预期收益。如果双方都采取不合作态度会导致:企业向外转移的成本将会更高;由于信息不对称,转出企业对新区域的商务和投资环境不完全熟悉,迁出动力不足;珠三角产业转移的周期更长,影响珠三角地区产业调整和升级。所以,双方政府存在合作的可能性,上级政府的政策也为良好合作提供了条件。但是,由于机会主义的存在,就不能保证双方合作的可持续性。双方博弈行为及结果主要有以下几种情况。第一,转出地政府积极合作,转入地政府不积极合作。结果导致转移优惠政策不落实,转出地企业进不了园区,产业转移工业园空置。第二,转出地政府相对积极配合园区建设,但只向外转移出"高能耗、高污染、低收益"产业;转入地政府积极合作,制定政策,来者不拒。结果是:转出地拓展了产业的发展空间,成功进行产业结构调整和升级;转入地短期内实现了经济增长,但产业转移工业园成为转入地发展的"包袱"。第三,转出地政府积极投入建设,不积极向转移工业园转移产业;转入地政府积极合作。结果是:由于转出地政府的支持,建设了发展的平台,转出地自行招商引资,但由于区域、市场和管理等因素,引资不成功。第四,转出地政府不积极合作,投入少,关注不足,不为转移产业工业园提供引资条件,不参加管理;转入地政府也不积极合作,不为产业转移工业园解决困难,不制定政策。结果是:双方合作流于形式,最终未能建成产业转移工业园。第五,转出地政府相对积极,投入了部分力量进行建设,但只向园区转移少量低效企业;转入地政府也只实现部分园区建设的条件和政策的承诺。结果是:园区建设周期长,发展缓慢。

(四) 博弈均衡及双方政府策略建议

在共建产业转移工业园过程中,转出地与转入地政府的博弈是一个重复博弈问题。实现博弈均衡是使双方都能够取得稳定合理利益的结局。这就需要博弈双方把着眼点放在整个过程中的总体利益而不是某一阶段的局部利益,在开始阶段的目标策略组合取得协同,产业转移工业园建设和发展制度安排合理有序,长期合作实践有较好协调。

(1) 双方博弈均衡。通过博弈分析,在转入地政府和转出地政府的博弈局中,只有博弈取得均衡,才能实现双方的共赢。博弈均衡的条件有以下几点。第一,共建产业园应建立在长期合作的基础上。第二,双方努力将那些与环境协调发展、有效利用当地资源、切实提升经济竞争力的产业有计划、成体系地转移到工业园内。第三,转出地和转入地对转移都有相似的紧迫感。转出方和转入方政府都清楚地意识到,必须把握产业转移的速度与机遇。因为产业转移的机遇性很强,新一轮国际产业转移的黄金周期可能只有3~5年,而国内产业转移也不会无限持续下去。第四,双方政府必须不断协调转移产业工业园建设发展中的利益分配机制。因为,在促进区域经济协调发展过程中,双方政府之间的博弈是动态的,时间跨度较长,短期的约束力协议并不能保证整个过程的合作效率。

基于上述条件,双方政府只有设计合理的制度,强化转出地政府和转入地政府共建产业转移工业园的合作意愿,才能减少双方对产业转移工业园发展的负面影响,促进产业转移有序进行,发挥园区在产业转移中的最大作用,从而形成合作双方"双赢"局面。

(2) 策略建议。由前文可知,双方政府需要做出一种有效率的制度安排,建立有效的激励和约束机制,使双方的合作建立在规范、有序的基础上。以制度为基础,加强协作,建立互利双赢的合作发展关系,满足双方政府的声誉和政绩要求,是双方博弈实现"双赢"的最佳策略。

第一,对于转入地的赣南等原中央苏区来说,要克服狭隘的地方利益观念,改变从单赢角度出发考虑本地区长远利益的短视思维。要进行换位思考,从双赢的角度来谋划产业转移工业园的建设和发展。

第二,与沿海政府要建立长效的联动机制。产业转移是一个长期、渐进的过程,所以,要与沿海政府建立一套既有约束力又有灵活性的制度化议事和决策机制。共建产业转移工业园对于转出地和转入地都存在一定风险,如征地补偿及使用、税收收入分成等。在接纳沿海产业转移时,一定要全面分析双方的利益和风险,把规避风险的对策考虑清楚,多从转移企业的切身利益和生存条件出发,出台激励和优惠政策。

第三,与沿海政府引导共建两地产业市场通道。转出地由于市场培育早,产业链成熟,随着企业向转入地转移,转出地的部分产业环节将出现供给过剩的情况,如果不及时进行市场引导,就会出现本地产业市场萎缩,从而使长期培育的市场失效。而转入地由于产业较新,市场不完善,特别是受要素市场影响较大,很难在短期内实现产业大发展,需要借助转出方产业市场才能形成增长极。因此,建立两地产业市场通道,是双方政府要实现经济发展双赢的重要策略。

第四,建立相关信息的披露机制。双方政府相关部门应定期对园区建设的进度、企业的引进情况、产业链的培育情况等进行评估,及时准确掌握全省产业转移工业园的进展情况,有助于对政策的有效性和政府合作情况做出评价,及时披露相关信息。

三 创新制约赣南等原中央苏区经济发展的制度体系

与东部沿海地区相比,赣南等原中央苏区的经济实力明显落后。在改革开放初始阶段,"先富"与"后富"政策使具有区位优势的沿海地区获得了倾斜性支持,率先发展了起来,而经过了30多年的改革开放,我国经济发展情况发生了巨大的改变。区域的产业梯度转移给中部地区省份的经济发展带来了一次飞跃的良机,在这种形势下,赣南等原中央苏区如何利用自身优势,把握住这一机遇,通过创新自身制度体系,利用后发优势实现发展显得尤为重要。

要使后发优势变成现实的后发利益,还需要后发优势转化条件的支持。需要强调的是,后发优势是一种潜在优势,后发优势条件为后发优势的挖掘奠定了基础,而后发优势转化条件则是后发优势转化为现实利益的催化剂,也是社会能力形成的根基。后发优势转换条件中一个要素是资源禀赋,这包含了自然资源与人力资源。从自然资源上看,赣南等原中央苏区与沿海相比在资源和成本上有一定的优势。首先,矿产资源丰富。据统计,赣南已发现的矿产有105种,现已探明的矿产资源种类达75种,铀矿储量全国第一,钨和稀土闻名海内外,素有"世界钨都"和"稀土王国"的美称。其次,与沿海相比,赣南等原中央苏区具有经济成本梯度差的优势。但是赣南等原中央苏区的人才资源储备较低，与沿海城市相比，赣南等原中央苏区的人均工资约为其1/3，城市配套设施落后，这不仅导致难以引进人才，而且导致自身人才的流失。

制度条件与政府的政策推动同样也在后发优势转换为经济利益中发挥着重要作用。制度是经济发展的内生变量，它与技术模仿创新具有互动性，有效的制度安排将极大地推动经济的发展，使潜在的后发优势转化为现实。而政府的推动作用是后发地区在发挥后发优势时的支撑。既无物质资本的积累，又无人力资本的储备，既无对外来先进技术引进、吸收、消化的能力，也缺乏对先进制度学习和移植的能力，更为重要的是，后发国家和地区缺乏形成这些初始条件的市场机制，这些都是其经济启动的障碍。显然，面对这种障碍，政府应该发挥巨大的推动作用以弥补市场条件的缺失。而对于赣南等原中央苏区而言，便面临着诸多困难，如物质资本稀缺、人才匮乏、产业层次不合理、规模经济难以形成等。

赣南等原中央苏区要发挥后发优势实现追赶目标，就必须克服现实发展中的困境，在依赖政府区域经济政策支持与驱动的同时，更为重要的是发挥自然禀赋、区位条件等比较优势，在社会能力增强的过程中逐步形成自身对技术、制度的承载和消化能力，依靠技术和制度的创新来彻底改变落后面貌。

（一）建立有效的投融资体系，促进物质资本的形成

物质资本是落后国家和地区发挥后发优势实现经济起飞的首要条件。根据"双缺口"[①]模型可知，一个地区的投资能力取决于区域内储蓄水平和区域外的净资本流入量，即资本的最终形成源头是自我积累与外部注入。赣南等原中央苏区属欠发达地区，依靠自身积累远远无法满足经济发展对物质资本的需求。因此，物质资本的形成在短期内应实施以引进外部资本为主、以自我积累为辅的战略，而实施这一战略的关键是建立有效的投融资体系。

（1）形成多样化的融资渠道。做大做强城市商业银行、城市信用社等

[①] "双缺口"：20世纪60年代由美国经济学家钱纳里等提出，用以分析发展中国家投资大于储蓄和进口大于出口的一种经济模型。

金融载体，使之成为地方资金的吸纳主体和投资主体，为服务地方建设更好地发挥作用。在有关政策法规允许的范围内，可以让民间资本和有实力的民营企业注资或参股中小金融机构，使其逐步壮大并增强抵御风险能力。

以开放的意识，积极引进外来资金，扩大金融资源总量。一是积极吸引外资金融机构（银行、保险公司等）和其他省市金融机构来赣投资设点，以实现赣南等原中央苏区金融体系多元化，通过学习交流引入先进的金融资源配置理念。二是扩大赣南等原中央苏区企业直接融资能力。鼓励有资质有实力的企业上市融资，政府可以通过提供各种条件和配套措施，指导和协助企业上市融资，扩大直接融资总量。

（2）积极发展金融市场，推动金融创新以优化金融资源配置。大力培育资本市场。从世界范围来看，凡是成功的区域开发几乎都充分利用了资本市场的支持。资本市场不仅可以为促进经济发展发挥巨大的筹资、融资作用，同时由于资本市场具有较强的流动性，能促进商品、劳务和生产资料市场的建立和价格的形成，节约市场配置资源过程中的交易成本，提高交易效率和分配效率，从而提高目标地区的资本形成能力。

以市场为导向进行金融创新。学习发达地区金融机构的经验，积极探索和尝试人寿保单质押贷款、保全仓库业务贷款、出口退税抵押贷款、应收账款质押贷款、联保协议贷款等新型信贷方式，大力拓展中间业务，发展网上银行业务等，通过金融创新来优化金融资源配置。

（二）增加知识资本存量

（1）大力发展教育，提高劳动者素质。在社会生产力的三要素中，人力因素是最活跃的要素，也是提高劳动生产率的根本要素。与以资本投入为主要增长源泉的传统经济增长方式相比，当代经济增长方式以科技投入为主要增长源泉，而人才是科技创新和产业化的根本保证，人力资源的水平代表着生产力的水平和经济的发展潜力。经济结构的优化升级，也要求加快改造传统产业，加速发展技术含量较高的产业，相应地要求提高劳动者的科学技术水平。

（2）进一步扩大对外开放，提高引进和吸收知识的能力。一个国家或地区开放程度的差异是其知识发展和经济增长存在差异的重要原因。因此就要求赣南等原中央苏区实行区域大开放的战略，利用全球知识的溢出效应吸收世界各国的先进知识，既要面向国际开放又要面向区际开放，既要重视物质、技术领域的开放，又要重视思想、观念的开放。

（三）优化产业结构

（1）积极引进与培养主导产业。首先，赣南等原中央苏区的比较优势基本上集中在自然资源优势产业中。从产业贡献率看，对赣南等原中央苏区经济发展贡献率比较大的产业主要有：有色金属采选业、有色金属加工业、交通设备制造业、大量金属矿物加工业、食品加工业等。赣南等原中央苏区主导产业的选择应集中在这些优势行业中，充分发挥主导产业扩散作用和关联作用强的特点，以主导产业发展带动江西经济走新型工业化的道路。其次，应当大力加速软件产业、生物制药等高新技术产业及高新技术产业开发区、工业园区、省内中心城市和中心地区、经济开发区的发展，使之成为江西经济新的增长点。

（2）加快城市化进程，促进规模经济效应形成。区域运输效率和城市化水平低下是赣南等原中央苏区制造业规模经济效应难以形成的重要原因。因此，改善赣南等原中央苏区的运输条件、加快城市化进程是赣南等原中央苏区通过形成规模经济效应来发挥后发优势的重要途径。既要发挥铁路大动脉的骨干作用，又要重视公路交通的主导地位和基础作用，同时还要积极发展航空运输业，充分利用内河资源发展水运事业。为加快城市化进程，要着重建设好赣州市及各设区市的中心城市，充分利用这些城市区位条件好、市场容量大的优势，集中布局现代工业，聚集周边地区的生产要素，促进城市工业现代化进程。

第二节　优化赣南等原中央苏区承接沿海产业布局与选择的空间结构

一　推进与周边区域协同发展

赣南等原中央苏区是东南沿海地区的直接腹地，是我国东部地区向中西部地区延伸的重要通道,处于海峡西岸经济区、珠三角经济区、鄱阳湖生态经济区、长株潭城市群等国家重点发展区域的结合点。这意味着赣南等原中央苏区的发展可以在更大范围内整合经济资源,在更高层面调整经济布局,实现国家区域战略对接,加速形成中部地区崛起新的增长极。《国务院关于赣南等原中央苏区振兴发展的若干意见》对赣南等原中央苏区的战略定位包括重要的区域性综合交通枢纽以及全国稀有金属产业基地、先进制造业基地和特色农产品深加工基地,江西省应通过"一枢纽"和"三基地"建设,将赣南打造成江西对接周边区域的"桥头堡"。

大力构建区域协作平台,建立和不断创新协作机制,实现与周边区域的协作共进。比如,赣南等原中央苏区可以与深圳合作共建"深圳特区与赣南苏区产业园",与香港合作共建"香港产业转移承接区";密切与鄱阳湖城市群、武汉城市圈、长株潭城市群、皖江城市带的联系,实行错位发展,实现互利共赢;强化区域合作,推动基础设施对接,打造区域性劳动力市场,构建区域性旅游、物流、绿色农产品大通道,建立区域多边和双边联合新机制。同时,立足赣南等原中央苏区的产业特色,全方位、多层次承接国内和国际产业转移。大力承接高端制造业、战略性新兴产业和现代服务业,鼓励和引导相关产业向赣南等原中央苏区整体转移,快速形成产业集群;推动赣州开发区扩区增容,强化赣南等原中央苏区的工业园区、出口加工区、特色产业基地等产业转移承接平台建设,提高园区产业配套能力。

(一) 以优化产业结构为目标的产业承接选择

(1) 建立产业选择机制,提高承接产业的质量和水平。赣南等原中央苏区要借助产业转移的力量实现产业升级和自我发展,就必须站在全球经济发展的高度上,建立具有远瞻性的产业战略选择机制。依据产品的技术含量、国际国内市场发展前景、生产技术与效率水平等设立技术指标,鼓励具有先进技术的外资流入,以直接改善赣南等原中央苏区企业技术结构,促进技术溢出;设立产业承接标准,重点推动高新技术产业、制约经济发展的瓶颈产业以及产业链中研发、设计、品牌和关键零部件等环节的吸纳和承接,重点移入和壮大一批高新技术骨干企业、成长性好的科技型中小企业、科技农业和农产品加工重点龙头企业。

(2) 积极承接和优化与产业结构目标相适应的产业。构建现代新型产业体系，促进三次助产业的协调发展。通过推动产业与资源、环境的协调发展，增强产业可持续发展能力和产业综合竞争力，形成全国重要的先进制造业基地、高新技术产业基地、优质农产品生产加工基地和现代服务业中心。

第一产业是农业。农业产业化水平不高，农产品深加工不够，产业链薄弱。只有完善并延伸产业链，提高产品附加值，才能形成农业产业的优势和竞争力。

在第二产业中，原材料和基础产业比重偏大，深加工产业比重较小。传统产业和低附加值产业的比重偏大，新兴产业和高附加值产业比重偏小。赣南等原中央苏区要在现有电子信息、汽车、钢铁、石油化工、装备制造、纺织服装等主导产业的基础上，通过承接相关产业，提升产业技术，完善主导产业的产业链。电子信息产业链：继续巩固和发展通信等优势产业，积极承接集成电路设计与制造、新型显示器件、模块与组件生产等高端电子信息产业。汽车产业链：鼓励汽车零部件企业通过兼并重组、收购、参股、合资合作等方式，实现汽车企业多向转移，整合内部资源，完善和延伸汽车产业链。

对于第三产业，加快运用现代经营方式和信息技术对传统第三产业中的原有产业（商贸、交通、邮电通信、物流、金融等）进行改造与提升，同时重点承接市场潜力大、带动能力强、附加值较高的金融、保险、物流、信息和法律服务等现代服务业，形成对工业发展的有效支撑。同时积极对外发展旅游、文化、社区服务等需求潜力大的产业，逐步形成服务多元化、设施现代化、结构高级化的发展格局。

(3) 积极承接配套产业、关联产业，形成产业集群效应。产业链是一种建立在价值链理论基础上的相关企业聚合形成的新型空间组织形式。产业链能聚集大量的企业，它们在技术上既替代又配套，在市场上既竞争又结盟，互相创造需求又共同向更高水平迈进。产业链能增强产业和区域经济的抗风险能力，能在整体上参与国际竞争。更重要的是，产业链符合可持续发展的要求，形成上下游关联、资源和功能互补的产业链条。赣南等原中央苏区应该充分发挥资源、市场、产业、科技、人力等比较优势，促使产业输出和产业承接方形成有效的产业对接,形成上下游相互配套、专业化分工合作的产业链。支持各地依托比较优势的企业集群相互衔接配套,引导经济半径内围绕一批龙头企业和重大项目,发展配套体系,不断延伸产业链和价值链,实现专业化、规模化扩展。赣南等原中央苏区在承接各地产业转移时要重视产业链的配套与完善,补强薄弱链条、提升关键链条,致力于围绕当地的主导产业和特色产业承接转移项目。

(二) 以承接产业转移为导向的产业环境建设

(1) 优化基础设施建设。赣南等原中央苏区承接产业转移具有相当的优势,如区位交通优势、人才优势等,但由于各种原因并没有完全凸显出来,产业转移层次仍然较低,这需要我们打造更加完善的产业发展环境,吸引外资内资的进入。物流成本作为生产成本中重要因素之一,往往是产业转移考虑的必要因素。从中国的地理环境和运输情况来看,物流成本在中国经济中的比重是非常大的,估计超过10%,而在一些发达国家只有2%~3%,甚至更小。因此,产业承接过程中并不仅仅是简单的劳动力成本优势等,还必须通过降低物流成本来吸引更多产业进入。在交通物流方面,赣南等原中央苏区应该加强铁路、高速公路、内河航道为主的综合运输通道的建设,不仅推动赣南等原中央苏区区域间交通物流便捷,而且打造辐射周边、通达全国的交通运输网,完善各种运输体系,形成网络式综合运输通道布局。同时积极完善港口、机场、汽车站、火车站等场站建设,使各种交通枢纽之间联系紧密,实现客运便捷化、货运物流化、管理智能化。在金融体系方面,增强赣南等原中央苏区区域间金融市场融资服务功能,推动赣南等原中央苏区区域间金融信贷的发展;建立专门的项目融资平台,实现银行和企业更有效的对接,提高贷款效率。可以尝试银行贷款和俱乐部贷款模式,提高企业融资和抗风险的能力。鼓励赣南等原中央苏区票据、结算支付、金融信息服务的一体化,提高效率,简化成本。鼓励和引导金融机构发展"绿色"信贷[①],重点支持资源节约型、环境友好型的项目

---

① 2007年7月,国家环保总局、中国人民银行、银监会联合发布了《关于落实环保政策法规防范信贷风险的意见》,标志着绿色信贷这一经济手段全面进入我国污染减排的主战场。

融资。

在人才发展方面,赣南等原中央苏区应建立人才储备体系,引进高层次紧缺人才;建立人才评价激励保障体系,留住现有人才;构建圈内人才流通平台,鼓励人才流动、人才资质互信。

(2)政府优化产业发展软环境。由各地政府牵头,积极开展产业转移协商会议,研究产业转移中存在的问题,制定解决问题的政策和办法;开展产业转移衔接会,构建东部沿海地区产业转移"市场";筹建包括产权交易、法律咨询、融资服务、产业和项目信息介绍等在内的功能完善的产业转移综合服务平台,及时便捷地为东部沿海地区提供产业转移服务。

转变政府职能,加快服务型政府的建设步伐,加快建立社会信用体系,整顿和规范市场经济秩序,尤其要大力培育产业集群文化,为产业集群发展提供良好的外部环境。政府要发挥"看得见的手"的作用,弥补市场失灵,加大环境管制力度,引导企业减少废物排放、提高资源利用率、实现清洁生产,加强环境基础设施建设,加大公共财政投入,推动产业群落生态化和社会消费绿色化。

全面落实各项税收优惠政策,提高行政管理效率。减少审批环节、提高审批效率、缩短审批时间,落实国家地方有关支持农林牧渔产业、高新技术企业、软件企业、集成电路企业等的优惠政策,鼓励相关企业加大研发投入,增强自主创新能力。

二 以"专业市场"优化赣南等原中央苏区承接沿海产业布局

在考虑产业转移时,从区位理论来看,20世纪60年代,产业区位理论的奠基人,德国经济学家阿尔弗雷德·韦伯发表了世界第一部近代关于工业区位理论的著作《工业区位论》,在其工业区位理论当中也包括了对集聚行为的研究。韦伯认为,费用的高低是决定区位优劣的重要因素,最好的区位是费用最低的区位。一个完全竞争的市场所决定的销售价格不受小企业的影响,因此企业家只能是尽量减少产品的运费,以获取最大利润。而形成了产业集聚区的城市,位于集聚区中心的专业市场能够为集聚群体提供最低的运输费用;而专业市场的功能并不局限于降低运输费用,专业市场作为中国经济的特色之一，改革开放以来一直是我国市场经济与工业化结合的中间枢纽之一，而且专业市场可以为产业集群提供稳定的销售渠道，因此在讨论我国产业转移时，探讨其与专业市场布局的互动关系很有必要。专业市场布局与产业集群的形成和转移能够相互影响。从耦合联动的类型上看，有市场先导型，即先有市场创造的需求来带动产业集群的发展，"义乌模式"是这一类型的代表；产业先导型，即先有产业集群的形成，而其发展必然产生对要素供给方形成大规模集中交易的需求，这便促进了专业市场的形成。而与专业市场结合程度较大的产业集群准备转移时，一般由专业市场先行转移能够取得更好的效果，从产业与市场转移的顺序来看，一般市场先行迁入往往能够建立起产品消费的保障，而尚未迁移的产业集群又可以为迁入地提供稳定的货源，在专业市场扩大到一定程度时，与之配套的生产企业则可以整体转移。专业市场在促进产业转移的同时，也对城镇化间接地产生了推动作用。

专业市场发展壮大的过程，实质上就是某种产业或者某些生产要素在某个地域聚集发展的过程，而专业市场强势发展最直接的一个作用就是促进某一产业及相关生产要素在当地聚集。城镇化不仅是一个产业及生产要素聚集的过程，而且是一个人口聚集的过程。专业市场的发展使相关产业及生产要素不断向城镇聚集，创造了大量的就业机会，吸引大量劳动力向城镇转移，从而促进人口聚集。专业市场布局吸引人口、产业、生产要素向城镇聚集，促进城镇人口、企业数量及规模的增加和扩张，促使当地产业聚集，专业市场不断壮大规模，使当地成为具有影响力的产业基地，推动城镇化的发展。

从专业市场对产业集群的影响可知，进行产业转移需要有良好的市场需求作为支撑。事实上，需求水平是影响产业的区域转移（见表7-1）。在广大的中西部地区，想要吸引东部地区产业向其转移，具备良好的市场需求是其重要的自身条件之一。影响产业区域转移的收入要素方面，区域需求水平的变化一方面意味着区域产业边际收入的变化；另一方面，如果存在交易成本，对靠近需求的区域意味着边际成本的变化，从而改变区域产业均衡规模，促进相应产业向该区域流动。市场需求不光看当地居民的消费能力，构建消费者与生产者之间的购买渠道同样重要。东部地区现有的产业往往已经形成了稳定的产销渠道，对于市场有一定的把握。而在转移之后，由于运输成本、要素成本的改变，原有的渠道可能被打破，如果能够同步建立相匹配的专业市场，则能够帮助转移过来的产业得到良好的过渡，并且在专业市场与产业间相互合作的过程中，专业市场也可以进一步发展壮大。

表7－1　市场机制条件下影响产业区域转移的主要地区要素分类

影响目标	核心动因	一级要素	二级要素	三级要素	要素特性
产业区域转移	地区产业效益最大化	收入要素	需求水平	需求总量	非流动或弱流动
				价格水平	
		成本要素	交易成本	地理区位	
				基础设施	
				政策制度	
				产业集聚	
			生产成本	自然资源	
				劳动力	
				资本	
				技术	可流动

三 以"工业园区"集中承接沿海产业转移

（一）工业园区对承接产业转移的作用机制

工业园区对产业转移的作用主要有以下几个方面。

第一，有利于规模经济效益的产生。工业园区内聚集了大量相关企业，一方面，知识外溢的存在，降低了企业的学习成本；另一方面，相关企业之间可以互相提供生产原材料、生产设备和产品，由于距离缩短而降低了企业的运输成本。现代一种成熟的工业园区模式不是传统意义上简单的企业堆积，而是关联企业和相关产业的有机聚集，从而形成各种独具特色的新型工业园。具体来讲，园区内企业间的竞争及优胜劣汰的机制可促使企业创新能力的提高，推进企业间的合作，并由此形成有特色的产品联盟和技术联盟。在社会化生产的推动下，这种联盟又会扩展到地区间的产业联盟。另外，园区企业可以共享基础设施、以更低的成本获得原材料和劳动力供给，并共同受益于信息及技术的外溢效应。

第二，有利于产业链的构建和形成。工业园区内聚集的企业在技术上具有配套性和替代性的特征，在生产过程中既相互竞争，又相互学习。通过工业园区这个网络形式，可使企业在短时间内找到自己产品的定位，弥补生产上的不足，从而形成与其他企业相互关联的产业链。纵向来看，某行业生产企业呈大量聚集态势，其相关产业的上游或下游企业（如原材料供应企业或是销售企业）也会向其靠拢来配合它的发展，这样有利于形成完整的产业链，从而大大缩减了可生产成本（如运输成本），也可以通过刺激一方的消费来激活一方的经济。

第三，有利于进行优势转化。根据"企业迁移行为理论"，企业迁移的动力是区位推力和吸力联合作用力的结果。企业因当前区位存在的成本过高、环境条件下降等因素限制了其扩张而对企业形成迁移推力，同时会因迁入地有足够空间，距离分销商、供应商和消费者更近，劳动力供应充足、生产成本相对较低等因素带来吸引力。工业园区的优势转化机制主要作用途径如下：一是通过工业园区可有效导入短缺优势要素，包括资本、技术和管理经验等在内的高级生产要素；二是可有效改善优势要素的质量，如有效提高劳动力素质和质量，提高当地生活水平和消费总量及促进消费结构的完善和升级等；三是可有效改善优势要素的系统结构，即主要通过园区的企业聚集、分工、合作及行业延伸的功能，把整个工业园区的资源进行整合以达到实现更高使用效率的效果。

第四，有利于管理机制的设置与稳定。工业园区虽然与外界联系密切，但从地理位置上看还是一个相对封闭的组织，而聚集在工业园中的企业之间又具有相互关联性，往往是以产业为基础呈聚类分布。这种企业的相互关联性在一定程度上说明管理规章制度的接受程度大致相似，因此可以制定相对统一和集中的管理制度，这样大大节省了管理制度制定成本和运营管理成本。另外，统一的管理机制的设置还在很大程度上规范了企业的行为，提高了办事效率，方便了企业的发展，为一系列企业的发展提供了一个相对公平的竞争与发展平台。

（二）工业园区对承接产业转移的作用模式

第一，对承接产业的选择。按照产业之间的相互关系，可将其分为同类产业和异类产业。所谓同类产业是指在一定时期内存在的技术构成相似的同类商品生产部门，异类产业是指在一定时期内存在的技术构成具有差异性的商品生产部门。

就工业园区而言，产业类型的选择以同类产业为主。这是因为同类产业的聚集更有利于产业链的形成和园区的统一规划。在进行这类产业选择时，需要分析当地目前的产业结构和资源禀赋，尽量寻找与当前产业相配套的产业或体现当地特色的产业。

第二，对承接产业的发展。发达地区向欠发达地区进行产业转移主要基于两种目的：其一是市场扩张，其二是延长产品生命周期。

基于市场扩张的产业转移，以商品输出为直接目的，通过进驻工业园区的方式，将生产场地迁入欠发达地区，并在当地直接生产商品及销售。这种发展模式对企业来说，不仅节约了生产成本和运输成本，而且消除了市场进入的障碍，有利于实现商品的输出。

基于延长产品生命周期的产业转移，根据产品生命周期理论，任何产业的发展都经历从成长到成熟再到衰退的过程。但随着产业由发达地区向欠发达地区转移，这个过程将被尽可能地延长。对发达地区而言已经是处于衰退期的夕阳产业，这类产业在发达地区正面临着要素成本上升、产品市场饱和等严峻考验。这类产业通过进驻欠发达地区的工业园区，一方面可以有效利用当地政府优惠政策，获得生产成本上的优势；另一方面可以迅速占领当地潜在市场，实现企业利润更大化。

（三）赣南等原中央苏区工业园区发展现状

近年来，赣州市不断加大园区开发建设力度，高起点规划、高标准建设、高效率服务，推动工业园区从城市发展引擎转变为区域发展引擎，从以招商引资为主导的发展模式转变为以创新、原创为核心的发展模式，从单一、孤立的园区发展模式转变为多元化、产城一体化的发展模式，打造工业经济发展的强力引擎。目前，该市共有3个国家级经济技术开发区、1

个国家级综合保税区、3个省级经济技术开发区、1个省级高新技术产业园区和12个省级工业园区，园区数量居江西省首位，实际开发面积86.56平方公里。2015年上半年，该市19个工业园区完成工业增加值277.66亿元，同比增长10.23%；实现主营业务收入1114.31亿元，同比增长4.08%；实现税收总额94.48亿元，同比增长12.31%。吉安市工业园区实现主营业务收入520亿元，全省排名前移1位；吉泰走廊"四化"协调发展示范区规划获国家批复，走廊实现生产总值697亿元，占全市比重达52%，提高0.8个百分点；新增吉水绿色食品、永丰碳酸钙2个县域百亿产业集群。工业园区"集聚度"、吉泰走廊"贡献度"和县域经济"均衡度"进一步提升。抚州市彰显产业特色，做大产业规模，促进产业升级，产业建设渐入佳境。目前，全市已形成机电汽车、纺织服装、生物医药等六大主导产业，涌现出黎川日用陶瓷、金溪香料等10多个国家级、省级产业基地。同时有南丰蜜橘、广昌白莲、崇仁麻鸡等一批农业产业化基地，孕育发展市级以上农业产业化龙头企业358家。2015年抚州高新技术产业园区升级为国家高新技术产业开发区。然而在取得成绩的同时，赣南等原中央苏区工业园区平台建设上仍然存在诸多问题。

（1）统筹规划不完善，集聚效应不明显。第一，体现在对建设规划的认识方面。由于工业园区在我国还属于一个新兴的组织形式，因此许多园区都存在一边建设一边发展、没有进行统一规划的情况。第二，体现在对产业链的构建方面。大多数赣南等原中央苏区工业园区的产业构成大同小异，在进行产业选择时，不能根据本地资源优势和产业基础进行产业布局，而是一味跟风模仿。目前赣南等原中央苏区各工业园区的产业构成以医药制造、服装纺织、非金属矿物品制造、化学原料和化学制品、农副食品加工为主。这些产业都是以劳动密集型和资源密集型为指向，产业结构层次低，且相互之间没有关联，难以形成有效的产业分工，因此不能形成完善的产业链，严重影响了工业园区的整体水平。

（2）内在机制不合理，对政府依赖过大。第一，资源要素供给制约。赣南等原中央苏区工业园区的建设都需要政府批准并提供土地、水电等基本生产要素。目前，赣南等原中央苏区工业园区资源要素的供给十分不平衡，主要体现在园区用地方面。一方面，许多工业园区用地指标严重不足，出现许多大项目有能力引进却无条件发展的现象；另一方面，有些工业园区申请获批了大量土地，却没有好的项目来支撑，因此出现圈而不建的现象。第二，招商引资缺乏创新。招商引资的目的是促进工业园区的发展，因此应该以工业园区为主体，突出园区的产业特点和比较优势，吸引外资的主动进入。但目前，赣南等原中央苏区工业园区的招商引资模式仍是以地方政府为主，着重强调当地投资优惠措施，这就导致工业园区的招商引资成效与地方政府的优惠力度直接挂钩。一方面容易造成地方政府间的不良竞争；另一方面也使工业园区本身在此环节中的角色被弱化，而角色的弱化将使工业园区在招商引资过程中十分被动。

（四）承接沿海转移的平台建设思路

工业园区是承接产业转移平台建设的主要方面，本书认为工业园区的建设应把握两个基本原则：因地制宜和因势利导。前者是指要根据工业园区所在地区的实际情况进行科学规划，制定园区的总体建设框架；后者是指利用工业园区这个重要平台来培养具有地方特色和比较优势的主导产业，并加强相关配套产业的引进，形成完善的产业链。

在坚持以上两个原则的基础上，为优化工业园区建设，可以从以下方面进行思考。

（1）优化建设模式。工业园区的建设可分为两种情况：一是独立建设，二是合作建设。今后，应加强后一种建设模式，即合作建设。由赣南等原中央苏区划出土地，并给予适当优惠政策，东部地区出资，并以参股方式共同建设工业园区。这种建设模式与独立建设相比，加强了赣南等原中央苏区同东部省份的联系，参股的方式也形成了二者之间的利益协作机制，对工业园区今后的招商引资及其他各方面的发展都有积极作用。

（2）优化管理模式。工业园区的管理模式主要有三种：一是通过专门的工业园区管理委员会，属于政府引导性质；二是由管理委员会与中小企业共同管理，实行"两块牌子、一套班子"的模式；三是由政府引入具有管理职能的公司，属于企业主导性质。目前赣南等原中央苏区工业园区的管理模式以第一种和第二种为主，而对第三种管理模式的运用较少。实际上,纯企业性质的管理模式从执行效率来看,比前两种更有优势,因为减少了行政层级从而减少了管理时间。此外,工业园区经济情况与管理方效益有直接相关性,第三种模式能够增强管理者的责任感,提高管理水平。因此,今后应加强纯企业性质的工业园区管理模式的运用。

(3)优化升级模式。目前赣南等原中央苏区工业园区存在的一个普遍现象是引进的多数产业属于低附加价值的产业,技术水平要求不高,因此创新能力不足,企业转型升级缓慢。在今后的工业园区发展中,应着重加强创新理念的培养,鼓励企业由做大到做强再到创品牌发展。从一些成功工业园区的升级模式来看,"OEM→ODM→OBM"路径与模式是一种有效的升级方式。今后,可以多借鉴其他成功园区的经验,不断优化工业园区升级模式,提高园区整体质量,加强园区整体竞争力的培养。

第三节 创新赣南等原中央苏区承接沿海产业布局与选择的产业政策

一 应大力发展的支柱产业

根据国内外产业发展的新趋势,结合赣南等原中央苏区的具体条件,赣南等原中央苏区应集中力量,重点支持有色冶金、食品、汽车和石化等支柱产业的发展,积极引进外资和先进适用技术,培育一批在全国具有较强竞争力的"龙头"企业和企业集团,带动全省工业持续快速增长。

(一)有色金属工业

赣南等原中央苏区有色金属资源丰富,工业基础较好,并有金世纪冶金、富家坞铜业等骨干企业,在全国具有一定的优势。然而,这种优势主要体现在铜、钨、稀土等产品的初级加工上,精深加工产品发展严重滞后,产业加工链条较短,产品开发深度不够,技术含量较低。为此,今后要以现有骨干企业为核心,通过跨区域、跨行业、跨所有制资产重组,逐步形成若干集采掘、冶炼、加工、销售、研发于一体的大型企业集团,积极参与国际竞争。同时,要大力发展精深加工,不断延长产业加工链条,提高产品质量和品种花色,逐步实现由粗加工、低增值向深加工、高增值的转变。

(二)食品工业

赣南等原中央苏区食品工业已有一定基础,生态环境好,具备建设有机食品工业的条件,而且有机食品在国内外市场上潜力大。要形成有特色的赣南等原中央苏区有机食品工业,今后应重点抓好三件大事:一是瞄准市场,发挥独特资源优势,重点扶持发展肉禽加工、果蔬加工、米制品加工、绿色森林食品和新型食品辅料等一批优势产业,力争在全国形成行业规模优势;二是以优势企业和名牌产品为龙头,通过与发达地区企业的联合,以资产重组为纽带,实行大集团战略,力争培育德宇集团等几个在全国具有较大竞争优势的大型企业集团,使之成为带动全省食品工业发展的"领头羊";三是采取官产学研民媒互动战略,打破条块分割,促进地区融合发展,充分调动各方面积极性,加大新产品开发力度,培育一批在全国有影响、市场占有率较高的名牌产品。

(三)石油化学工业

石油化学工业既是赣南等原中央苏区的传统优势产业,也是今后具有较大发展潜力的产业之一。目前,赣南等原中央苏区的石油化学工业已形成了石油加工、基本化学原料工业、农用化肥工业和有机化学工业的生产格局。赣南等原中央苏区石油化学工业的发展,首先要巩固现有的产业优势,以优强企业为核心构建一体化的大型企业集团,逐步形成企业的核心竞争能力。在产业发展方向上,要不断巩固农用化工产品和化工原料产品优势的基础,大力发展精细化工和新型化工材料,不断提高产品的加工深度,延长产业加工链条,推动上下游产业一体化,促使赣南等原中央苏区石化工业逐步向高级方向发展。

二 应调整改造的传统优势产业

(一)机械工业

作为传统的支柱产业之一,目前赣南等原中央苏区机械工业仍以普通机械为主,农业机械这一传统优势正在丧失,基础机械力量薄弱,精密机械、先进制造和光机电一体化技术发展严重滞后，在国内市场基本不具备竞争能力。为振兴赣南等原中央苏区机械工业，今后应立足现有优势和工业基础，实行扶优扶强和大集团战略，鼓励国内外大企业兼并、收购、承包现有企业，形成新的竞争优势；也可与国内外大企业形成战略联盟，形成一个利益共同体，同时大力发展转包经济和零部件生产产业，敢于担当配角。

（二）建材工业

赣南等原中央苏区建材工业企业规模小，产品结构严重不合理，生产工艺落后，新型建筑材料发展缓慢，市场竞争力较弱。因此，今后赣南等原中央苏区一定要对建材工业进行大幅度的结构调整，坚决压缩淘汰落后的生产工艺和设备，提高产品质量和技术档次，增强企业的竞争能力。同时，要集中力量，大力发展那些市场前景好、技术含量较高且具有环保效果的新型建筑材料，尤其是新型墙体材料、环保型高性能涂料和新型装饰装修材料。

（三）纺织工业

长期以来，赣南等原中央苏区纺织工业基础十分薄弱，市场竞争力较弱。因此，今后赣南等原中央苏区纺织工业的发展，重点是通过资产重组和强化技术改造，逐步提高企业的核心竞争能力。要充分利用赣南的区位和廉价劳动力优势，鼓励沿海和外资企业来发展纺织服装工业；同时，通过引进高新技术和先进的工艺设备，对化纤、苎麻等纺织优势行业进行调整改造，提高产品质量和竞争力。

三 打造新的经济增长点

（一）咨询业

咨询业是典型的知识集约型产业，是向消费者提供最终"脑力服务"的产业。可以预计，咨询业在未来"知识经济社会"的产业结构中将有相当大的比例，是未来产业结构中的支柱产业。目前，赣南等原中央苏区咨询业的规模还很小，有很大的发展空间。发展咨询业要借鉴沿海发达地区的成功经验，根据经济发展的不同阶段，有所重点，有所突破。现在主要是发展一些为企业与居民直接服务、为维护市场竞争秩序的部分，如科技咨询、网络服务和会计师事务所、律师事务所等中介服务机构。咨询业的发展，将使政府、企业和其他机构的决策更加科学化。

（二）环保产业

环保产业是指在环境污染控制与减排、污染清理以及废弃物处理等方面提供设备和服务的行业。对环保产业，无论在我国还是国际上，均属于朝阳产业，其市场前景非常广阔。因此，赣南等原中央苏区在转移产业的选择上必须采取"积极承接、谨慎选择"方针，坚决杜绝高耗能、高污染的产业向省内转移。虽然，目前赣南等原中央苏区的环保产业无论是市场规模还是企业规模都还很小，但这并不意味着赣南等原中央苏区将永远处于市场竞争弱者的地位，只要在加强环保立法的同时，采取一些倾斜的政策，扶持环保产业的发展，就必定可形成赣南等原中央苏区的若干"拳头"产品。

（三）旅游业

随着经济的发展、生活水平的提高，旅游逐渐成为人们重要的消费需求，旅游业也将成为新的经济增长点。一般来说，旅游业就业每增加1人，可带动相关的产业增加5个就业岗位。因此，发展旅游业对于满足居民的消费需求、扩大就业、拉动经济增长具有重要意义。赣南等原中央苏区要发挥自然条件优越、旅游资源丰富的优势，大力发展旅游业，不断完善旅游基础设施建设，努力强化旅游服务体系，提高旅游服务水平，使赣南等原中央苏区成为沿海发达地区群众旅游休闲的"后花园"，使旅游业成为赣南等原中央苏区经济的重要增长点。

四 建设高新技术产业

赣南等原中央苏区在承接发达地区产业转移时，不能只放在较低层次的产业上，被动地承接那些劳动、资金密集型产业。如果只承接较低层次的产业，赣南等原中央苏区将永远跟在后面，不可能实现超越。集约化增长，是赣南等原中央苏区经济增长的必由之路。大力发展技术集约型产业，是赣南等原中央苏区产业结构调整和优化的最终目标。以赣南等原中央苏区现有的科技水平和经济实力，大范围地发展高技术恐怕是力所不能及的，但针对未来赣南等原中央苏区的发展方向和产业结构的目标模式，有所选择地发展部分高技术产业，则不仅是可能的，而且是十分必要的。

(一) 生物医药业

现代生物技术是21世纪的朝阳产业，大力发展生物技术在医药、农业等领域的应用，运用生物技术改造江西传统医药产业，对于提高医药企业的技术水平和新产品开发能力有重大意义。虽然赣南等原中央苏区目前生物医药产业基础还很薄弱，但今后完全有条件实现大发展。在发展方向上，要以现有优势企业为龙头，实行跨区域、跨行业的资产重组，组建1~2家大型企业集团，增强企业的竞争力。

(二) 信息产业

赣南等原中央苏区信息产业发展起步较早，经过多年的建设，赣南等原中央苏区信息产业已具有一定的基础。初步形成了以电子元器件、通信设备制造、计算机、家用电器、电子材料等为主的产业结构，部分电子元器件、通信产品生产在国内市场已占有一席之地。但由于受现有的经济基础和信息化水平的影响，赣南等原中央苏区信息产品制造业规模偏小、结构不合理、效益不高、技术创新能力不强等问题仍很突出；赣南等原中央苏区信息基础设施尚不完善，信息资源开发利用相对滞后。为此，赣南等原中央苏区要加快信息产业的发展，必须调整信息产品制造业结构，重点培育关键优势行业和骨干企业，提高自主创新能力和综合竞争能力，加大对外开放力度，以市场换技术、换资金，通过与国内外大企业、院校的联姻等多种方式，促进信息产业的发展。

第八章 结 论

赣南等原中央苏区是新中国的摇篮，为中国革命做出过巨大的牺牲。振兴发展赣南等原中央苏区不仅是继承和发扬光荣革命传统、弘扬老区文化精神的要求，也是治国安邦的重大问题。但改革开放以来，人力和物力资源政策性地向沿海地区倾斜，导致赣南等原中央苏区与沿海地区之间差距逐渐拉大。赣南等原中央苏区既存在历史包袱沉重、现实基础薄弱等困难和问题，又具有加快发展的有利条件和重大机遇。其区位条件相对优越，是珠三角、厦漳泉地区的直接腹地和内地通向东南沿海的重要通道；特色资源丰富，素有世界"钨都"和"稀土王国"之称；正处于产业转移加快推进和工业化、城镇化加速发展阶段，市场开发潜力大；国家扶持力度进一步加大，赣南等原中央苏区人民思富图强、负重拼搏的意识不断增强。当前赣南等原中央苏区已进入加快发展的关键时期，必须牢牢抓住历史机遇，奋力攻坚克难，努力实现全面振兴和跨越式发展。因此，赣南等原中央苏区必须坚持市场导向，立足比较优势，着力培育产业集群，吸引、承接沿海产业，促进集聚发展、创新发展，推动服务业与制造业、产业与城市协调发展，构建特色鲜明、结构合理、集约高效、环境友好的现代产业体系。

本书在评述国内外文献、借鉴产业转移理论的基础上，打破现有研究的桎梏，重点考察了赣南等原中央苏区以及江西省其他地区承接沿海产业转移的现状和产业布局状况，分析了产业转出地政府、企业和产业转入地政府三者之间的博弈特征，提出了赣南等原中央苏区承接沿海产业的布局与选择合理的顶层设计方案。最后得出如下主要结论。

第一，赣南等原中央苏区承接沿海产业现状不容乐观。江西近年来发展迅速，经济稳步增长，赣南等原中央苏区也在一定程度上承接沿海地区产业。本书选择沿海外商投资数据对江西省赣南等原中央苏区产业转移现状进行研究分析，研究发现存在以下问题。

①外资来源及投资地区不均衡。一方面，赣南等原中央苏区外资来源地分布广泛，但是依然依赖个别地区。2013年，亚洲国家或地区投资额近715599万美元，相比之下较为发达的欧洲国家投资仅为9673万美元，美国自2009年开始，投资额从10589万美元逐年递减至1519万美元。另一方面，赣南等原中央苏区与江西其他地市比较，因经济发展的不同也有明显的差异，南昌市作为省会城市占外来投资额的35%，而属于赣南等原中央苏区的抚州市只有3%。②产业转移投资行业不均衡。根据2009~2015年《江西统计年鉴》的数据，在第二产业各行业承接产业转移投资中，制造业不断上升。到2014年，第二产业的制造业承接外资占比达到96%，并且呈逐年递增趋势，第一、第三产业基本没有，行业间的承接比例极不均衡。③存量与增量状态失衡。根据近年来的数据分析，发现江西省在承接产业转移投资时，主要集中在第二产业中的制造业，尤其是制造业中的计算机、通信和其他电子设备制造业，纺织服装、服饰业，电气机械和器材制造业；另外是非金属矿物制品业、通用设备制造业、纺织业、有色金属冶炼和压延加工业及化学原料和化学制品制造业。而对于食品制造业、饮料制造业、家具制造业、医药制造业和塑料制造业投资较弱。这些投资注入的产业增量与赣南等原中央苏区及江西省其他地市已有的产业存量不一致。存量与增量失衡影响着产业转移投资的效益，承接的产业取代原本的产业并对其造成威胁，而新增产业带来的效益能否弥补原本产业发展带来的损失，江西产业发展是否已经具备了承接其他产业的基础条件，这都是影响原本产业继续发展的难题。④工业化进程慢。本书参考"中国工业化、信息化和工业现代化的关系研究"及钱纳里、陈佳贵等的研究成果，计算得出赣南等原中央苏区及江西省其他地市的工业化综合指数。根据数据的可得性，选取2005~2013年江西省11地市数据，分析发现赣南等原中央苏区主要区

域赣州市2013年的工业化综合指数为49.477%，还是处于工业化中期的前半阶段，抚州市和吉安市的综合指数也均低于60%，还都处于工业化中期的后半阶段。总体而言，赣南等原中央苏区的工业化基础还比较薄弱，工业化进程相对滞后。2013年，工业化综合指数最高的南昌市（91.209%）和工业化综合指数最低的赣州市（49.477%）相差41.732个百分点，差距非常明显。

第二，赣南等原中央苏区自身优势明显。赣南等原中央苏区虽然在承接沿海产业的过程中存在些许问题，但依然有着其自身独特的优势。

①区位优势。赣州是连接江西、广东、福建、湖南四省的枢纽城市，地处我国长三角、珠三角和海西经济板块的交通要道，与南昌、厦门、广州、深圳、长沙距离均在400公里左右，是这一区域几何中心，具有建设区域性综合交通枢纽的条件和优势。区位优势是一种不可多得的资源，是当今地区竞争的重要砝码。②资源优势。赣州自然资源丰富，农业资源也因其处于中亚热带南缘，属典型的亚热带湿润季风气候，赣州农业以发展橙、柚为主，柑橘生产的自然条件被中国科学院南方山区综考队认为在全国堪称得天独厚，赣南适宜建成全国的橘桔商品生产基地。抚州市素有"赣抚粮仓"之称，是国家区域性商品粮基地，有中国蜜橘之乡、中国白莲之乡、中国麻鸡之乡、中国西瓜之乡等众多称誉。抚州矿产资源丰富，已探明的金属和非金属矿有40多种，铀矿储量为亚洲第一。吉安市地下矿藏众多，主要有煤、铁、钨、钼、镍、铌、钽、铍、沙金、泥炭、锰、钾、稀土、白泥、萤石、花岗石、大理石、粉石英等50多种。有开采价值的矿点400多处。因此，赣南等原中央苏区可以凭借其天然的资源优势承接相应的产业，对资源予以合理利用。③产业基础优势。赣南等中央苏区及江西省其他地市还建设发展了众多工业园区和产业基地。包括赣州市、吉安市、抚州市在内的江西省11个地级市都遍布着工业园区。以赣州几个工业园区为例，赣州沙河工业园区是苏区崛起的一座机电工业城。园区始终牢固树立抓项目就是抓发展、抓大项目就是抓快速发展的理念，坚定不移地实施项目带动战略，通过拉长企业产业链、围绕支柱产业族群化招商等措施，实现了主导产业的蓬勃发展。

第三，赣南等原中央苏区拟承接产业选择依据地区集聚现状合理选择。本书在整理分析赣南等原中央苏区以及江西其他地市近10年的GDP数据构成中发现，第二产业的贡献要占到一半左右，并有稳定上升的趋势。在整个第二产业中，工业的比值占到总产值的近4/5。基于以上的事实以及数据的可得性，本书选取赣南等原中央苏区的赣州市、抚州市和吉安市以及江西省辖下其他8个地市工业中的B采矿业、C制造业、D电力、燃气及水的生产和供应业三个门类中37个大类作为研究对象。选取2004~2014年《江西统计年鉴》和《江西工业经济年鉴》数据，采用区位熵和产业动态集聚指数作为指标，分析赣南等原中央苏区和江西省其他地市静态的产业专业化水平和动态的集聚速度，以测算某产业在江西省范围内的专业化发展水平和集聚转移态势，从而进行产业选择。最后将赣南等原中央苏区及江西省其他地市49个地区37大产业的数据代入公式、测算结果，对赣南等原中央苏区产业进行选择。经测算，针对赣南等原中央苏区承接沿海产业拟承接选择结果如下。

赣州市的强化承接行业：有色金属矿采选业和家具制造业。重点承接行业：纺织服装、服饰业，有色金属冶炼和压延加工业，水的生产和供应业，文教、工美、体育和娱乐用品制造业。潜在承接行业：印刷业和记录媒介复制业，化学原料和化学制品制造业，医药制品业，金属制品业，汽车制造业，电气机械和器材制造业。吉安市的强化承接行业：计算机、通信和其他电子设备制造业。重点承接行业：非金属矿采选业，纺织业，纺织服装、服饰业，皮革、皮毛、羽毛及其制品和制鞋业，文教、工美、体育和娱乐用品制造业，化学原料和化学制品制造业，医药制品和制鞋业，电气机械和器材制造业，废弃资源综合利用业。潜在承接行业：有色金属矿采选业，黑色金属冶炼和压延加工业，通用设备制造业，燃气生产和供应业等。抚州市发展稍落后于江西省其他地市，在很大程度上还未能够形成产业集聚的现象，所以没有强化承接的行业和重点承接的行业。但其仍然存在潜在的承接行业：文教、工美、体育和娱乐用品制造业。

第四，江西省11地市政府、沿海地方政府与转移企业三方博弈应达到纳什均衡状态。本书首先构建江西省11地市政府、沿海地方政府与转移企业三方博弈收益、支出矩阵以及江西省11地市政府之间的纳什均衡,分析江西省11地市政府在优惠与不优惠、沿海地政府挽留与不挽留、转移企业进入与不进入之间如何决策,以及江西省11地市政府如何实现共赢,并得出以下结论。

①如果在某次区域竞争中,江西省各地方政府与沿海地方政府选择从自身利益最大化出发只进行一次博弈,则双方的投机主义思想会让此次博弈陷入"囚徒困境",从而达不到江西与沿海地区整体经济利益的最大化。②在对江西各地政府与沿海企业博弈分析时,发现可找到该博弈的贝叶斯均衡,即可求出 θ_1^* 与 θ_2^*,当 $\theta_1 \leq \theta_1^*$ 时会选择进入,当 $\theta_1 > \theta_1^*$ 会选择不进入。因此,沿海地区企业采取进入战略的概率是 $P(\theta_1^*)$,与之对应的不进入的概率为 $1 - P(\theta_1^*)$。相对应的江西省各地方政府会采取以下战略计划:当 $\theta_2 \leq \theta_2^*$ 时,采取承接战略,当 $\theta_2 > \theta_2^*$ 时,会选择不承接。同理,江西各地方政府选择承接产业的概率为 $P(\theta_2^*)$,不承接产业的概率为 $1 - P(\theta_2^*)$。③沿海产业转出地政府以及承接产业转移的江西各地市地方政府在产业转移时做到以下几点:首先,用政策推动地方政府之间的经济合作;其次,江西省各地政府有关部门应提供信息指导,建立相应的经济合作组织;最后,为区际产业转移提供合理的制度环境。

第五,赣南等原中央苏区依据层次分析实现空间合理布局。在赣南等原中央苏区的空间战略规划上,需要构建以赣州经济技术开发区为核心,形成吉安-抚州、龙岩-梅州两翼齐飞的发展格局,打造赣州-瑞金-龙岩发展轴、吉安-赣州-龙南发展轴及抚州-瑞金-梅州发展轴,引导产业向园区集中,促进园区转型升级,优化工业平台、完善产业基地平台、创建产业工业园平台。在研究赣南等原中央苏区与江西省其他地市整体承接沿海传统产业的空间布局上,本书采用层次分析模型求解,得出以下结论。

①在赣南等中央苏区产业要素选取原则上,通过权重分析,发现产业竞争力优势和产业可持续发展能力最具重要性,两者的权重值均达到0.2621,应该优先考虑。另外,产业的增长潜力次为重要,权重达0.2407。

再次，产业关联效应权重排序居中，是选择赣南等原中央苏区及江西省其他地市主导产业的一个重要基准。最后，才考虑产业技术进步和产业吸纳劳动力能力。②赣南等原中央苏区及其他地市的产业最终布局：赣州市应以纺织服装、服饰业，文教、工美、体育和娱乐用品制造业，有色金属矿采选业，医药制造业，非金属矿物制品业，农副食品加工业，木材加工和木、竹、藤、棕、草制品业，水的生产和供应业为承接重点；吉安市应以纺织服装、服饰业，文教、工美、体育和娱乐用品制造业，有色金属矿采选业，医药制造业，印刷业和记录媒介复制业，农副食品加工业，木材加工和木、竹、藤、棕、草制品业，电气机械和器材制造业及化学原料和化学制品制造业为承接重点；九江市应以纺织服装、服饰业，文教、工美、体育和娱乐用品制造业，有色金属矿采选业，非金属矿物制品业，印刷业和记录媒介复制业，木材加工和木、竹、藤、棕、草制品业，电气机械和器材制造业及水的生产和供应业为承接重点；南昌市应以纺织服装、服饰业，医药制造业，非金属矿物制品业，印刷业和记录媒介复制业，农副食品加工业及水的生产和供应业为承接重点；萍乡市应以非金属矿物制品业，印刷业和记录媒介复制业，化学原料和化学制品制造业为承接重点；上饶市应以纺织服装、服饰业，文教、工美、体育和娱乐用品制造业，有色金属矿采选业，农副食品加工业，木材加工和木、竹、藤、棕、草制品业及电气机械和器材制造业为承接重点；新余市应以文教、工美、体育和娱乐用品制造业，化学原料和化学制品制造业及水的生产和供应业为承接重点；宜春市应以医药制造业，非金属矿物制品业，印刷业和记录媒介的复制业，农副食品加工业，木材加工和木、竹、藤、棕、草制品业，电气机械和器材制造业及化学原料和化学制品制造业为承接重点；鹰潭市应以电气机械和器材制造业为承接重点；景德镇市应以有色金属矿采选业，医药制造业，化学原料和化学制品制造业及水的生产和供应业为承接重点。

通过大量的文献阅读，本书发现，国内学者以不同的区域为对象对产业转移的研究较多，也有少数文献集中以江西省为对象研究江西承接产业转移的问题，而鲜有对江西赣南等原中央苏区承接沿海产业转移的研究文献。本书以现有产业转移的理论为依据，对赣南等原中央苏区承接产业转移的现实条件进行详尽分析。以赣南等原中央苏区承接沿海产业的布局和选择为研究对象，研究赣南等原中央苏区在面对第四次产业转移的浪潮中，如何把握机遇，科学选择主导产业的承接，优化产业空间布局，这对于江西全省实现资源合理配置，经济全面、迅速、协调发展，脱贫致富具有重要的现实意义。在进行实证分析时，由于数据资料的局限性，本书所选取变量指标的科学性、合理性均有待商榷。本书在现有可得数据的基础之上进行了一系列实证分析，得出赣南等原中央苏区承接沿海产业转移布局和选择的具体情况，并以此为据，为政策制定者提供一些现实可行的建议，如有不足之处，恳请各位专家指正。

参考文献

[1] 安虎森：《空间经济学原理》，经济科学出版社，2005。
[2] 贝毅等：《知识经济与全球经济一体化——兼论知识经济条件下国际产业转移的新特点》，《世界经济与政治》1998年第8期。
[3] 曹荣庆：《浅谈区域产业转移和结构优化的推进路径》，《浙江师范大学学报》2002年第4期。
[4] 陈爱雪：《我国战略性新兴产业发展研究》，《学术交流》2013年第2期。
[5] 陈宝明：《国际产业转移新趋势及我国的对策》，《中国科技论坛》2011年第1期。
[6] 陈凤英：《21世纪初期世界产业结构调整趋势（上）》，《中国党政干部论坛》2001年第5期。
[7] 陈刚等：《区际产业转移理论探微》，《贵州社会科学》2001年第4期。
[8] 陈刚等：《区际产业转移的效应分析及相应政策建议》，《华东经济管理》2001年第2期。
[9] 陈佳贵等：《中国地区工业化进程的综合评价和特征分析》，《经济研究》2006年第6期。
[10] 陈计旺：《区际产业转移与要素流动的比较研究》，《生产力研究》1999年第3期。
[11] 陈建军：《中国现阶段的产业区域转移及其动力机制》，《中国工业经济》2002年第8期。
[12] 陈建军等：《关于向浙江省内经济欠发达地区进行产业转移的研究》，

《商业经济与管理》2002年第4期。

[13] 陈建军：《中国现阶段产业区域转移的实证研究：浙江105家企业问卷调查报告分析》，《管理世界》2002年第6期。

[14] 陈莎莉：《产业梯度转移、区位选择与动态竞争优势培育》，《江西社会科学》2015年第4期。

[15] 陈文华等：《工业园区建设中的集群战略探讨》，《江西社会科学》2010年第2期。

[16] 戴宏伟：《我国产业结构转换中存在的风险分析》，《生产力研究》2003年第5期。

[17] 董小君：《中国下阶段产业转移的道路选择——基于产能国际转移日美两种模式的创新探索》，《人民论坛·学术前沿》2013年第24期。

[18] 冯赫：《关于战略性新兴产业发展的若干思考》，《经济研究参考》2010年第43期。

[19] 郭爱君：《全球价值链背景下产业集群式转移的特点与机理研究》，《兰州大学学报》2013年第6期。

[20] 郭凡生：《何为"反梯度理论"——兼为"反梯度理论"正名》，《开发研究》1986年第3期。

[21] 何龙斌：《我国区际产业转移的特点、问题与对策》，《经济纵横》2009年第9期。

[22] 洪饶云等：《江西省承接产业转移的现状及趋势分析》，《华东经济管理》2012年第2期。

[23] 胡向婷等：《地方保护主义对地区产业结构的影响——理论与实证分析》，《经济研究》2005年第2期。

[24] 胡耀群等：《基于转移意愿和能力双维度的产业转移实证分析——以上海市为例》，《生态经济》2015年第10期。

[25] 黄肖琦等：《新经济地理学视角下的FDI区位选择——基于中国省际面板数据的实证分析》，《管理世界》2006年第10期。

[26] 金润圭：《提高上海利用FDI综合竞争力献策》，《上海经济》2002年第4期。

[27] 李存芳等：《基于转移的可耗竭资源型企业区位选择行为的特征与趋势》，《经济地理》2010 年第 6 期。

[28] 李立新等：《在华外商不同来源体 FDI 区位因素比较分析》，《中国软科学》2002 年第 7 期。

[29] 李然等：《京津冀产业转移的行业选择及布局优化》，《经济问题》2016 年第 1 期。

[30] 李松志等：《国内产业转移研究综述》，《商业研究》2008 年第 2 期。

[31] 李小建：《新产业区与经济活动全球化的地理研究》，《地理科学进展》1997 年第 3 期。

[32] 李小建等：《特殊宏观背景下高新区产业发展战略研究——以河南焦作高新区为例》，《河南大学学报》2002 年第 2 期。

[33] 李新春等：《矿山企业可持续发展评价研究》，《煤炭经济研究》2000 年第 5 期。

[34] 刘方原：《基于承接台湾产业转移的海峡西岸经济区发展模式研究》，天津财经大学，硕士学位论文，2010。

[35] 刘辉煌等：《国际产业转移的新趋向与中国产业结构的调整》，《求索》1999 年第 1 期。

[36] 刘庆林等：《服务业国际转移的经济效应分析》，《山东大学学报（哲学社会科学版）》2007 年第 2 期。

[37] 刘文辉：《江西承接外部区际产业转移的比较优势分析》，《经营管理者》2013 年第 9 期。

[38] 刘友金等：《基于区位视角中部地区承接沿海产业转移布局研究》，《经济地理》2011 年第 10 期。

[39] 卢根鑫：《试论国际产业转移的经济动因及其效应》，《上海社会科学院学术季刊》1994 年第 4 期。

[40] 卢根鑫：《国际产业转移论》，上海人民出版社，1997。

[41] 鲁明泓：《外国直接投资区域分布与中国投资环境评估》，《经济研究》1997 年第 12 期。

[42] 罗建华等：《国际产业转移与中国区域经济的发展》，《山西科技》2005

年第 1 期。

[43] 罗瑞荣：《江西承接沿海地区产业转移的问题与对策分析》，《科技广场》2010 年第 2 期。

[44] 马海霞：《区域传递的两种空间模式比较分析——兼谈中国当前区域传递空间模式的选择方向》，《甘肃社会科学》2001 年第 2 期。

[45] 马永红等：《区际产业转移与区域创新系统耦合研究——基于系统动力学的建模与仿真》，《科技进步与对策》2015 年第 1 期。

[46] 聂华林等：《我国区际产业转移对西部产业发展的影响》，《兰州大学学报》2000 年第 5 期。

[47] 牛立超等：《战略性新兴产业发展与主导产业变迁的关系》，《发展研究》2011 年第 6 期。

[48] 桑瑞聪：《中国产业转移趋势特征和影响因素研究——基于上市公司微观数据的分析》，《财贸研究》2014 年第 8 期。

[49] 尚永胜：《国际产业转移对我国产业发展的影响及对策》，《经济纵横》2006 年第 10 期。

[50] 束慧等：《技术效率、资本规模对产业布局优化的影响》，《系统工程理论与实践》2015 年第 11 期。

[51] 宋煜：《江西承接产业转移基本特征、问题及政策启示》，《江西社会科学》2012 年第 9 期。

[52] 苏华：《产业转移理论与实践知识的两个误区》，《兰州大学学报》2001 年第 1 期。

[53] 唐辉亮：《基于主成分分析的江西省各地市外商投资环境分析研究》，《宜春学院学报》2010 年第 6 期。

[54] 唐云舒等：《产业转移类型与承接地环境的耦合分析——基于泛长三角制造业的经验证据》，《产经评论》2014 年第 6 期。

[55] 王保忠等：《低碳经济背景下区域产业布局优化问题研究》，《经济纵横》2013 年第 3 期。

[56] 汪斌：《东亚国际产业分工的发展和 21 世纪的新产业发展模式——由"雁行模式"向"金字塔模式"的转换》，《亚太经济》1998 年第 7 期。

[57] 王冰等:《区际产业转移的影响因素及实证分析——基于引力模型》,《对外经贸》2013年第10期。

[58] 王飞:《国际产业转移与中国产业结构的协整分析》,《改革与战略》2008年第8期。

[59] 王建峰:《区域产业转移的综合协同效应研究——基于京津冀产业转移的实证分析》,北京交通大学,博士学位论文,2012。

[60] 王建峰等:《FDI、国际贸易与产业转移效应——基于京津冀产业数据的实证分析》,《生产力研究》2012年第7期。

[61] 王娟娟:《产业转移及其现实依据和特点》,《人民论坛》2014年第26期。

[62] 王珺:《在承接国际产业转移中推进广州赶超战略》,《南方经济》2003年第1期。

[63] 王满四等:《欠发达地区承接产业转移的关键影响因素研究——以江西省赣州市为例》,《国际商务(对外经济贸易大学学报)》2012年第2期。

[64] 王先庆:《中国资本市场的进入:背景、条件与战略选择》,《社会科学辑刊》1998年第4期。

[65] 王亚妮:《河南省承接服务外包产业的问题与对策研究》,《中国高新技术企业》2009年第11期。

[66] 王业雯:《江西省承接产业梯度转移研究》,暨南大学,硕士学位论文,2009。

[67] 汪玉奇:《努力实现江西经济平稳较快发展》,《老区建设》2009年第1期。

[68] 魏博通等:《中部六省经济发展质量的综合评价与比较分析》,《湖北社会科学》2012年第12期。

[69] 魏后凯:《产业转移的发展趋势及其对竞争力的影响》,《福建论坛(社会经济版)》2003年第4期。

[70] 魏后凯等:《外商在华直接投资动机与区位因素分析——对秦皇岛市外商直接投资的实证研究》,《经济研究》2001年第2期。

[71] 吴福象等:《中国产业布局调整的福利经济学分析》,《中国社会科学》2014年第2期。

[72] 邬娜等:《基于生态承载力的产业布局优化研究进展述评》,《生态经济》2015年第5期。

[73] 夏禹龙等:《梯度理论和区域经济》,《科学学与科学技术管理》1983年第3期。

[74] 肖润华等:《江西承接产业转移研究》,《改革与战略》2010年第4期。

[75] 谢呈阳等:《产业转移中要素资源的空间错配与经济效率损失——基于江苏传统企业调查数据的研究》,《中国工业经济》2014年第12期。

[76] 谢海东等:《金融危机背景下江西承接产业转移的新动态与新特征》,《华东经济管理》2010年第2期。

[77] 谢晓华:《福建省承接产业转移的趋势及空间配置探讨》,福建师范大学,硕士学位论文,2010。

[78] 熊必琳等:《基于改进梯度系数的区域产业转移特征分析》,《经济理论与经济管理》2007年第7期。

[79] 许树辉:《产业转移与欠发达地区结构升级的互动机制——基于区域产业链协作的视角》,《韶关学院学报》2015年第9期。

[80] 徐永红等:《区际产业转移与区域创新系统耦合研究》,《科技进步与对策》2015年第1期。

[81] 薛天菲:《浅谈国内产业转移与区域经济协调发展》,《区域经济》2013年第4期。

[82] 羊绍武:《环境与资源双重约束下中国承接国际产业转移的对策分析》,《经济师》2008年第8期。

[83] 杨永红:《广西承接产业转移的基本要求及难点分析——基于转变经济发展方式背景》,《现代商贸工业》2015年第20期。

[84] 俞文青:《试论增量投资结构与存量投资结构的双重调整》,《财经研究》1989年第12期。

[85] 张超:《地理和禀赋梯度变化与出口产业集聚的空间调整》,《财经研究》2012年第9期。

[86] 张洪增:《论移植型产业成长模式及其缺陷——兼论对我国产业成长模式的借鉴》,《中共浙江省委党校学报》1999年第3期。

[87] 张可云：《青藏高原战略产业的选择与发展方向研究》，《西藏研究》1997年第3期。

[88] 张莉琴：《基于SWOT分析的我国家电企业国际化经营战略研究》，《特区经济》2007年第9期。

[89] 张辽：《要素流动、产业转移与经济增长——基于省区面板数据的实证研究》，《当代经济科学》2013年第5期。

[90] 张弢等：《产业区域转移形成的影响因素及模型探讨》，《经济问题探索》2008的第3期。

[91] 张孝锋等：《产业转移对区域协调发展的影响及其对策》，《财经理论与实践》2006年第4期。

[92] 张孝锋等：《对江西承接产业转移若干问题的思考》，《南昌航空大学学报（社会科学版）》2003年第5期。

[93] 张彦博等：《成本视角下FDI的区位选择与产业转移》，《东北大学学报（自然科学版）》2010年第2期。

[94] 张毅：《重点产业的转移与选择及对策》，《求实》2001年第12期。

[95] 赵文丁等：《欠发达地区承接产业转移中的主要问题及优化思路》，《经济纵横》2015年第1期。

[96] 赵张耀：《网络型国际产业转移模式研究》，《中国工业经济》2005年第10期。

[97] 郑德高等：《长江经济带区域空间重塑研究》，《城市规划学刊》2015年第3期。

[98] 郑胜利等：《从集聚到集群——祖国大陆吸引台商投资的新取向》，《世界经济与政治论坛》2002年第3期。

[99] 周国兰等：《赣南等原中央苏区在全国发展格局中的战略定位及发展建议》，《江西社会科学》2012年第10期。

[100] 周圳祥：《基于产业集聚理论的京津冀批发和零售业转移与布局研究》，首都经贸大学，硕士学位论文，2016。

[101] 褚志远：《论产业结构优化升级与农村剩余劳动力转移》，《商业时代》2007年第12期。

[102]〔阿根廷〕劳尔·普雷维什:《外围资本主义:危机与改造》,苏振兴等译,商务印书馆,1990。

[103]〔德〕阿尔弗雷德·韦伯:《工业区位论》,李刚剑译,商务印书馆,1999。

[104]〔德〕奥古斯特·廖什等:《经济空间秩序》,王守礼译,商务印书馆,2010。

[105]〔德〕冯·杜能:《孤立国同农业和国民经济之关系》,吴衡康译,商务印书馆,1986。

[106]〔德〕沃尔特·克里斯塔勒等:《德国南部的中心地原理》,王兴中译,商务印书馆,2010。

[107]〔美〕阿瑟·刘易斯:《国际经济秩序的演变》,商务印书馆,1984。

[108]〔美〕格申克龙:《经济落后的历史透视》,商务印书馆,2012。

[109]〔美〕钱纳里等:《工业化和经济增长的研究》,格致出版社,1989。

[110]〔日〕藤田昌久等:《空间经济学:城市、区域、国际贸易》,吴琦等译,中国人民大学出版社,2011。

[111]〔日〕藤田昌久等:《对外贸易与国内地理布局》,徐海玲译,经济资料译丛,2007。

[112] Akamtsu Kaname, "Ahistorical Pattern of Economic Growth in Developing Countries", *The Developing Economies* (14), 1962.

[113] Anselin L., "Spatial Statistical Modeling in a GIS Environment", ESRI Press Paper, 2005.

[114] A. Gerschenbon, *Hostorical Perspective after the Onset of the Economic Benefits* (Cambridge: Harvard University Press, 1962).

[115] Baldwin R. E. et al., *Economic Geography and Public Policy* (Princeton: Princeton University Press, 2003).

[116] Baldwin R. E. et al., "Global Income Divergence, Trade and Industrialization: the Geography of Growth Take-off", *Journal of Economic Growth* 6 (1), 2001.

[117] Baldwin R. E., "Agglomeration and Endogenous Capital", *European E-*

conomic Review 43 (2), 1998.

［118］Belderbos R. et al., "The location of Japanese Investment in China: Agglomeration Effects and Firm Heterogeneity", *Journal of Japanese & International Economics* 16 (2), 2002.

［119］Cassidy J. F. et al., "Spatial Determinants of Japanese FDI in China", *Japan and the World Economy* 18 (4), 2006.

［120］Chong-En Bai et al., "Local Protectionism and Regional Specialization: Evidence from China's Industries", *Journal of International Economics* 63 (2), 2004.

［121］C. Batisse et al., "Protectionism and Industry Localization in Chinese Provinces", Conference Paper, 2003.

［122］Dixit A. K. et al., "Monopolist Competition and Optimum Product Diversity", *The American Economic Review* 67 (3), 1977.

［123］Dunning J. H., "The Eclectic Paradigm of International Production: A Restatement and Some Possible Extensions", *Journal of International Business Studies* (19), 1988.

［124］D. F. Smith et al., "Agglomeration and Industrial Location: An Econometric Analysis of Japanese-Affiliated Manufacturing Establishments in Automotive-Related Industries", *Journal of Urban Economics* 36 (1), 1994.

［125］E. S. Brezis et al., "Leapfrogging: A Theory of Cycles in National Technological Leadership", Working Paper, 1991.

［126］Fujita M. et al., *The Spatial Economy* (Cambridge: MIT Press, 2001).

［127］Fujita M. et al., "Economics of Agglomeration: Cities, Industrial Location, and Regional Growth", *The Economic Journal* 113 (488), 2003.

［128］Gao Ting, "Regional Industrial Growth: Evidence from Chinese Industries", *Regional Science and Urban Economics* 34 (1), 2004.

［129］Head K. et al., "Inter-city Competition for Foreign Investment: Static and Dynamic Effects of China's Incentive Areas", *Journal of Urban Economy* 40 (1), 1996.

[130] Helpman et al., "Exports vs FDI with Heterogeneous Firms", *American Economic Review* 94 (1), 2004.

[131] J. H. Thompson, "Some Theoretical consideration for manufacturing geography", *Economic Geography* (3), 1966.

[132] Kojima K., *Direct Foreign Investment: A Japanese Model of Multinational Business Operation* (New York: Praeger, 1978).

[133] Kojima K., "A Macro-economic Approach to Foreign Direct Investment", *Hitotsubashi Journal of Economics* 14 (1), 1973.

[134] Kravis et al., "The Location of Overseas Production and Production for Export by U. S. Multinational Firms.", *Nber Working Papers* 12, 1982.

[135] Krugman P., *Geography and Trade* (Cambrige: MIT Press, 1991a).

[136] Krugman P., "Increasing Returns and Economic Geography", *Journal of Political Economy* 99, 1991.

[137] Krugman P. et al., "The Seamless World: A Spatial Model of International Specialization", CERP Discussion Papers, 1995.

[138] L. Ottaviano et al., "Mechanism of the Short Range Ordering in a 2D Binary Alloy", *Surface Science* 501 (1-2), 2002.

[139] L. Wissen et al., "Geographical Scale and the Role of Firm Migration in Spatial Economic Dynamics", Conference Paper, 2005.

[140] Marshall A. et al., *Principles of Economics* (London: Macmillan Press, 1890).

[141] Martin P. et al., "Growing Locations: Industry Location in a Model of Endogenous Growth", *European Economic Review* 43 (2), 1999.

[142] Martin P. et al., "Growth and Agglomeration", *International Economic Review* 42 (4), 2001.

[143] Martin P. et al., "Industrial Location and Public Infrastructure", *Journal of International Economic* 39 (3-4), 1995.

[144] M. Badri, "Dimensions of Industrial Location Factors: Review and Exploration", *Journal of Business & Public Affairs* 1 (2), 2007.

[145] M. Crozet et al. , "Trade Liberalization and the Internal Geography of Countries", Working Paper, 2004.

[146] M. Fujita et al. , "Regional Disparity in China 1985 – 1994: The Effects of Globalization and Economic Liberalization", *The Annals of Regional Science* 35 (1), 2001.

[147] N. Zhu et al. , "Provincial Migration Dynamics in China: Borders, Centripetal Forces and Ttrade", Ersa Conference Papers, 2003.

[148] Peter Gourevitch et al. , "Globalization of Production: Insights from the Hard Disk Drive Industry", *World Development* 28 (2), 2000.

[149] Raymond Vernon, "International Investment and International Trade in the Product Cycle", *Quarterly Journal of Economies* 80 (2), 1966.

[150] Romer, "Endogenous Technological Change", *Journal of Political Economy* 98 (5), 1990.

[151] R. Forslid et al. , "An Analytically Solvable Core-Periphery Model", *Journal of Economic Geography* 3 (3), 2003.

[152] R. Prebisch, "Economic Development with Unlimited Supplies of Labor", *The Manchester School* 7 (1), 1962.

[153] Smith et al. , "How Does Foreign Direct Investment Economic Growth", *Journal of International Economics* (1), 1998.

[154] S. Shetty, "Determinants of Foreign Plant Start-ups in the Southeast", *Journal of Transnational Law* 18 (2), 1985.

[155] Wheeler et al. , "International Investment Location Decisions: the case of U. S. firms", *Journal of International Economics* 31 (1 – 2), 1992.

[156] W. A. Lewis, "The Economic Development of Latin American and Its Principal Problems", *Economic Bulletin for Latin American*, 1954.

[157] W. Kuemmerle, "Foreign Direct Investment in Industrial Research in the Pharmaceutical and electronics industries—Results from A Survey of Multinational Firms", *Portland International Conference on Management of Engineering* 28 (2 – 3), 1999.

[158] Yingqi W., "The Regional Distribution of Foreign Direct Investment in China", *Regional Studies* 33 (9), 1993.

[159] Young A., "The Razor's Edge: Distortions and Incremental Reform in the People's Republic of China", *Quarterly Journal of Economics* 34 (1), 2000.

[160] Zhang K. H. "Why Does so Much FDI from Hong Kong and Taiwan Go to Mainland China?", *China Economic Review* (3), 2005.

图书在版编目(CIP)数据

赣南等原中央苏区承接沿海产业转移研究／彭继增著．－－北京：社会科学文献出版社，2018.6
 ISBN 978 - 7 - 5201 - 2797 - 4

Ⅰ.①赣… Ⅱ.①彭… Ⅲ.①产业转移 - 研究 - 江西 Ⅳ.①F269.275.6

中国版本图书馆 CIP 数据核字（2018）第 103618 号

赣南等原中央苏区承接沿海产业转移研究

著　　者／彭继增

出　版　人／谢寿光
项目统筹／高　雁
责任编辑／高　雁　梁　雁

出　　版／社会科学文献出版社·经济与管理分社（010）59367226
　　　　　地址：北京市北三环中路甲29号院华龙大厦　邮编：100029
　　　　　网址：www.ssap.com.cn
发　　行／市场营销中心（010）59367081　59367018
印　　装／三河市尚艺印装有限公司
规　　格／开　本：787mm × 1092mm　1/16
　　　　　印　张：17.5　字　数：267千字
版　　次／2018年6月第1版　2018年6月第1次印刷
书　　号／ISBN 978 - 7 - 5201 - 2797 - 4
定　　价／79.00元

本书如有印装质量问题，请与读者服务中心（010 - 59367028）联系

▲ 版权所有 翻印必究